天津大学社会科学文库

代杰 ◎ 著

农产品产地环境保护
立法研究

中国社会科学出版社

图书在版编目（CIP）数据

农产品产地环境保护立法研究／代杰著．—北京：中国社会科学出版社，
2020.9

（天津大学社会科学文库）

ISBN 978 - 7 - 5203 - 6915 - 2

Ⅰ.①农…　Ⅱ.①代…　Ⅲ.①农产品—产地—环境保护法—立法—
研究—中国　Ⅳ.①D922.680.4

中国版本图书馆 CIP 数据核字（2020）第 142905 号

出 版 人	赵剑英	
责任编辑	张　林	
责任校对	李　莉	
责任印制	戴　宽	

出　　版	中国社会科学出版社	
社　　址	北京鼓楼西大街甲 158 号	
邮　　编	100720	
网　　址	http://www.csspw.cn	
发 行 部	010 - 84083685	
门 市 部	010 - 84029450	
经　　销	新华书店及其他书店	

印　　刷	北京明恒达印务有限公司	
装　　订	廊坊市广阳区广增装订厂	
版　　次	2020 年 9 月第 1 版	
印　　次	2020 年 9 月第 1 次印刷	

开　　本	710×1000　1/16	
印　　张	17	
插　　页	2	
字　　数	257 千字	
定　　价	99.00 元	

凡购买中国社会科学出版社图书，如有质量问题请与本社营销中心联系调换
电话：010 - 84083683

目　　录

序　言

"大学之道，在明明德，在亲民，在止于至善。"① 本书的研究对象是农产品产地环境保护立法。调整人们在农产品产地环境保护活动所结成的社会关系的法律规范的总称即为农产品产地环境保护法。农产品产地环境保护立法可以从两个角度理解：一是农产品产地环境保护法的立法活动。二是农产品产地环境保护法的规范文本。

一　研究背景与意义

（一）农产品产地环境保护立法研究的背景

伴随着严峻的食品安全形势和农村、农业环境污染状况，农产品产地环境保护立法研究的意义日益凸显。

民以食为天，食以安为先。食品安全是关系到广大人民群众人身健康的重大问题，受到国家和全社会的密切关注。习近平总书记指出："确保食品安全是民生工程、民心工程，是各级党委、政府义不容辞之责。近年来，各相关部门做了大量工作，取得了积极成效。当前，我国食品安全形势依然严峻，人民群众热切期盼吃得更放心、吃得更健康。"② 在学术界，学者指出："食品对人类的生存是至关重要的，食物权是国际人

----

① 《论语·大学·中庸》，陈晓芬、徐宗儒译注，中华书局2015年版，第249页。
② 习近平：《牢固树立以人民为中心的发展理念　落实"四个最严"的要求　切实保障人民群众"舌尖上的安全"》，《人民日报》2016年1月29日第1版。

权法律所确认的一项基本人权。"① 近年来，我国食品安全事件频发，诸如问题奶粉、毒豇豆、毒大米、毒黄瓜、苏丹红、瘦肉精、僵尸肉、脏外卖等②，无不令人谈之色变！以至于公众感叹"啥都不敢吃""谁都不敢吃"。

突出的农产品产地环境问题威胁到食品安全。绝大多数食品来源于农产品。而农产品品质又与产地环境密切相关，产地环境状况直接影响农产品品质。我国城乡二元环境治理结构致使农村、农业和农产品产地环境深受其害。社会对农村、农业和农产品产地的生态环境关心不足，农村、农业和农产品产地环境问题突出。举例言之，在招商引资时，城市往往有严格的环境保护门槛。在农村地区，为了促进本地发展，一些地方以降低环境资源标准为招商引资的手段，引入一些高污染、高能耗的企业。此外，我国农产品生产方式整体还比较粗放，农业生产技术落后，农业投入品（如农药、化肥、杀虫剂、除草剂、塑料薄膜等）对农产品产地的污染和破坏很严重。农村生活污染、畜禽养殖污染等也在不同程度上危害了农产品产地环境。

资料：天津西堤头毒白菜事件

西堤头镇位于天津市东北，距离市区仅有15公里，到北京的距离也只有100公里，镇政府所在地为西堤头村。西堤头最大的特色就是化工厂云集，在不大的地方聚集了94家化工企业。这里的化工企业主要生产苯甲醛、酮麝香、2-烃基-3-耐甲酸、三氯化磷、三氯氧磷、p507、p204、水杨醛、碱性玫瑰、碱性桃红中间体、溴氨酸、H酸和各种农药中间体。

天津市环保局原局长邢振纲2004年8月22日的一个讲话稿提到了天

---

① Carmen G. Gonzalez, Markets, Monocultures, and Malnutrition: Agricultural Trade Policy Through an Environmental Justice Lens, *Michigan State University College of Law Journal of International Law*, 2006, Vol. 14, p. 345.

② 李海啸：《湖南万吨毒大米流向广东　调查近一月仍无结论》，载新华网：http://www. hn. xinhuanet. com/2013 - 03/27/c_115178266. htm, 2013年3月28日。

津市环保局对西堤头部分企业排放废水、废气的检测情况：色度以吉帝化工厂外废水坑超标最高，达3200倍，其余在8—80倍；按国家地表水环境质量标准，COD值全部超标，最高达38倍；按国家农灌标准衡量，COD最高超标近10倍。对12个化工厂排放臭气浓度的随机抽查结果显示，全部超过国家标准，最高超过标准达12倍。邢振纲还特别指出："现在的西堤头，有水皆污，空气污浊，土地退化，生存环境受到严重破坏。"

记者粗略地统计后得知，西堤头村74人死于癌症，15人正在治疗；刘快庄村95人死于癌症，32人正在治疗。值得注意的是，村民给记者提供的癌症患者名单并不全面，有许多接受记者采访的癌症患者的名字都不在名单之列。

污染在夺去当地人生命的同时，也对村民们的经济基础——蔬菜业给予彻底摧毁。离天津市区仅十几公里的西堤头很自然地成了蔬菜区，"但现在不行了！"菜农刘立军亲身体会了西堤头菜农的无奈。

"大集体年代我就开始种菜，那时一提起西堤头的大白菜，特好卖。"说起过去，刘立军显得很自豪。"现在到赵沽里（天津一蔬菜市场）卖大白菜，只要听说你是西堤头的，不但没人买你的菜，就连你旁边的菜贩都要挪走。""人家都说西堤头的菜有毒。瞧，这就是没卖完的大白菜，它今年要在这过年了。"刘立军掀开盖在大棚旁边的一大堆大白菜对记者说道。

在西堤头村菜地，一位正在浇地的农民告诉记者："西堤头的大米以前最好吃了，甚至可与小站米媲美，但现在水被污染了，再也不能种稻子了。这地准备种棉花，它抗毒性强。再说，棉花人又不吃，没人计较这个。"

提起自己的果树，村民刘义敏就有一肚子的火。"因为污染造成我25亩果园颗粒无收，损失几十万元，可对面的吉帝化工厂每天都在排放毒气、毒水，我一分钱赔偿也得不到，你说我到哪儿去说理呀！"

（资料来源：《暗访天津西堤头镇：工业污染致120多人患癌》，《中国质量万里行》2005年3月2日，载http://www.china.com.cn/chinese/news/799801.htm，2020年3月18日）

"三农"问题是我国经济社会发展的重要问题之一。国家对强化农业的基础地位、增加农民收入、缩小城乡差距非常重视。"天下熙熙，皆为利来，天下攘攘，皆为利往。"① 农产品产地环境保护与农民权益密切相关，表现在：第一，农产品产地环境保护与农产品质量密切相关，唯有良好的农产品产地环境才能生产出高质量的农产品。农产品销售是农民收入的重要来源之一。为提高农民收入，需要保护农产品产地环境。第二，农民也食用自己生产的农产品，农产品产地环境保护有利于维护农民健康。第三，农产品产地环境与农村环境在很大程度上是重叠的。农产品产地环境的保护和改善，必将带动农村环境保护工作，从而为农民提供更加优良的生产、生活环境。

（二）农产品产地环境保护立法研究的意义

"一个民族要想站在科学的最高峰，就一刻也不能没有理论思维。"② 农产品产地环境保护立法研究对于提升政府和社会对农产品产地环境保护的认识，保障人民群众的生命财产安全，推进农产品产地环境保护相关法律和政策的出台，促进国家经济社会的健康永续发展具有突出意义。

第一，农产品产地环境保护立法能够推动农产品产地环境保护法理论的进步。农产品产地环境保护法是一个全新的领域，诸多重要理论和实践问题亟待厘清。本书探索农产品产地环境保护法具有本质性、基础性、共同性的规律，这些规律不仅适用于我国，也可以适用于他域。因此本书对农产品产地环境保护法的理论有全面的推进意义。

第二，农产品产地环境保护立法能够保障农产品消费者和公众的人身健康、财产权利。农产品产地环境保护是保障食品安全、维护全社会利益的需要。农产品产地环境污染和生态破坏的后果不仅及于被污染和破坏的区域，也会通过农产品传递给不特定的农产品消费者。为了保障人民群众的人身健康和财产权利，有必要开展农产品产地环境保护立法研究。

第三，农产品产地环境保护立法研究是推动农业和农村环境保护的

---

① （汉）司马迁：《史记》，中华书局 2006 年版，第 752 页。

② 《马克思恩格斯选集》第 3 卷，中共中央马克思恩格斯列宁斯大林著作编译局编译，人民出版社 1995 年版，第 467 页。

契机。我国农业和农村环境保护工作比较滞后，城市居民对于农村环境保护关心不足。"把人和社会连接起来的唯一纽带是天然必然性，是需要和人的私人利益。"① 以农产品产地环境保护立法为契机，建立起农村环境保护与社会公众之间的联系，从而达到促进农业和农村环境保护的效果。

第四，农产品产地环境保护立法研究是保障农产品生产者利益的需要。"财产既然是家庭的一个部分，获得财产也应该是家务的一个部分；人如果不具备必需的条件，他简直没法生活，更说不上优良的生活。"② 虽然农产品产地环境保护法将农产品生产者作为义务主体，但农产品产地环境保护能够提升农产品质量，增加农产品生产者的收入。因此从长远看，农产品产地环境保护立法对于农产品生产者亦有裨益。

第五，农产品产地环境保护立法研究是维护我国农产品外贸利益的需要。我国农产品出口经常遭受国外绿色壁垒的影响。农产品产地环境保护立法能够有效地减少和消除绿色壁垒，从而维护我国农产品外贸利益。

农产品产地环境保护立法研究能够推进我国农产品产地环境保护立法。解决农产品产地环境问题，必须重视立法。目前我国《环境保护法》《土壤污染防治法》《农业法》《农产品质量安全法》等规范性法律文件涉及农产品产地环境保护，尚无专门的立法。我国应当根据实际需要，尽快出台农产品产地环境保护专门立法。本书以农产品产地环境保护立法为研究对象，能够为农产品产地环境保护专门立法提供直接的参考和支持，是本书的现实意义之一。

二　文献综述

（一）国内文献综述

国内对于农产品产地环境保护立法的研究已经起步，取得了一定的理论成果。具体表现如下：

---

① 《马克思恩格斯全集》第 1 卷，中共中央马克思恩格斯列宁斯大林著作编译局编译，人民出版社 1995 年版，第 439 页。
② ［古希腊］亚里士多德：《政治学》，吴寿彭译，商务印书馆 1965 年版，第 11 页。

第一，对农用地保护、农业环境保护、农村环境保护等法律的研究。农用地保护、农业环境保护、农村环境保护与农产品产地环境保护之间存在着密切联系，对它们的法学研究都属于涉农法学①。学界对于农用地保护法、农业环境保护法、农村环境法的研究已经涉及农产品产地环境保护立法（彭守约，1984；袁国宝，1990；凌岗，1992；李挚萍，2007；张璐，2009；黄锡生，2010；王树义、周迪，2014；吕忠梅，2014）。

第二，土壤污染防治法研究。土壤污染防治特别是农用地土壤污染防治与农产品产地环境保护密切相关，是农产品产地环境保护不可或缺的内容。在研究和制定《土壤污染防治法》的进程中，国内产生了一批有关土壤污染防治法的研究成果，为农产品产地环境保护立法研究做了有益的铺垫（袁国宝、胡建宏，1991；陈平、程洁、徐琳，2004；罗吉，2007；秦天宝，2007；梁剑琴，2008；王树义，2008；冷罗生，2009；胡静，2012；彭本利、李爱年，2018；侯佳儒、柴云乐，2018；巩固，2018）。

第三，食品安全全程监管和生产环节监管。学者从食品安全法的角度提出，应当实行全程监管，狠抓农产品生产环节。这些研究也会涉及农产品产地环境保护（孙效敏，2010；蒋慧，2011；戚建刚，2011；吴元元，2012；涂永前，2013；张志勋，2015；孙娟娟，2018）。应当指出，从食品安全监管环节论述农产品产地环境保护立法的文献在数量上并不太多，主要原因在于我国《食品安全法》与《农产品质量安全法》乃是两套并行的法律体系，而农产品产地环境保护一般被视为农产品质量安全的内容。

第四，依托《农产品质量安全法》和《农产品产地安全管理办法》开展研究。《农产品质量安全法》和《农产品产地安全管理办法》是我国农产品产地环境保护法的主要渊源，一些学者对上述两部法律的研究与农产品产地环境保护密切相关（冯嘉，2006；李玉浸，2007；杜国明，2008；姚兰、吕岩彦，2009；程金根、闫石，2013；孟雁北、何思思，

---

① 所谓涉农法，是"指调整人们在农业和农村经济活动中所发生的特定农业和农村经济关系的法律规范的总称"。参见丁关良编著《涉农法学》，浙江大学出版社2011年版，第11页。

2014）。还有学者对农产品禁止生产区制度予以探讨。《农产品质量安全法》和《农产品产地安全管理办法》建立的农产品禁止生产区制度是我国农产品产地环境保护公法规制的重要工具，一些学者梳理了该制度的历史发展，探讨了其存在的问题，并提出了完善的对策建议（王伟、戚道孟，2009；师荣光，2007）。

第五，对农产品产地环境保护立法有针对性的、直接的研究。虽然这类研究成果比较少，但并非全无（张艳丽、刘东生、徐哲，2010；王伟，2010；代杰，2015；王毅，2018；时军、张美君，2018；万德慧，2019）。此类研究从不同角度论证了农产品产地环境保护法、农产品产地环境保护立法的必要性、可行性，提出了完善我国农产品产地环境保护立法的对策建议。

国内对农产品产地环境保护法的研究仍很薄弱，有待推进，突出表现在：

第一，研究成果数量偏少，不能满足理论和实践的需求。农产品产地环境保护立法属于全新的跨学科课题，研究难度较大，学界对其关注不足，由此造成研究的数量较少。从已掌握的资料来看，专门研究农产品产地环境保护立法的学术论文只有数篇。相关著作大多是从环境保护技术的角度论述的，对于法律和法理的关注不够，尚无农产品产地环境保护立法的专著。农业系统围绕《农产品质量安全法》的一些著作具有很强的部门性、政策性。部门性是指以部门利益为立法立场。政策性是指没有综合体现立法的权威性。已立项的科研项目亦凤毛麟角。

第二，研究视角较为单一，多就事论事。已有研究多列举与农产品产地环境保护相关的政策性文件，呼吁制定农产品产地污染防治法，既缺乏对农产品产地环境保护立法的历史和现状分析，又没有对国内外农产品产地环境保护立法的经验和教训总结，对农产品产地环境保护立法的基本原则和主要制度亦未做研究，说服力不强，故研究价值不大。

第三，研究深度不够，理论阐述和论证不足。依托农村环境保护和农业环境保护所进行的农产品产地环境保护立法研究是附带性的，难以深入。农产品产地环境保护立法的专门研究又大多套用环境保护法的研究成果，理论阐述和论证不够，系统性不强。

第四，研究成效不明显，不能为立法提供直接的参考和指引。就立法研究来看，一般应当提出立法草案（或者修正案草案）建议稿。已有的农产品产地环境保护立法研究多有说教之嫌，并未提出可供立法直接参考的文本。

（二）国外研究现状及问题

就实质意义的农产品产地环境保护立法而言，西方国家，如美国、日本、德国等国要早于我国，无论从内容到形式均趋于完善。对于立法如何保护农产品产地环境的研究也走在我国的前列。国外的研究对农产品产地环境保护立法理论具有重要意义，对我国具有参考和借鉴意义，但是不能照搬照抄。原因在于：第一，从形式意义的农产品产地环境保护立法来说，世界各国都处于摸索阶段，农产品产地环境保护的规则、原则和制度分散于环境法、农产品安全法、农业法和土地法等相关规范性文件之中。农产品产地环境保护立法的理论还很薄弱，需要予以提炼、升华和系统化。第二，世界各国农业生产和环境保护情况有很大不同。发达国家农业已实现现代化和机械化，已非传统的手工农业，而是高产量、高技术和集约型的资本主义大农业。且政府对于农业生产有高额补贴，农产品生产者具有较高的经济收入。发展中国家和欠发达国家农业生产基础薄弱，生产力水平仍然较低，农业生产者占社会总人口的大多数。农产品生产不仅仅是经济问题，更是政治问题。对于农产品产地环境保护立法，西方经验是一种模式，但并不是全部。农产品产地环境保护立法需要更加具有代表性、普遍性的理论指导。

三　主要内容

"世所以贵道者，书也。书不过语，语有贵也。"[①] 本书遵循"现象—理论—工具—结论"的基本思路，共分为八章，外加结论，暗合"洪范九畴"之观念。本书的主要内容包括以下几个方面：

第一，我国农产品产地环境保护立法现象。此乃本书研究的缘起，主要包括我国的农产品产地环境问题与立法应对，我国农产品产地环境

———————

① 《庄子》，孙通海译，中华书局 2014 年版，第 146 页。

保护立法存在的问题及其原因。

第二，农产品产地环境保护法三重理性。从我国农产品产地环境保护立法现象出发，探寻农产品产地环境保护法的基本概念，对农产品产地环境保护法予以法理分析、并对农产品产地环境保护立法的实践进行观察。本章重点解决农产品产地环境保护法的证成问题。一些人可能会因为农村环境保护法、农业环境保护法、土壤污染防治法或者农用地保护法等的存在而否定农产品产地环境保护法。本章从形式理性和实质理性两个角度来论证农产品产地环境保护法的正当性。

第三，农产品产地环境保护法律关系。农产品产地环境保护法律关系是整个农产品产地环境保护法的缩影。本书从主体、客体和内容三个维度剖析农产品产地环境保护法，使读者能够比较全面和宏观地把握农产品产地环境保护法。

第四，农产品产地环境保护法的理念。法的价值、目的和基本原则是理论基础的重要部分，具有抽象性、指导性和全局性。农产品产地环境保护法的价值、目的和基本原则属于农产品产地环境保护立法中形而上的部分，居于具体制度之前研究。

第五，农产品产地环境保护的公法规制。公法规制制度是公共事务管理立法的骨干和支点，其对应环境法的基本制度。农产品产地环境保护的公法规制制度应当体现农产品产地环境保护的特殊性，并能撬动整个农产品产地环境保护工作的开展。如何构建农产品产地环境保护的公法规制制度，使其既满足社会需求，又符合基本法理，同时还能发挥制度体系的最大功效，是本书的重点、难点。

第六、农产品产地环境保护的私法干预。公法、私法二分是近代以来法律发展的重要现象，也是法律科学化的基本表征之一。农产品产地环境保护的私法干预主要体现在民事责任之上。外源性污染行为人、农产品生产者应当对农产品消费者承担侵权责任，此种责任既有直接暴露型环境污染损害侵权责任，也有非直接暴露型环境污染损害侵权责任，后者是理论和立法之关键。

第七，我国农产品产地环境保护专门立法。此为本书研究的实践成果。在前述研究的基础上，回应我国农产品产地环境保护立法存在的问题，提出应当制定"中华人民共和国农产品产地环境保护法"。本书主要从正当性、宏观构想、具体设计等方面进行了研究。制定"农产品产地环境保护法"是一项前所未有的工作，既不能照抄照搬，又不能空洞无物，还必须符合我国农产品产地环境保护法的实际需要。

第八，特殊农产品产地环境保护立法。特殊农产品产地环境保护法是与一般农产品产地环境保护法相对应的概念，是农产品产地环境保护立法体系的重要组成部分。本书以《杭州市西湖龙井茶基地保护条例》为对象进行了实证研究，认为特殊农产品产地环境保护立法乃是农产品产地环境保护专门立法的结构性补强。

第 一 章

研究缘起:我国农产品产地环境
保护立法现象

胡塞尔说,回到现象本身①。本书研究的重要缘起之一便是我国农产品产地环境保护立法现象。本章阐述我国为应对农产品产地环境问题的立法——农产品产地环境保护法,以及该立法领域存在的问题及其原因,从而引发对农产品产地环境保护法、农产品产地环境保护立法等理论问题的研讨。

第一节 农产品产地环境问题及我国立法回应

"我们像仙人那样餐风饮露是无法生活下去的。"② 食品安全涉及多环节和多方面,保障食品安全不仅要重视加工、运输、储存、销售等环节,还必须狠抓农产品生产环节。食品主要来源于农产品,要保障食品安全,就必须保障农产品质量安全。

一 农产品产地环境问题

概念乃存在和本质的真理,是本质的存在。③ 农产品产地环境问题是农产品产地环境保护的起因,是农产品产地环境保护立法的事实根据。

① 参见〔德〕胡塞尔《逻辑研究》,倪梁康译,商务印书馆 2015 年版,第 2 页。
② 〔日〕原田尚彦:《日本环境法》,于敏译,马骧聪校,法律出版社 1999 年版,第 1 页。
③ 参见邓晓芒、赵林《西方哲学史》,高等教育出版社 2014 年版,第 257 页。

（一）农产品产地环境问题的概念

"在法律中，无论是法律规则，还是法律原则，都需要一些重要的概念支撑。如果法律规则和法律原则具有构筑'围墙'的功能，那么，法律概念则具有奠定'柱石'的作用。"① 农产品产地环境问题是指导致了农产品品质下降或者有此之虞，发生于农产品产地的环境污染或者环境破坏。它是事实层面的概念。对于农产品产地环境问题这一概念，需要做如下把握：

1. 农产品产地环境问题的上位概念是环境问题

环境问题包括原生环境问题和次生环境问题，次生环境问题又可以分为环境污染和环境破坏。② 在理论上，农产品产地环境问题当然包括由自然原因导致的环境问题（原生环境问题），也包括环境破坏。③ 但是从立法的角度来看，农产品产地环境问题主要着眼于农产品质量的角度，而自然原因导致环境问题，以及环境破坏，往往不会对农产品的品质造成严重损害，故并非农产品产地环境保护立法的重点。除有特别说明外，本书主要讨论农产品产地环境污染。

现代社会常见的环境污染如大气污染、水污染、土壤污染、噪声污染、放射性污染、光污染、固体废物污染、震动等。环境问题是现代性危机的集中体现。吉登斯说："何为现代性，首先，我们不妨大致简要地说：现代性指社会生活或组织模式，大约17世纪出现在欧洲，并且在后来的岁月里，程度不同地在世界范围内产生着影响。"④ 农产品产地环境问题也是现代性危机的体现。土壤污染、水污染、放射性污染等在一般意义上对农产品品质的影响尤其显著，大气污染、噪声污染、固体废物污染、震动等则次之。

---

① 刘星：《法理学导论：实践的思维演绎（修订本）》，中国法制出版社2016年版，第97页。

② 参见吕忠梅《环境法新视野（修订版）》，中国政法大学出版社2000年版，第16页。

③ 参见周珂、谭柏平、欧阳杉主编《环境法》（第五版），中国人民大学出版社2016年版，第8页。

④ ［英］安东尼·吉登斯：《现代性的后果》，田禾译，黄平校，凤凰出版传媒集团、译林出版社2011年版，第1页。

2. 农产品产地环境问题的污染源

导致农产品产地环境问题的（亦即污染源），主要有两个方面：一是外源性污染，如工厂的含镉粉尘随风飘散至工厂周围，而该工厂周围又是稻田。经过长期的沉降，该稻田区域的土壤便会镉超标，其出产的水稻也随之而成为镉米。二是农产品生产过程污染，如长期使用剧毒农药，致使农田重金属污染，从而导致该农田出产的农产品品质下降。上述两种因素也可能会结合起来，即外源性污染借助农产品生产者的生产过程发生作用，如污水灌溉、污泥肥田。

因此，农产品产地环境问题的行为人包括两大类：一是外源性污染的行为人，二是农产品生产者。他们主要是作为义务主体在农产品产地环境保护立法中出现。

3. 农产品产地环境问题主要通过"农产品"这一媒介发生作用

农产品产地环境问题并不是通过直接暴露而对被保护主体（农产品消费者）发生作用，而是通过农产品发生关系。这一过程可以表述如下。

农产品产地环境问题的致害过程（可规范表述为"农产品产地环境侵害"）如图1—1所示。

图1—1 农产品产地环境侵害过程示意图

结合上图，对农产品产地环境问题的致害过程解释如下：

第一步，或者有外源性污染，或者农产品生产过程产生污染。

第二步，农产品产地被污染，主要是农产品产地的土壤、水、大气、辐射环境等被污染。

第三步，在被污染的产地上生产农产品，该农产品因此而品质下降。

第四步，农产品消费者因消费农产品而遭受损害。

上述相邻的前后两个步骤之间都存在因果关系。

4. 农产品产地环境问题的主要受害者是农产品消费者

农产品产地环境问题，虽然缘起于环境问题，但是所关注的事物乃是农产品质量，目的人群是农产品消费者。预防和应对农产品产地环境问题，是为了维护农产品质量，从而保障农产品消费者的权益。因此，农产品消费者是农产品产地环境问题的受害者，也是农产品产地环境保护法的权利主体。

对于农产品生产者，他们是暴露在农产品产地环境的主要人群，却非农产品产地环境保护、农产品产地环境保护立法所预设的保护对象和权利主体，而是主要作为义务主体而存在。当然，这并不意味着农产品产地环境保护立法的道德缺陷，而是区别事实与规范，区分义务主体与权利主体的结果。农产品产地环境问题的有效预防和应对，客观上可以避免农产品生产者及其亲属减少直接暴露的危害，也可以提高其农产品产量和品质，增加其收入。但是这种事实上的结果，并不是农产品产地环境保护立法的主要目的。

（二）农产品产地环境问题与类似概念之比较

"经验本身虽然像是一个丰富的宝库，其实里面的东西好坏都有，良莠不齐，就好像黄河之水一样，看起来浩浩荡荡，事实上挟泥沙俱下。这时就需要依靠理性来对自己的经验做一个反省。"[①] 人们往往根据经验认识，得出一些似是而非的"农产品产地环境问题"。在明确农产品产地环境问题的概念内涵之后，便可以比较清楚地区分农产品产地环境问题与其他非农产品产地环境问题，农产品产地环境问题与农业环境问题、农村环境问题等概念的区分，可以辨伪，排除一些似是而非的"农产品产地环境问题"。

1. 农产品产地环境问题与普通环境问题

农产品产地环境问题与普通环境问题的典型区别在于：

第一，从发生地域来看，农产品产地环境问题，其作用地域是农产品产地。

---

① 傅佩荣：《哲学与人生》，东方出版社 2005 年版，第 15 页。

第二，从造成结果来看，农产品产地环境问题对农产品的品质造成不良影响。

第三，从受害人群来看，农产品产地环境问题，暴露者（农产品生产者）并非主要受害者（农产品消费者），农产品消费者也不直接暴露在被污染的农产品产地环境。普通环境问题是受害者或者其财产直接暴露于被污染的环境，从而导致人身损害或者财产损失。农产品产地环境问题则是，作为主要受害者的农产品消费者，并非直接暴露于被污染的环境（农产品产地环境），而是被污染的农产品产地环境，通过"农产品"这一媒介，与农产品消费者联系起来，对其造成损害。对于农产品产地环境问题与普通环境问题的区别，下文还将进一步归纳为直接暴露型环境污染损害与非直接暴露型环境污染损害的区分，并予以详细阐述，在此不赘。

现以某化工厂排放含镉废水为例，进一步说明二者的区别。见表1—1。

表1—1　　普通环境问题与农产品产地环境问题的发展过程之区分

A. 普通环境问题	B. 农产品产地环境问题
第一步，化工厂排放含镉废水 第二步，含镉废水进入他人养鱼池 第三步，鱼死亡，损害发生	第一步，化工厂排放含镉废水 第二步，农民以含镉废水灌溉稻田，稻田的土壤受到污染 第三步，被污染的稻田出产的水稻，镉含量超标 第四步，消费者食用了镉含量超标的水稻（一般需要长期食用），导致身体遭受损害

2. 农产品产地环境问题与农业环境问题、农村环境问题

农产品产地环境问题虽然属于涉农环境问题，农产品产地与农业、农村等在地域范围上有所重合，但农产品产地环境问题不同于农业环境问题、农村环境问题。三者在发生地域、关注事物、目的人群、环境要素等方面均有着明显差异。见表1—2。

表1—2 农产品产地环境问题、农业环境问题、农村环境问题的差异

	农产品产地环境问题	农业环境问题	农村环境问题
发生地域	农产品产地	农业资源区域	农村
关注事物	农产品质量	农业环境与资源	农村人居环境
目的人群	农产品消费者	农业生产者	农村居民
环境要素	土壤、水、辐射、大气等	土壤、水、大气等	生活污水、垃圾、畜禽养殖污染

3. 农产品产地环境问题与土壤污染问题、重金属污染问题

农产品产地环境问题，尤其是狭义的农业（种植农业），往往与土壤重金属污染密切相关。可以说，重金属是入侵者（污染源），土壤是被受体（被污染者），而农产品是作用对象。三者交织形成农产品产地环境问题。因此，土壤污染防治法的功能之一便是维护农产品质量，由此也决定了农产品产地环境保护立法与土壤污染防治立法之间的密切关系。

但是三者之间也存在区别。一方面，土壤污染、重金属污染未必会导致农产品产地环境问题。土壤污染问题未必会导致农产品产地环境问题，尤其是未必会对农产品品质造成威胁。重金属污染不仅仅通过农产品进行传输，也可以通过大气环境（呼吸）、地下水与地表水（饮用）等对人体造成威胁。另一方面，农产品产地环境问题也未必由土壤污染、重金属污染所致，大气污染、水污染、辐射等均可能导致农产品产地环境问题。

4. 农产品产地环境问题辩伪

由于农产品产地环境问题牵涉环境、农业、食品安全等领域，因此容易产生混淆。结合以上对农产品产地环境问题的内涵分析，可以排除以下几种非农产品产地环境问题。

第一，已经出产的农产品，不经过产地环境，在初加工、运输、包装、储存等环节遭受污染的，如日本的米糠油事件、我国的黄曲霉素毒大米事件等，则是食品安全问题而非农产品产地环境问题。因为它虽然与农产品有关，也与污染有一定的关系，但并不是农产品出产地的自然环境引起的，因此不是农产品产地环境问题。

第二,农产品的农药残留问题也不是农产品产地环境问题。施用农药,虽然也可能会造成农产品产地环境问题,但是需要长期积累。消费者对于农药施用主要关注农产品的农药残留,农药残留是农药直接停留于农产品之上,未经由产地环境发生作用。因此,农产品残留并不是农产品产地环境问题。

虽然农药残留并不属于农产品产地环境问题,但农药、化肥等农业投入品长期滥用,很可能会造成农产品产地环境问题,尤其是对农用地土壤的污染。也就是说,农产品农药残留仅仅是农药致害的一种途径,并不能因为农药残留不属于农产品产地环境问题,就一概将农药施用排除在农产品产地环境保护立法之外。

二　我国的农产品产地环境问题

"但是近十年来,法理学领域最令人注目的成果并不来自人类学,也不来自任何纯粹历史性的或描述性的社会科学。近十年来,法理学最令人瞩目的成果是一批以现实主义自居的学者异军突起。"[①] 理论不能脱离现实,学术不能不观察实践。随着经济社会的快速发展,我国农产品产地环境问题日益突出,产地环境污染和生态破坏严重,给公众的人身健康和财产安全带来了极大的威胁。

（一）产地土壤环境问题对农产品安全的威胁

农产品生产必须依托土壤,即使是水产品也与底土密切相关。严重的土壤污染尤其是农用地污染极有可能诱发农产品质量安全问题。以我国近年来频发的"镉米事件"为例,调查研究显示:"中国约 10% 的稻米存在镉超标问题。在镉之外,大米中还存在其他重金属超标的问题。……让人心情沉重的是,这些污染区多数仍在种植稻米,而农民也主要是吃自家的稻米。"[②] 2011 年《新世纪周刊》以"镉米杀机"为题报道了广西思的村"鸡下软蛋、初生小牛软骨、人患骨痛病"和湖南株洲

---

① ［美］本杰明·卡多佐:《演讲录　法律与文学》,董炯、彭冰译,中国法制出版社 2005 年版,第 15 页。

② 宫靖:《镉米杀机》,《新世纪周刊》2011 年第 6 期,第 1 页。

市新马村土壤中镉严重超标造成 2 人死亡，150 名村民慢性轻度镉中毒的事件。① 有人还专门制作了"中国大米污染不完全分布图"。如图 1—2 所示②

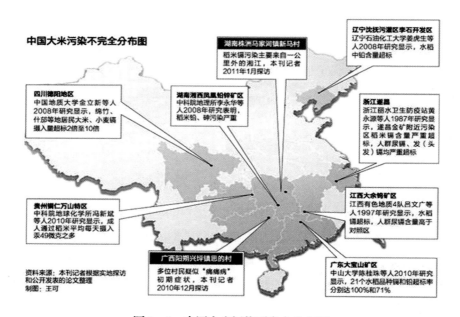

图 1—2　中国大米污染不完全分布图

资料来源：刘虹桥：《土壤不能承受之重》，载《新世纪周刊》2013 年第 3 期。

在国外，震惊世界的日本富山痛痛病事件主要就是受害者食用了含镉污水灌溉的稻米所致。③

（二）产地水污染对农产品安全的威胁

农业生产不可能离开水，尤其是水产品生产于水域，水污染对农产品质量的影响可想而知。正如报道的那样："地表污染水用于农作物生长，产出问题大米、小麦的事件早已不是新鲜事。"④

----

① 宫靖：《镉米杀机》，《新世纪周刊》2011 年第 6 期，第 1 页。
② 《中国大米污染不完全分布图》，《东南日报》2011 年 2 月 16 日第 A03 版。
③ 自然之友：《日本富山"痛痛病"事件》，《中国环境报》2009 年 6 月 16 日第 8 版。
④ 《专家揭开地下水污染致癌真相》，《健康时报》2013 年 2 月 27 日第 5 版。

污水灌溉也是导致农产品质量问题的重要因素。我国水资源匮乏，特别是北方地区，污水灌溉农业非常普遍。有数据显示，截至 2004 年，全国污灌面积为 361.84 万公顷，占全国灌溉总面积的 7.33%。[①] 由于缺乏有效监管，污水灌溉导致的农产品质量安全问题突出。2013 年 1 月 21 日《新世纪周刊》刊载《土壤不能承受之重》一文，描述了甘肃白银污水灌溉给农产品质量带来的严重问题，该文以"吃污水灌溉出来的一切粮食、蔬菜，等于慢性自杀"的醒目用语，表达了污水灌溉给农产品质量带来的问题。[②]

为了缓解内河污染压力，世界上很多国家都采取污染入海的措施。我国排入海洋的污水、固体废物等大多没有得到有效治理，以至于海洋环境污染很严重。海洋污染对近海养殖业的水产品影响很大。国内近年来一些海域频遭污染，也让消费者对海产品的产地更为关注。[③]

资料 1—1：污水灌溉污染了土地，也毁了粮食

2014 年发布了《全国土壤污染状况调查公报》，在调查的 55 个污水灌溉区中，有 39 个存在土壤污染。在 1378 个土壤点位中，超标点位占 26.4%，主要污染物为镉、砷和多环芳烃。26.4% 的超标率也比全国土壤总的超标率 16.1% 高出 10 个百分点。

更早先，农业部曾经对全国的污灌区做过调查，在约 140 万公顷的受调查污灌区中，遭受重金属污染的土地面积占污灌区面积的 64.8%，其中轻度污染占 46.7%，中度污染占 9.7%，严重污染占 8.4%。北京、天津、辽宁、陕西、山西、湖南、湖北、上海、江苏、广东、广西等省、市、自治区的污灌区都面临由污水灌溉造成的重金属污染，而且各个地

---

① 曾德付、朱维斌：《我国污水灌溉存在问题和对策探讨》，《干旱地区农业研究》2004 年第 4 期，第 221—224 页。本书未能检索到我国污水灌溉区面积的最新数据，特此说明并向读者致以歉意。

② 刘虹桥：《土壤不能承受之重》，《新世纪周刊》2013 年第 3 期，第 1 页。

③ 《受重金属污染疑云笼罩 海鲜市场停售问题生蚝》，《无锡商报》2011 年 10 月 15 日第 A05 版。

区的重金属类型不一，例如天津的污灌区以镉、汞、砷污染为主，北京污灌区以锌、镉、汞、铅为主，辽宁污灌区以镉、汞、铅、镍为主。

起初，污灌技术确有其效。当时的城市污水粪便含量比较高，工业化不足，工业废水不多，污灌后的庄稼涨势喜人。作为五大污灌区之一的辽宁沈抚污灌区因为业绩突出，甚至被树立成典型在全国推广，用于污灌的沈抚灌渠被当地人称为"大米河""幸福河"。污水灌溉发展迅猛，但积淤在土地里的毒素也发展迅猛。早在 1974 年，全国推广污水灌溉才十多个年头，中国科学院沈阳应用生态研究所就已经发现，沈阳张士污灌区种植的大米受到镉污染，乃至无法食用，最后张士污灌区被废弃，改建成了开发区。

据全国第二次污水灌区环境质量状况普查统计，1998 年，中国污水灌溉的农田面积达到了 5400 多万亩，占到了全国总灌溉面积的 7.33%。虽然所占比例并不大，但由于污水灌溉地区都是主要的粮食产区，其影响范围远远超出其比例。

甘肃白银更是深受污水灌溉污染之害的典型。从 50 年代末开始，白银就开始污水灌溉，1994 年，白银市的污水灌溉，68% 为工业废水，32% 为生活废水，到了 2000 年，工业废水的比例上升到 74%。在这一背景下，1998 年，中科院寒区旱区环境与工程研究所调查了白银市的土壤，发现白银市的东大沟污灌区土壤中的镉含量平均值达到 10.36 毫克/千克，相比当年日本"痛痛病"发源地富山县的平均 2.27 毫克/千克，超过了 4.6 倍。

据《财新·新世纪》杂志的报道，白银污灌区城市居民通过饮食摄入的重金属已经接近国际放射防护委员会警戒的最大风险水平。80 年代初，白银市污灌区八个生产队社员的尿液中镉含量中位数为每升 3.28—3.757 微克，高于人体尿镉正常值每升 2 微克以下。2005 年，另一项研究显示，白银重金属污染区的居民有 63.4% 表现出了重金属污染相关症状，56.6% 的受调查人口有过慢性中毒症状。

面对污水灌溉造成的污染，政府倒也不是没有行动。法律出台了不少。1961 年颁布了《污水灌溉农田卫生管理试行办法》，1985 年农业部发布了《农田灌溉水质标准》，1992 年和 2005 年又分别修订了该标准。

但是，和很多中国的法律法规一样，这些规条在现实中极少使用，说其不存在毫不为过。而现实中污水灌溉所造成的污染也确实说明政府治理不力。

2013年1月28日，国务院办公厅发布《近期土壤环境保护和综合治理工作安排》文件，文件称，将"禁止在农业生产中使用含重金属、难降解有机污染物的污水以及未经检验和安全处理的污水处理厂污泥、清淤底泥、尾矿等"。这是自污水灌溉五十多年来第一次被官方明确禁止。但是，这一纸禁令无法禁掉经年累月的污染及其造成的创伤。

（资料来源：刘锐：《污水灌溉污染了土地，也毁了粮食》，载 http://view.163.com/special/resound/sewageirrigation20160606.html? show-annotation，2020年3月18日17：37。）

要做好食品安全工作，就必须保障农产品质量安全，而农产品质量安全有赖于良好的农产品产地环境。如果产地环境被污染或者破坏，农产品的质量安全就难以保证。只有在清洁的空气、清洁的水和清洁的土壤中生产出来的农产品，才能让人吃得放心。习近平总书记说："良好的生态环境是人类生存与健康的基础。要按照绿色发展理念，实行最严格的生态环境保护制度，建立健全环境与健康监测、调查、风险评估制度，重点抓好空气、土壤、水污染的防治，加快推进国土绿化，切实解决影响人民群众健康的突出环境问题。要继承和发扬爱国卫生运动优良传统，持续开展城乡环境卫生整洁行动，加大农村人居环境治理力度，建设健康、宜居、美丽家园。要贯彻食品安全法，完善食品安全体系，加强食品安全监管，严把从农田到餐桌的每一道防线。"① 正是如此，农产品产地环境保护立法被推上了历史的舞台。

三　我国农产品产地环境问题的立法回应

"国家的生存绝不是依靠法律，而是依靠立法权。"② 从20世纪80年

---

① 习近平：《把人民健康放在优先发展战略地位　努力全方位全周期保障人民健康》，《人民日报》2016年8月21日第1版。

② ［法］卢梭：《社会契约论》，何兆武译，商务印书馆1963年版，第109页。

代我国就已开始关注农产品产地环境保护问题，并在 21 世纪初提出了《全国农业环境保护条例（草稿）》和《农产品产地环境污染防治办法（草稿）》。《农产品质量安全法》第三章"农产品产地"中对农产品产地环境有专门的规定。《农产品质量安全法》通过以后，为了贯彻其第三章的规定，原国家农业部一度将《农产品产地环境保护办法》列入政策法规规划，但由于部门之间的协调问题致使该规章未能出台。随后《农产品产地安全管理办法》作为《农产品质量安全法》的配套规章之一正式列入原农业部 2006 年立法计划，并于当年即获出台。2018 年，《土壤污染防治法》颁行。这部法律尤其是对农用地土壤污染防治的设计，为防治污染、减少因土壤污染带来的农产品质量安全问题提供了制度供给。

（一）我国农产品产地环境保护立法管窥

我国农产品产地环境保护立法已经初具规模，形成了以《环境保护法》《土壤污染防治法》《水污染防治法》《大气污染防治法》《放射性污染防治法》《海洋环境保护法》《固体废物污染环境防治法》《环境噪声污染防治法》《环境影响评价法》《环境保护税法》《农业法》《农产品质量安全法》《食品安全法》《土地管理法》《渔业法》《畜牧法》《森林法》，以及《消费者权益保护法》《民事诉讼法》《行政诉讼法》《刑法》《行政许可法》《行政强制法》《行政处罚法》等法律为主，以《建设项目环境保护管理条例》《基本农田保护条例》《土地复垦条例》《生猪屠宰管理条例》《食品安全法实施条例》《农药管理条例》《兽药管理条例》《乳品质量安全监督管理条例》《畜禽规模养殖污染防治条例》《饲料和饲料添加剂管理条例》《农田水利条例》《政府信息公开条例》《全国污染源普查条例》《全国农业普查条例》《退耕还林条例》以及《农产品产地安全管理办法》《无公害农产品管理办法》《绿色食品标志管理办法》《有机产品认证管理办法》《农产品地理标志管理办法》等为补充的农产品产地环境保护法律体系。另外，一些地方的农业环境保护条例也包含农产品产地环境保护的内容，如沈阳市早在 2003 年就出台了《沈阳市农产品产地环境保护与安全管理暂行办法》，从 5 个方面对加强和规范农产品产地环境保护和安全管理提出了具体要求。①

从我国农产品产地环境保护法律体系来看,《环境保护法》在一定意义上充当了我国的环境基本法,整体上可以适用于农产品产地环境保护。②《环境保护法》关于农业环境保护的内容与农产品产地环境保护密切相关。《农业法》是我国农业生产领域的综合性法律,其第八章"农业资源与农业环境保护"与农产品产地环境保护密切相关。《农产品质量安全法》对我国农产品产地环境保护进行了比较系统的规定(集中体现于第三章),是我国农产品产地环境保护的主要法律依据。《土壤污染防治法》在农产品产地环境保护中事实上发挥了重要作用。

农产品产地安全包括产地环境安全,所以《农产品产地安全管理办法》绝大多数内容可以适用于农产品产地环境保护。因此,《农产品产地安全管理办法》是我国对农产品产地环境保护立法体系中操作性较强的规范性文件。该办法分为六章,共 27 条,主要规定了:总则,包括立法目的、适用范围、管理体制;产地监测与评价;禁止生产区域,包括禁止生产区域的条件、设立程序、调整;产地保护,包括产地环境保护;监督检查;附则。

(二)我国农产品产地环境保护立法的主要制度内容

农产品产地环境问题严重,法律制度成为立法应对农产品产地环境问题的主要抓手。"我们明白无误地看到,在一个由人一手造成的、充满文明垃圾的、被毁灭和被毒化的世界上,在一种日益丧失其自然性的自然环境下,一种令人窒息的悲哀正向我们袭来。但另一方面,如果我们

①《沈阳市农产品产地环境保护与安全管理暂行办法》对农产品产地环境监管的五个方面是:一是加大环境质量监测力度,确保农产品产地环境质量安全。二是强化环境污染防治,实行排污申报制度,严禁向农产品产地环境排放和施用有毒有害物质,禁止使用城市污水、工业废水和生活污水灌溉农田。三是加强产地自身污染防治,农产品生产应采用清洁生产技术。四是强化农产品产地环境安全管理,建立各种农产品安全生产保护区。五是建立各种环境安全监管制度,对生态环境有较大影响的项目,实行环境监理制度。可参见郭强《沈阳出台农产品环境保护与安全管理暂行办法》,《时代商报》2003 年 4 月 11 日第 7 版。

②《环境保护法》第 20 条对农业环境保护进行了原则性的规定如下:"各级人民政府应当加强对农业环境的保护,防治土壤污染、土地沙化、盐渍化、贫瘠化、沼泽化、地面沉降和防治植被破坏、水土流失、水源枯竭、种源灭绝以及其他生态失调现象的发生和发展,推广植物病虫害的综合防治,合理使用化肥、农药及植物生长激素。"

仅仅伤感地沉浸在这种悲哀中，或由于物质贪欲而无视大自然向我们发出的警告，那么，这种情感又有什么用?"① 我国农产品产地环境保护立法的内容分散而繁杂，本书仅列举以下几项主要制度内容，以观我国农产品产地环境保护立法之大略。

1. 农产品产地环境监测

《环境保护法》规定了环境监测,② 《农业法》规定了农业资源监测制度,③ 除此之外，还有《水法》规定的水资源监测、④ 《海洋环境保护法》规定的海洋环境监测。⑤ 上述这些监测都与农产品产地环境监测有关，各套监测并行。然而，上述各部法律对监测的规定都比较笼统，且一般都局限于各自的领域。《农产品产地安全管理办法》对农产品产地安全监测进行了规定。农产品产地环境安全是产地安全的重要组成部分，故农产品产地安全监测应当包括产地环境监测。

产地安全监测制度是农产品产地安全管理的重要制度之一，也是实施监管的依据。该办法规定了农产品产地安全监测制度，主要内容是：

第一，监测点的设置。根据《农产品产地安全管理办法》第五条，下列地方应当设置农产品产地安全监测点：（1）工矿企业周边的农产品生产区；（2）污水灌溉区；（3）大中城市郊区农产品生产区；（4）重要农产品生产区；（5）其他需要监测的区域。之所以在上述地方设立监测点，原因在于：首先，工矿企业周边可能有比较严重的水污染、土壤污

---

① ［德］尤尔根·哈贝马斯、米夏埃尔·哈勒：《作为未来的过去——与著名哲学家哈贝马斯对话》，章国锋译，浙江人民出版社2001年版，第94页。

② 《环境保护法》第11条："国务院环境保护行政主管部门建立监测制度，制定监测规范，会同有关部门组织监测网络，加强对环境监测的管理。国务院和省、自治区、直辖市人民政府的环境保护行政主管部门，应当定期发布环境公报。"

③ 《农业法》第57条第2款："县级以上人民政府应当制定农业资源区划或者农业资源合理利用和保护的区划，建立农业资源监测制度。"

④ 《水法》第16条第2款："县级以上人民政府应当加强水文、水资源信息系统建设。县级以上人民政府水行政主管部门和流域管理机构应当加强对水资源的动态监测。"

⑤ 《海洋环境保护法》第14条："国家海洋行政主管部门按照国家环境监测、监视规范和标准，管理全国海洋环境的调查、监测、监视，制定具体的实施办法，会同有关部门组织全国海洋环境监测、监视网络，定期评价海洋环境质量，发布海洋巡航监视通报。依照本法规定行使海洋环境监督管理权的部门分别负责各自所辖水域的监测、监视。其他有关部门根据全国海洋环境监测网的分工，分别负责对入海河口、主要排污口的监测。"

染和大气污染，可能对农产品产地造成严重污染，对农产品质量安全构成威胁。其次，污水灌溉区。污水灌溉虽然节水，但是也潜藏风险。若监管不善，极易发生严重的农产品质量安全事件。再次，大中城市郊区农产品生产区，供应大中城市的农产品，重要性不言而喻。最后，重要的农产品生产区，例如特供农产品、出口优质农产品生产区等。①

第二，监测点设立、变更和撤销。监测点的设立、变更和撤销，应当经过专家论证。② 由此保证农产品安全监测点设立、变更和撤销的科学性。

第三，农产品产地监测安全档案。农产品产地安全监测档案用于记录产地安全状况，并长期保存，以备查询。③

2. 农产品禁止生产区

农产品禁止生产区制度为《农产品质量安全法》所创立，④ 并在《农产品产地安全管理办法》第三章中得以细化。农产品禁止生产区制度是我国农产品产地环境保护立法的重要内容，该制度旨在切断被污染的农产品产地与农产品生产、农产品消费者之间的关联性，具有"守门员"功能。

（1）农产品禁止生产区设立的条件

根据《农产品质量安全法》第 15 条，农产品品种特性和生产区域大气、土壤、水体中有毒有害物质状况等因素，认为不适宜特定农产品生

---

① 《农产品产地安全管理办法》第 5 条："省级以上人民政府农业行政主管部门应当在下列地区分别设置国家和省级监测点，监控农产品产地安全变化动态，指导农产品产地安全管理和保护工作。（一）工矿企业周边的农产品生产区；（二）污水灌溉区；（三）大中城市郊区农产品生产区；（四）重要农产品生产区；（五）其他需要监测的区域。"

② 《农产品产地安全管理办法》第 6 条："农产品产地安全调查、监测和评价应当执行国家有关标准等技术规范。监测点的设置、变更、撤销应当通过专家论证。"

③ 《农产品产地安全管理办法》第 7 条："县级以上人民政府农业行政主管部门应当加强农产品产地安全信息统计工作，健全农产品产地安全监测档案。监测档案应当准确记载产地安全变化状况，并长期保存。"

④ 《农产品质量安全法》第 15 条："县级以上地方人民政府农业行政主管部门按照保障农产品质量安全的要求，根据农产品品种特性和生产区域大气、土壤、水体中有毒有害物质状况等因素，认为不适宜特定农产品生产的，提出禁止生产的区域，报本级人民政府批准后公布。具体办法由国务院农业行政主管部门商国务院环境保护行政主管部门制定。农产品禁止生产区域的调整，依照前款规定的程序办理。"

产，是设立农产品禁止生产区的条件。也就是说，必须将两个指标结合起来：一是农产品品种的特性，例如淡水养殖对水质量要求较高，玉米种植对土壤质量要求较高。二是生产区域的大气、土壤、水体中有毒有害物质的状况。两者相结合，不适宜生产特定农产品的，应当设立农产品禁止生产区。至于如何才是不适宜生产农产品，应当根据具体的标准。在此标准问题上，《农产品质量安全法》语焉不详。

根据《农产品产地安全管理办法》第 8 条，① 划定为农产品禁止生产区应当同时符合两个条件：第一，产地有毒有害物质不符合产地安全标准。亦即：经过监测，发现农产品产地的水、土壤、大气等环境中含有有毒有害物质，超过了产地安全标准。② 第二，农产品中有毒有害物质的含量不符合农产品质量安全标准的。必须同时符合以上两个标准，方可划定为农产品禁止生产区。

对比上述二者可知，《农产品产地安全管理办法》对农产品禁止生产区的设定条件更加具体、严格。

（2）农产品禁止生产区设立的程序

根据《农产品质量安全法》的规定，农产品禁止生产区的申请和决定程序是：由县级以上人民政府农业行政主管部门提出，县级以上人民政府批准。对此，《农产品产地安全管理办法》第 9 条予以了细化。③ 农产品禁止生产区的划定程序是：

第一步，县级以上地方人民政府农业行政主管部门提出建议，报省级农业行政主管部门。

第二步，省级农业行政主管部门组织专家论证，提交申报材料。该

---

① 《农产品产地安全管理办法》第 8 条第 1 款："农产品产地有毒有害物质不符合产地安全标准，并导致农产品中有毒有害物质不符合农产品质量安全标准的，应当划定为农产品禁止生产区。"

② 目前，浙江省已经公布了《浙江省农产品产地环境质量标准》，国家尚未出台此类标准。

③ 《农产品产地安全管理办法》第 9 条第 1 款："符合本办法第八条规定情形的，由县级以上地方人民政府农业行政主管部门提出划定禁止生产区的建议，报省级农业行政主管部门。省级农业行政主管部门应当组织专家论证，并附具下列材料报本级人民政府批准后公布。（一）产地安全监测结果和农产品检测结果；（二）产地安全监测评价报告，包括产地污染原因分析、产地与农产品污染的相关性分析、评价方法与结论等；（三）专家论证报告；（四）农业生产结构调整及相关处理措施的建议。"

步骤在农产品禁止生产区划定程序中较为关键，其主要内容是对农产品产地的环境监测、农产品质量的检测以及农产品产地污染与农产品质量之间的关系。这也是农产品禁止生产区划定的依据。因此，提交的论证材料包括：①产地安全监测结果和农产品检测结果；②产地安全监测评价报告，包括产地污染原因分析、产地与农产品污染的相关性分析、评价方法与结论等；③专家论证报告；④农业生产结构调整及相关处理措施的建议。

第三步，由省级人民政府作出决定，划定农产品禁止生产区。

《农产品产地安全管理办法》规定的农产品禁止生产区的划定程序与《农产品质量安全法》的规定有所不同。《农产品质量安全法》规定的程序是县级以上人民政府所属的农业行政主管部门提出，报所属的地方人民政府批准。《农产品质量安全法》规定由县级人民政府决定禁止生产区域略显轻率，而且县级农业局的力量有限，难以组织科学完善的监测和论证。《农产品产地安全管理办法》规定由省级农业行政部门组织论证，并由省级人民政府决定，无疑更加严谨慎重。

（3）农产品禁止生产区的法律效力

根据《农产品质量安全法》第15条，农产品禁止生产区并非禁止生产所有的农产品，而是个别性的禁止，即针对特定种类的农产品不允许生产。某一种农产品被禁止生产的，不妨碍其他农产品生产。同时，撤销该地域的农产品生产基地也是逐一撤销。《农产品产地安全管理办法》对农产品禁止生产区的法律效力规定更加细化，表现在禁止生产食用农产品的区域可以生产非食用农产品。①

除此之外，农产品禁止生产区划定后，不得改变耕地、基本农田的性质，不得降低农用地征地补偿标准。② 之所以如此，原因在于：防止一些地方将土地划为农产品禁止生产区，并改为建设用地，降低征收标准。《农产品产地安全管理办法》第10条的规定可谓用心良苦。"行为是和利

①　《农产品产地安全管理办法》第8条第2款："禁止生产食用农产品的区域可以生产非食用农产品。"

②　《农产品产地安全管理办法》第10条："禁止生产区划定后，不得改变耕地、基本农田的性质，不得降低农用地征地补偿标准。"

益相关的，有的有直接关联，有的有间接关联，有的有负向关联。"① 实践中，存在一些地方将农用地划定为农产品禁止生产区，然后再征收为国有土地，改为建设用地的情形。这种做法的动机在于划定为农产品禁止生产区，不仅征地难度更低，而且征地补偿标准也随之拉低。《农产品产地安全管理办法》第 10 条恰恰是针对此问题的。

资料1—2：河南新乡镉污染小麦产地改种花卉

《华夏时报》记者近日走访河南省新乡市发现，该市部分小麦存在镉含量超标的状况，最高比国家标准超标了 34.1 倍。

从新乡火车站出来，乘坐 13 路公共汽车，大约 20 分钟就能到达王村镇。这里位于新乡市的西北近郊，聚集着河南环宇电源股份有限公司（以下简称"环宇"）、新乡市升华新能源有限公司（以下简称"升华"）、新乡市华鑫能源材料股份有限公司（以下简称"华鑫"）等大大小小几十家电池及其配套企业。正是由于这些企业的存在，2013 年新乡市被中国轻工业联合会、中国电池工业协会联合授予"中国电池工业之都"的称号。

2017 年 6 月，记者通过环保志愿者田静找到第三方检测公司，一起对升华、环宇周边 1000 米范围内的土壤进行了取样和检测，结果发现，参照《国家土壤环境质量标准》（GB15618 - 1995），取样土壤中镉含量最高的已经超标了 545.5 倍，最低的也超标 1.77 倍。同时，他们还对土壤中生长的小麦进行了检测，分别选取华鑫正南 5 米、100 米、200 米、500 米 4 处地块的小麦样品送检第三方。结果发现，参照《食品安全国家标准—食品中污染物限量》（GB2762 - 2012），取样的小麦镉含量最高超标了 34.1 倍，最低也有 8.2 倍。

与土壤污染的地域性特征不同，小麦镉含量超标影响的是不确定范围的人群健康。当地村民告诉记者，小麦收获以后，除了留下一小部分够自己吃的外，大部分都卖给了"收粮食的"。至于那些"收粮食的"又把这些镉含量超标的小麦卖到哪里，他们也不清楚。

---

① 张恒山：《法理要论》（第三版），北京大学出版社 2009 年版，再版前言，第 4 页。

为了防止该地块继续种植粮食，牧野区政府决定，将王村镇约10000亩基本农地调整种植结构，改为花卉苗木种植基地。目前已经完成了约9000亩土地的流转，还有约1000亩土地待流转。已经种了粮食的，采取收购的方式将粮食收回，保证镉麦不流向市场。

（资料来源：佚名：《面粉也不能随便买了，河南镉污染小麦调查触目惊心!》载 https：//www.sohu.com/a/156114213_731542，2020年3月18日）

（4）农产品禁止生产区的调整和撤销

《农产品质量安全法》对农产品禁止生产区的调整与撤销无规定，《农产品产地安全管理办法》予以补充。[1] 农产品禁止生产区经过一段时间的自然恢复或者人工治理之后，可能会恢复到能够生产的状态，此时就需要对农产品禁止生产区予以调整、撤销。撤销的条件是农产品禁止生产区安全状况改善并符合相关标准，即农产品禁止生产区的环境状况得到改善，有毒有害物质含量低于相关标准，所生产的农产品符合国家农产品质量安全标准。调整和撤销程序与设立程序相同。

除上述内容之外，《农产品产地安全管理办法》还对农产品禁止生产区标识进行了规定，弥补了《农产品质量安全法》对于农产品禁止生产区标识制度的欠缺。[2]

此外，还存在与农产品禁止生产区相类似的制度——污染严重区域禁止建立农产品生产基地。对于环境污染严重，有毒有害物质超过特定标准的，不得在该区域建立农产品生产基地。这就是《农产品质量安全法》第17条[3]对污染严重区域禁止建立农产品生产基地的规定。

---

[1] 《农产品产地安全管理办法》第12条："禁止生产区安全状况改善并符合相关标准的，县级以上地方人民政府农业行政主管部门应当及时提出调整建议。禁止生产区的调整依照本办法第九条的规定执行。禁止生产区调整的，应当变更标示牌内容或者撤除标示牌。"

[2] 《农产品产地安全管理办法》第11条："县级人民政府农业行政主管部门应当在禁止生产区设置标示牌，载明禁止生产区地点、四至范围、面积、禁止生产的农产品种类、主要污染物种类、批准单位、立牌日期等。任何单位和个人不得擅自移动和损毁标示牌。"

[3] 《农产品质量安全法》第17条："禁止在有毒有害物质超过规定标准的区域生产、捕捞、采集食用农产品和建立农产品生产基地。"上述关于农产品禁止生产区域和禁止建立农产品生产基地的规定，是农产品产地环境保护的重要制度。

3. 禁止向农产品产地排放污染物质或者能量

无论是《农业法》还是《农产品质量安全法》，乃至《农产品产地安全管理办法》都规定了禁止向农产品产地排放污染物质或者能量的条款。如《农产品产地安全管理办法》第18条①，该条可以视为对禁止农产品产地外源性污染的最直接规定。而《农业法》第66条②则是从农业环境保护的角度禁止外源性污染。此外《农业法》第65条对畜禽养殖污染的规定也与农产品产地环境保护相关。

4. 防治农产品生产过程污染

防治农产品生产过程污染主要是农业投入品监管。如《农产品质量安全法》第19条③、《农业法》第65条④等。

防治农产品生产过程污染的另一重要方面是污水灌溉、污泥肥田的

---

① 《农产品质量安全法》第18条："禁止违反法律、法规的规定向农产品产地排放或者倾倒废水、废气、固体废物或者其他有毒有害物质。农业生产用水和用作肥料的固体废物，应当符合国家规定的标准。"

② 《农业法》第66条规定："县级以上人民政府应当采取措施，督促有关单位进行治理，防治废水、废气和固体废弃物对农业生态环境的污染。排放废水、废气和固体废弃物造成农业生态环境污染事故的，由环境保护行政主管部门或者农业行政主管部门依法调查处理；给农民和农业生产经营组织造成损失的，有关责任者应当依法赔偿。"

③ 《农产品质量安全法》第19条："农产品生产者应当合理使用化肥、农药、兽药、农用薄膜等化工产品，防止对农产品产地造成污染。"

④ 《农业法》第65条："各级农业行政主管部门应当引导农民和农业生产经营组织采取生物措施或者使用高效低毒低残留农药、兽药，防治动植物病、虫、杂草、鼠害。农产品采收后的秸秆及其他剩余物质应当综合利用，妥善处理，防止造成环境污染和生态破坏。从事畜禽等动物规模养殖的单位和个人应当对粪便、废水及其他废弃物进行无害化处理或者综合利用，从事水产养殖的单位和个人应当合理投饵、施肥、使用药物，防止造成环境污染和生态破坏。"这一条的内容包括以下三个方面的内容：对农业生产投入品使用的指导和监管、秸秆综合利用、畜禽养殖和水产养殖的环境污染防治。第一，对于农业投入品的使用，政府必须加强指导。同时，加强对高毒高残留的投入品的生产进行监管，从源头上抓好。在这方面，《农业法》没有做出规定，也属于情有可原。因为农业法调整的范围是农业生产活动中产生的法律关系，投入品生产不属于农业生产活动，因此不能由《农业法》规定。但是国家应当出台相应的法律或者标准，对高毒、高残留的农业投入品进行生产限制和禁止，否则对于农业投入品的监管始终都会处于隔靴搔痒的状态。第二，秸秆综合利用。在这方面，《固体废物污染环境防治法》有相关规定，鼓励秸秆还田，禁止露天焚烧秸秆。2011年12月前后曾经在南京、淮南等地方发生严重的烟雾弥天现象，就是由于农民露天焚烧秸秆所致。因此，对于秸秆焚烧问题，在宣传教育的同时，应当完善相应的责任机制，对此《农业法》亦缺乏明确的规定。第三，畜禽养殖污染防治。目前畜禽养殖污染已经成为农村环境污染最为严重的问题之一。畜禽养殖污染对农产品产地环境污染的问题，应当在立法上做出原则性规定。

监管。这一问题相当重要，因为污水灌溉导致的镉米、镉麦等是最常见、最严重的农产品产地环境问题之一。我国对污水灌溉监管的立法较为薄弱。《环境保护法》2014 年修改新增了污水灌溉、污泥肥田的内容①。我国还制定了《农田灌溉水质标准》（GB5084－2005），但实践中几乎得不到执行。②

5. 农业自然资源保护和生态保护

这主要规定在《农业法》中，如第 57 条③对农业自然资源的保护、第 58 条④规定的耕地保护、第 59 条⑤规定的农业生态治理等。

---

① 《环境保护法》第 49 条第 2 款："禁止将不符合农用标准和环境保护标准的固体废物、废水施入农田。施用农药、化肥等农业投入品及进行灌溉，应当采取措施，防止重金属和其他有毒有害物质污染环境。"

② 刘润堂、许建中：《我国污水灌溉现状、问题及其对策》，《中国水利》2002 年第 10 期，第 123—125 页。

③ 《农业法》第 57 条："发展农业和农村经济必须合理利用和保护土地、水、森林、草原、野生动植物等自然资源，合理开发和利用水能、沼气、太阳能、风能等可再生能源和清洁能源，发展生态农业，保护和改善生态环境。县级以上人民政府应当制定农业资源区划或者农业资源合理利用和保护的区划，建立农业资源监测制度。"实际上，本条建立了两项制度，一是农业资源区划制度，二是建立农业资源监测制度。

④ 《农业法》第 58 条："农民和农业生产经营组织应当保养耕地，合理使用化肥、农药、农用薄膜，增加使用有机肥料，采用先进技术，保护和提高地力，防止农用地的污染、破坏和地力衰退。县级以上人民政府农业行政主管部门应当采取措施，支持农民和农业生产经营组织加强耕地质量建设，并对耕地质量进行定期监测。"需要说明的是，本条的主要内容包括两个方面，一是关于农民和农业生产经营组织。农业生产经营组织主要包括以下几种：农村集体经济组织、农民专业合作经济组织、农业企业和其他从事农业生产经营的组织。上条的第一个内容是对农民和农业生产经营组织保护耕地的鼓励措施。二是县级以上人民政府对耕地保护的支持。从目前的情况来看，上述两个方面均没有得到落实。

⑤ 《农业法》第 59 条："各级人民政府应当采取措施，加强小流域综合治理，预防和治理水土流失。从事可能引起水土流失的生产建设活动的单位和个人，必须采取预防措施，并负责治理因生产建设造成的水土流失。各级人民政府应当采取措施，预防土地沙化，治理沙化土地。国务院和沙化土地所在地区的县级以上地方人民政府应当按照法律规定制定防沙治沙规划，并组织实施。"该条的内容是对水土流失和土地沙化的防治规定。其主要内容有三个方面：第一，政府应当采取措施加强小流域综合治理，预防和治理水土流失。对此，一些地方的实践已经展开，并取得了不错的效果。第二，单位和个人的活动可能引起水土流失的，应当采取措施预防水土流失。实践中，如果可能涉及水土流失问题的，应当由相关的部门审查其活动是否采取了相应的预防措施。这条规定与《水土保持法》第25—28 条的规定相对应。但是重点是农业生产过程中的水土保持。第三，农业防治沙漠化。主要是在农业方面，地方人民政府应当编制土地沙漠化实施规划，其中应当对农业土地沙漠化的内容进行规定，从而防治农业土地沙漠化。

6. 农用地土壤污染防治

农用地土壤污染防治主要集中体现在《土壤污染防治法》之中。我国《土壤污染防治法》区分农用地与建设用地设计规则，其中农用地土壤污染防治能够发挥农产品产地环境保护功能。《土壤污染防治法》第57条第2款值得注意，该条规定："修复活动应当优先采取不影响农业生产、不降低土壤生产功能的生物修复措施，阻断或者减少污染物进入农作物食用部分，确保农产品质量安全。"体现保障农产品质量安全，与《农产品质量安全法》的衔接。

（1）农用地土壤环境监测

《土壤污染防治法》第15条规定了土壤环境监测制度①，第16条规定了农用地块重点监测，要求地方人民政府农业农村、林业草原主管部门应当会同生态环境、自然资源主管部门对具有下列情形之一的农用地块开展重点监测：产出的农产品污染物含量超标的；作为或者曾作为污水灌溉区的；用于或者曾用于规模化养殖，固体废物堆放、填埋的；曾作为工矿用地或者发生过重大、特大污染事故的；有毒有害物质生产、贮存、利用、处置设施周边的；国务院农业农村、林业草原、生态环境、自然资源主管部门规定的其他情形。

当然，上述重点监测也并非完善，如"曾作为污水灌溉区"的表述，有无年限限制？再如"有毒有害物质生产、贮存、利用、处置设施周边的"的表述，有无具体距离的限制？黑格尔说："法律要成为法律，而不能成为简单的戒律，它的内容就应该是明确的。法律规定得越明确，其他的内容就越容易切实地实施。"② 因此，《土壤污染防治法》的上述条文均有待明确。

（2）防治农业投入品造成农用地土壤污染

一是农用地农药、化肥使用指导和使用总量控制，农用薄膜使用控制。这是《农业法》和《农产品质量安全法》所没有的。

---

① 《土壤污染防治法》第15条："国家实行土壤环境监测制度。国务院生态环境主管部门制定土壤环境监测规范，会同国务院农业农村、自然资源、住房城乡建设、水利、卫生健康、林业草原等主管部门组织监测网络，统一规划国家土壤环境监测站（点）的设置。"

② ［德］黑格尔：《法哲学原理》，范扬、张企泰译，商务印书馆1961年版，第316页。

二是农药、肥料对土壤环境影响的安全性评价。国务院农业农村主管部门应当加强农药、肥料登记，组织开展农药、肥料对土壤环境影响的安全性评价。

三是农业投入品等标准适应土壤污染防治要求。制定农药、兽药、肥料、饲料、农用薄膜等农业投入品及其包装物标准和农田灌溉用水水质标准，应当适应土壤污染防治的要求。

（3）农用地土壤污染风险管控和修复

国家建立农用地分类管理制度。按照土壤污染程度和相关标准，将农用地划分为优先保护类、安全利用类和严格管控类，分别采取风险管控措施。

对产出的农产品污染物含量超标，需要实施修复的农用地地块，土壤污染责任人应当编制修复方案，报地方人民政府农业农村、林业草原主管部门备案并实施。修复活动应当优先采取不影响农业生产、不降低土壤生产功能的生物修复措施，阻断或者减少污染物进入农作物食用部分，确保农产品质量安全。

风险管控、修复活动完成后，土壤污染责任人应当另行委托有关单位对风险管控效果、修复效果进行评估，并将效果评估报告报地方人民政府农业农村、林业草原主管部门备案。

7. 农产品产地环境保护法律责任

农产品产地环境保护法律责任是农产品产地环境保护法的重要内容。我国的农产品产地环境保护法律责任主要规定在《农产品质量安全法》《土壤污染防治法》《农产品产地安全管理办法》中。

《环境保护法》关于环境保护法律责任的规定原则上都可以适用于农产品产地环境保护。《土壤污染防治法》关于农用地土壤污染防治法律责任亦属于农产品产地环境保护法律责任的体系。《农产品质量安全法》第45条[①]

---

① 《农产品质量安全法》第45条："违反法律、法规规定，向农产品产地排放或者倾倒废水、废气、固体废物或者其他有毒有害物质的，依照有关环境保护法律、法规的规定处罚；造成损害的，依法承担赔偿责任。"

关于向农产品产地排污的行为人的责任、第 46 条①关于农产品生产者违规使用农业投入品的责任、第 53 条②关于生产、销售有毒有害农产品的责任等规定可以直接适用于农产品产地环境保护法律责任领域。

需要特别强调的是民事责任领域，重点是《农产品质量安全法》第45、53 条。第 45 条是关于外源性污染物导致农产品产地环境污染的。对于外源性污染造成损失的，行为人应当赔偿。应当指出，该赔偿主要是对农产品生产者的赔偿，也包括对其他受害者的赔偿。第 53 条对农产品生产者的责任的规定非常重要。农产品生产者生产有毒有害的农产品的，给消费者造成损害的，应当赔偿损失。但是其中并没有明确规定外源性污染导致农产品消费者损害的问题。

第二节 我国农产品产地环境保护立法之检视

"天堂纵然无限美好，约兰思还是下凡来到人间。法律并不是一切完美之物的真实体现，它总是带着缺陷和瑕疵。"③ 我国农产品产地环境保护立法虽然已经起步，但存在很多问题，亟待完善。《全国人民代表大会常委员会执法检查组关于检查〈中华人民共和国农产品质量安全法〉实施情况的报告》指出："在检查中发现，各地对农产品生产环境安全把关不严。一方面，一些地区特别是重金属矿区周边耕地内源性重金属污染问题突出，社会反映强烈。如湖南省花垣县血铅事件、江西省九江市镉米事件、河南省新乡市镉麦事件。另一方面，工业'三废'和城市生活垃圾等外源污染不断向农业农村扩散，加剧了土壤污染。……农业面

---

① 《农产品质量安全法》第 46 条："使用农业投入品违反法律、行政法规和国务院农业行政主管部门的规定的，依照有关法律、行政法规的规定处罚。"

② 《农产品质量安全法》第 54 条："生产、销售本法第三十三条所列农产品，给消费者造成损害的，依法承担赔偿责任。农产品批发市场中销售的农产品有前款规定情形的，消费者可以向农产品批发市场要求赔偿；属于生产者、销售者责任的，农产品批发市场有权追偿。消费者也可以直接向农产品生产者、销售者要求赔偿。"

③ ［美］伯纳德·施瓦茨：《美国法律史》，王军等译，中国政法大学出版社 1990 年版，第 1 页。

源污染和污灌区土壤污染也很严重。"① 并指出"农产品质量安全法亟待修改"。② 现结合上文研究，阐述我国农产品产地环境保护立法存在的不足及其原因。

一　我国农产品产地环境保护立法有所不足

面对严峻的农产品产地环境问题，我国法律的反应较为迟缓，滞后于实践需要。我国从 20 世纪 80 年代起就开始关注农产品产地环境问题，然而随着《农产品产地安全管理办法》的出台，农产品产地环境保护的法律规制逐渐淡出了人们的视线。农产品产地环境保护的一般规则缺位是我国农产品环境保护问题的重要原因之一。特殊农产品产地环境保护立法也严重不足。特殊农产品往往是一个地区甚至是一个国家的名片，特殊农产品产地不仅应当符合农产品产地环境保护的一般要求，还应当具有更高的产地环境要求和更加严格的监管措施，然而，对此仅有为数甚少的几部农业部门规章来规范。

（一）农产品产地环境保护法律体系方面

农产品产地环境保护法律体系，是指由所有农产品产地环境保护立法规范所组成的有机系统。"法律是个人行为的一种秩序，一种秩序是许多规则的一个体系。法并不是像有时候所说的一个规则，它是具有那种我们理解为体系的统一性的一系列规则。"③ 我国农产品产地环境保护的主要立法包括《环境保护法》《土壤污染防治法》《农产品质量安全法》《农业法》《食品安全法》《农产品产地安全管理办法》等。我国农产品产地环境保护法律体系不健全，主要规范分散于不同的立法之中，缺少主干法，难以发挥整体性效应。

---

① 吉炳轩：《全国人民代表大会常务委员会执法检查组关于检查〈中华人民共和国农产品质量安全法〉实施情况的报告》，《全国人民代表大会公报》2018 年第 21 期，第 10—18 页。
② 同上。
③ ［奥］凯尔森：《法与国家的一般理论》，沈宗灵译，中国大百科全书出版社 1996 年版，第 4 页。

首先,《环境保护法》第33条①对我国农业环境保护进行了原则性规定,开启了我国农业环境保护法治的进程,但该规定的宣示性意义大于规范意义。《环境保护法》虽然原则可以适用于农产品环境保护领域,但毕竟缺乏针对性和具体应对农产品产地环境问题的条款。

其次,《农业法》规定得过于框架化和抽象化,存在操作性不强的问题。《农业法》关于农业环境保护的规定也未能针对农产品产地问题,没有体现农产品产地环境保护的特殊性,基本复述了《环境保护法》对农业环境保护的规定,只是条文稍微详细了一些罢了,难以有效地保护农产品产地环境。

再次,《农产品质量安全法》是我国重要的农产品产地环境保护立法,但是其关于农产品产地环境保护的内容(第三章)也非常原则,除农产品禁止生产区制度外,其他规定大多是重复既有的《环境保护法》《农业法》规范。《农产品产地安全管理办法》对《农产品质量安全法》进行了具体落实,是有进步意义,但是仍然有很多不足之处。《农产品产地安全管理办法》并非专门针对农产品产地环境保护的规定,只是其中包含了产地环境保护的内容。而且该办法属于农业部制定的部门规章,不免带有部门立法的一些典型问题,如部门利益主导、立法权限有限,对《农产品质量安全法》的不足之处仍未予以补充。

复次,《土壤污染防治法》对农用地土壤污染防治的规范,虽然可以发挥阻断农用地土壤污染与农产品之间的关联性,但导致农产品产地环境问题的原因并非仅仅是土壤污染,而且农产品产地环境保护法的内容包括前端污染防治,中端的农产品产地环境干预,以及后端的农产品出产后的环境保护,土壤污染防治仅仅是前端的一个部分。

---

① 《环境保护法》第33条:"各级人民政府应当加强对农业环境的保护,促进农业环境保护新技术的使用,加强对农业污染源的监测预警,统筹有关部门采取措施,防治土壤污染和土地沙化、盐渍化、贫瘠化、石漠化、地面沉降以及防治植被破坏、水土流失、水体富营养化、水源枯竭、种源灭绝等生态失调现象,推广植物病虫害的综合防治。县级、乡级人民政府应当提高农村环境保护公共服务水平,推动农村环境综合整治。"2014年修订前的《环境保护法》第20条:"各级人民政府应当加强对农业环境的保护,防治土壤污染、土地沙化、盐渍化、贫瘠化、沼泽化、地面沉降和防治植被破坏、水土流失、水源枯竭、种源灭绝以及其他生态失调现象的发生和发展,推广植物病虫害的综合防治,合理利用化肥、农药及植物生长激素。"

最后，上述规范之间协调性差，尚未形成有序的体系。我国农产品产地环境保护法的主要规范性各自为政，出发点和立足点均不相同，因此呈现出"东一榔头西一棒子"的无序化状态。《环境保护法》《土壤污染防治法》《农业法》《农产品质量安全法》《食品安全法》之间的不协调性明显，依据不同的法律处理结果大不相同。一般情况下，法律体系完善的重要标准之一就是主干立法。如刑法体系中不能缺乏刑法典、民法体系不能缺乏民法典等。如果某一法律体系只是少了配套性文件或者执行性规范，并不意味着法律体系残缺，① 但是如果缺乏主干性的法律规范，该法律体系很可能是不完整的。我国农产品产地环境保护立法缺乏主干法，无论《农产品质量安全法》，还是《土壤污染防治法》都难作为我国农产品产地环境保护的主干立法。农产品产地环境保护社会关系的调整只能依赖分散于相关规范中的环境保护、污染防治、农产品质量等条文，而没有一部统领性、基础性的法律。

（二）主要制度方面

管理制度是农产品产地环境保护的抓手，也是人们关注农产品产地环境保护立法的重点。由于我国农产品产地环境保护法律体系不健全，缺乏主干性立法，因此相关管理制度并不完善，这些制度在实践中的执行效果也不佳。

1. 环境监测重叠低效

我国并无专门的农产品产地环境监测，而相关的农业资源监测和环境资源监测、海洋监测、土壤环境监测、农产品产地安全监测有所重叠，导致资源浪费，而监测工作又做不好，在农产品产地环境监测上该问题尤其突出。正如有学者指出的那样："农产品产地环境监测数据不真实、监测工作质量偏低。"② 因为在县市级地方，财政经费比较紧张，既要设置环境监测，又要有农业资源监测，顾此失彼，相关数据之间往往存在冲突。

实践中，农产品产地安全监测点的设立过少，不能形成网状。这主要

---

① 甚至可以说，任何一个部门法体系都可能缺乏一些规范。

② 徐新宇、高晓芳:《农产品产地环境监测中的质量管理对策探讨》,《农产品质量与安全》2012 年第 5 期，第 58 页。

是由于人力、物力和财力所限。监测点过多，所需投入就必然增加。监测点过少无疑降低了农产品产地环境监测的可信性。此外，欠缺公开农产品产地环境监测数据、为受害者免费提供监测数据等内容。中央推进省以下环境保护监测监察垂直管理改革以来，对于环境监测是一次较大的考验。

2. 农产品禁止生产区制度失灵

农产品禁止生产区制度是切断被污染地域与农产品生产之间关联性的关键措施，对农产品消费者和公众权益保障非常重要。总体而言，《农产品质量安全法》《农产品产地安全管理办法》规定得过于简单和原则，在实践中难以操作，不容易落实。具体来看，我国农产品禁止生产区制度存在以下几个问题：

第一，农产品禁止生产区设立条件方面，我国法律不甚明确。对于何种情况下（各种污染物污染的标准达到怎样的程度）应当设置农产品禁止生产区，仅凭县级人民政府农业行政部门把握。《农产品产地安全管理办法》规定的双重条件又过于严苛，而我国相关标准和制度欠缺。

第二，农产品禁止生产区划定的启动程序，完全依赖政府。农产品生产者、农产品产地权利人、农产品消费者等利益攸关主体，缺乏有效途径启动农产品禁止生产区划定程序。

第三，农产品禁止生产区法律效力方面，相关法律规定简单，且存在矛盾。根据《农产品质量安全法》的规定，禁止生产某类特定农产品的区域，并不禁止生产其他种类的农产品。根据《农产品产地安全管理办法》则是不能生产食用农产品，对于非食用农产品，则另当别论。推测其意图，可能是认为非食用农产品不会给人带来危害。但这未免失之武断，例如棉花种植属于非食用农产品，但是被制成衣物后要与人体直接接触，如果棉花内的有毒有害物质含量过高，也可能会对人体造成危害。如何区别，难以明确。

第四，农产品禁止生产区的责任人制度不明确，亦即，既然该区域因被严重污染，而被划定为农产品禁止生产区，那么谁应当为此后果承担责任呢？这一主体应当作为农产品禁止生产区的环境修复的义务人，并对农产品产地权利人、农产品生产者承担补偿责任。但是《农产品质量安全法》《农产品产地安全管理办法》均未涉及此一问题。对此是否应当按照《土壤污染防治法》的规定确定责任人，[①] 由其承担农产品禁止生产区的修复和对相关人员的补偿义务，不够明确。

第五，缺乏农产品禁止生产区设立错误的纠正与救济程序。农产品禁止生产区如若划定错误，或者被禁止生产的农产品种类错误的，或者农产品禁止生产区的地域范围错误的，或者应当解除农产品禁止生产区域而未解除，不应当解除而解除等情形，如何纠正上述错误？农产品生产者、农产品产地权利人、农产品消费者是否有介入的渠道等？

此外，对于农产品禁止生产区划定之后如何处置，如何实施产地环境修复[②]，以及农产品禁止生产区后对土地所有权人和农产品生产者的补偿机制等，都有待进一步明确和完善。

3. 禁止向农产品产地排污过于笼统

《农业法》《农产品质量安全法》《环境保护法》对禁止向农产品产地排污问题的规定过于笼统，这些规定大多具有原则性，相互重复，在执行时往往需要依赖具体的污染防治单行法。而除《土壤污染防治法》之外，《水污染防治法》《大气污染防治法》《放射性污染防治法》《固体废物污染环境防治法》《海洋环境保护法》等都主要是应对城市和工业环境污染，对于农业、农村、农产品产地等并不太关注。这也就导致了农产品产地的环境污染问题，除非造成严重后果，相关部门才介入。而此时，不仅当地的直接暴露人群已经长期受害，更为严重的是，所出产的

---

① 土壤污染责任人制度是《土壤污染防治法》的重要内容，主要涉及以下法条：第45条："土壤污染责任人负有实施土壤污染风险管控和修复的义务。土壤污染责任人无法认定的，土地使用权人应当实施土壤污染风险管控和修复。地方人民政府及其有关部门可以根据实际情况组织实施土壤污染风险管控和修复。国家鼓励和支持有关当事人自愿实施土壤污染风险管控和修复。"第47条："土壤污染责任人变更的，由变更后承继其债权、债务的单位或者个人履行相关土壤污染风险管控和修复义务并承担相关费用。"第48条："土壤污染责任人不明确或者存在争议的，农用地由地方人民政府农业农村、林业草原主管部门会同生态环境、自然资源主管部门认定，建设用地由地方人民政府生态环境主管部门会同自然资源主管部门认定。认定办法由国务院生态环境主管部门会同有关部门制定。"第96条第2款："土壤污染责任人无法认定，土地使用权人未依照本法规定履行土壤污染风险管控和修复义务，造成他人人身或者财产损害的，应当依法承担侵权责任。"

② 存在《农产品质量安全法》（包括《农产品产地安全管理办法》）与《土壤污染防治法》的衔接问题。《土壤污染防治法》规定了农用地土壤污染修复程序，划定为农产品禁止生产区的，是否应当作为农用地被严重污染的自然表征，无须再进行重复性的监测。

农产品早已持续不断地向市场出售，不特定的农产品消费者已遭受损害。

4. 对农业投入品的使用监管不足

对于农业投入品的监管，相关法律只是原则上进行了规定，语焉不详。关于合理使用农业投入品的方式、剂量及不合理使用农业投入品的法律后果均没有明确规定。虽然《土壤污染防治法》增加了一些关于农业投入品规制措施，但是由于我国农业生产仍以分散的家庭经营为主，对农业投入品的使用实施监管的成本要求太高，因此仍然主要从农业投入品生产环节入手。

（三）农产品消费者参与方面

我国《环境保护法》确立了公众参与原则，也设有保障公众参与的法律制度。但我国农产品产地环境保护立法中，农产品消费者的参与渠道不足。以农产品禁止生产区为例。农产品禁止生产区与农产品生产者、消费者的关系非常密切，而《农产品质量安全法》规定农产品禁止生产区的划定程序，除专家论证之外，缺乏真正意义上的公众参与。农产品禁止生产区制度缺少公众参与至少表现在两个环节：首先，申请划为农产品禁止生产区的公众参与。若某个区域污染很严重，有毒有害物质对农产品质量安全的威胁极大，那么公众是否有权要求县级以上农业行政主管部门向省级人民政府农业行政主管部门提出建议呢？对此，法律并未允许。其次，是否应当划定农产品禁止生产区，《农产品产地安全管理办法》只规定了专家意见，没有要求听取利益相关人的意见。这也是不科学的。

农产品消费者作为农产品产地环境的利益相关群体，在我国农产品产地环境保护立法中却看不到他们的身影，由此也导致了他们几乎无法参与农产品产地环境保护，即使遭受损害（除非严重损害，通过侵权机制尚有解决的可能），也难以通过法律渠道解决。

我国《消费者权益保护法》《环境保护法》《民事诉讼法》《行政诉讼法》虽然建立了公益诉讼制度，但农产品产地环境保护公益诉讼制度尚未得到认可。缺乏公益诉讼，就会使农产品消费者的参与难以落实，农产品产地环境保护缺乏驱动力。

（四）管理体制方面

我国的行政管理模式普遍实施条块管理，各地域、各部门之间的事权划分得比较细，这样的做法有利有弊。其有利方面在于：每项事务对应有单位负责，不至于遗漏。其不利方面在于：管理部门过多，可能发生扯皮推诿，增加合作成本。

《环境保护法》与《农业法》《农产品质量安全法》以及《食品安全法》等对农产品产地环境保护监督管理体制的规定存在不一致，农产品产地环境保护的监督管理体制不顺畅。《环境保护法》规定环境保护监督管理职权由环保部门统一行使，而依据《农业法》和《农产品质量安全法》，农业环境和农产品生产环境监督管理职权由农业行政部门统一行使。

农产品产地环境保护监管体制应当由环境保护部门、农业部门分阶段作为主要的管理部门。在防范外源性污染环境阶段，环境保护部门应当作为主要的监管主体。在农产品生产环节以及农产品产地环境的日常监管，仍然应当以农业部门作为主要管理部门。农产品出产之后尤其是食用农产品，则应当由食品安全部门实施监督管理。

从现实情况来看，涉农环境监督管理职权是由农业部门行使的。我国农产品产地环境保护相关法并未明确环保部门的监管权限，在实践中也很少看到环保部门的身影。此外，农产品产地环境保护监管职能为多个部门所分割，如卫生部门、食品安全部门、商务部门、质监部门、工商部门等，而诸多部门之间权限不明，相互越界，在有利可图之处竞相争夺监管权，面对棘手问题则相互推诿。如此导致监管效力低下，重复监管和监管漏洞严重。不仅增加监管成本，还加重了相对人的生产经营成本。

（五）法律责任方面

总体上讲，我国农产品产地环境保护立法对法律责任的规定仍待完善。

第一，行政责任方面，《农产品质量安全法》第45、46、50条等对农产品产地环境保护的行政违法行为责任进行了规定。由于农产品产地环境保护立法中原则性条款、倡导性条款、抽象性条款居多，因此相应的行政法律责任也缺失或者不足。同时，由于法律规定的处罚力度过轻，正应验了"守法成本高、违法成本低"的说法，不仅未能抑制违法者的违法犯罪行为，反而在一定程度上助长了行为人的侥幸心理。

第二，民事责任方面，《农产品质量安全法》第 54 条对农产品生产者的民事责任进行了规定。我国虽然是农业大国，但并非农业强国。农业、农民、农村仍然是国民经济和社会的薄弱环节，需要予以倾斜性保护。这也体现在我国农产品产地环境保护立法对农产品生产者的民事责任规定很少，关于责任主体、责任承担要件、免责事由、责任承担方式等都是盲点，以致农产品产地环境保护法律实践中民事责任形同虚设。现实也很少见到农产品消费者因产地环境问题而追究农产品生产者民事责任的案例。

第三，刑事责任方面。我国没有专门的农产品产地环境保护方面的罪名，外源性污染行为人、农产品生产者等主体污染或者破坏农产品产地环境，构成犯罪的，按照污染环境罪或者生产、销售有毒有害食品罪予以处理。

二　我国农产品产地环境保护立法不足之因

"'事出有因'这句格言的经验内容胜过了关于因果定律的普遍有效性的陈词滥调。"[①] 追寻我国农产品产地环境保护立法不足的原因，主要有以下几个方面。

(一) 认识因素

食品安全问题虽然成为热点话题之一，但政府和官员、社会、农产品生产者等还没有普遍认识到环境保护与农产品质量安全、食品安全之间的密切关系，对农产品产地环境问题的严重性、农产品产地环境污染对农产品质量的影响以及开展农产品产地环境保护的不足。"另一个影响法律说服性的因素便是原有观念的力量。"[②] 正是这种认识不足，使人们

---

① [德] 阿多尔诺:《否定的辩证法》，张峰译，重庆出版社 1993 年版，第 317 页。
② [美] 保罗·罗宾逊:《正义的直觉》，谢杰、金翼翔、祖琼译，上海人民出版社 2018 年版，第 171 页。

将食品安全监管关注点放在初级农产品出产后的食品加工、运输、销售环节，对农产品生产环节并不重视。即使延伸到农产品生产阶段，也主要是对农药残留的关心，对于农产品产地环境保护问题尚未关注。

（二）农产品产地环境保护的综合性、复杂性、长期性

农产品产地环境保护与农业、环保等都有密切关系，但是又不完全从属于某一领域。这种交叉状况导致相关职能部门未能引起充分重视。农产品产地环境与食品安全之间的长线链条。正如丹尼斯·米都斯所说："与问题有关的空间愈大、时间愈长，真正关心其解决办法的人数就愈少。"① 食品安全与食品加工关系最为密切，而农产品产地环境则与食品安全之间的关系链条过长，在科学技术、行政监管、公众关注等多重因素作用下，农产品产地环境保护往往被忽视。从性质来看，农产品产地环境保护立法跨越污染防治、农产品质量安全、农地保护、食品安全等领域，具有综合性。农产品产地环境保护及其立法，涉及外源性污染行为人、农产品生产者、农产品消费者、农产品产地权利人以及政府、政府部门，这些主体之间存在不同甚至对立的利益诉求。

农产品产地环境保护虽然与环境保护法、农业法、土壤污染防治法、水污染防治法等领域密切相关，但是上述领域均不能完全涵盖农产品产地环境保护的内容，只是与农产品产地环境保护法相关，不能代替农产品产地环境保护法本身。我国虽然建立了以《环境保护法》为主体的环境保护法律法规体系，但没有专门的农产品产地环境保护法律法规。《农产品质量安全法》对农产品产地环境仅有简单的规定，没有把农村环境、农业环境和农业资源的保护统筹起来。另外，许多地方性环保法规虽将农业环境保护作为立法内容，但未对农产品产地环境保护作出专门规定。

对于农产品产地环境污染和生态破坏带来的食品安全问题，政府监管的着力点有两个方面：第一，土壤污染防治和水污染防治，以土壤污染防治为主。第二，食品安全监测和监管，希望通过食品安全监管和食

---

① ［美］丹尼斯·米都斯：《增长的极限——罗马俱乐部关于人类困境的报告》，李宝恒译，吉林人民出版社 1997 年版，序言。

品质量监测避免对社会的危害。① 上述两大监管措施存在严重问题，前者将农产品产地环境问题分割为土壤污染和水污染两个方面，没有作为综合性的环境要素进行整体保护，还存在监管目的、对象、方法等多方面的不切合性。后者属于末端措施，难以从源头上解决问题。

在监管对象上，将眼光锁定于向农产品产地排放污染物的行为人。造成农产品产地环境问题的主要原因是外源性污染，但是农产品生产者在生产过程中的行为也是重要原因之一。人们将矛头指向排污者之时，似乎忘却了对农产品生产者的监管。

农产品产地环境保护是一项见效慢的工程，需要花费很长的时间进行环境治理和保护，效果却不能立即显现。相对而言，政府更愿意选择见效快的领域进行投资和管理。农产品产地环境保护是一项复杂的工程，需要多个部门的配合和高效的管理机制。我国目前尚未形成这种机制，部门之间掣肘严重。

（三）立法着力点错位

由于土壤污染、重金属污染领域大量的农村受害者，使人们往往将农产品产地环境的受害者定位于农民，忽视了对农产品消费者和公众人身健康的维护。不可否认，农产品产地环境问题的最大受害者是本地农民。农民暴露于农产品产地环境之中，被污染的环境要素如水、大气等会对农民造成直接的伤害。农民还食用自己生产的农产品而受害，因此关注农产品产地环境问题给农民带来的损害是必要的。但不能忽视对农产品消费者和公众可能遭受的损害。中央电视台曾报道：河北邯郸永年县河北铺村的村民引污水灌溉小麦、玉米、蔬菜等，但农民自己不会食用它们，而是将其投放市场。② "被重金属污染的稻米还流向了市场。中国百姓的健康，在被重金属污染的稻米之前几不设防。"③ 农产品消费者

---

① 如《南方日报》2013 年 2 月 27 日报道"湖南问题大米流向广东餐桌"，将问题的关注点锁定在粮库、监测等环节，参见《媒体称湖南万吨镉超标大米流向广东》，《南方日报》2013 年 2 月 27 日第 A13 版。

② 《中国农田污水灌溉凶猛 利弊急转》，载三农直通车网：http://info. china. alibaba. com/detail/1019968095. html，2013 年 3 月 31 日。

③ 宫靖：《镉米杀机》，《新世纪周刊》2011 年第 6 期，第 1 页。

是农产品产地环境问题的受害者,且具有很大扩散性,而社会对此似乎不太关注。

上述因素首先体现在立法理念方面。农产品产地环境保护法理念是指贯穿于农产品产地环境保护法中的,对农产品产地环境保护法的本质、宗旨、原则及其运作规律的理性认识以及由此形成的理论基础和指导思想。我国农产品产地环境保护法虽然伴随着《农产品质量安全法》的通过得到了很大提升,体现了对农产品消费者的保护,反映了经济规律,也兼顾农产品生产者权益的保护,但仍未将维护农产品消费者和公众的人身健康作为出发点,由此导致农产品产地环境保护法的原则、制度等都存在根源性弊端。

(四) 农产品产地环境保护及其立法的新兴性

从历史来看,农产品产地环境保护立法是新的领域。虽然我国于20世纪80年代就已经开始了农产品产地环境保护立法的进程,但最终仅出台了农业部的部门规章——《农产品产地安全管理办法》,其所发挥的作用有限。

随着科学技术的进步,农产品产地环境与食品安全之间的关系已经被人们确信,食品安全问题迫切需要加强对农产品产地环境的监管,而既有法律与农产品产地环境保护之间存在一定的偏差,克服以往认识不足、立法滞后和监管思路偏差,推动和完善农产品产地环境保护立法,成为发展的趋势。

第 二 章

钻坚研微:农产品产地环境
保护立法的三重理性

康德批判哲学提出，人们应该靠理性来认识现象背后的实体，从而最终接近这个世界本源。本章试图认识我国农产品产地环境保护立法现象背后的理论逻辑和实践观景。农产品产地环境保护立法的理论基础乃是农产品产地环境保护法。马克斯·韦伯基于对现代社会根本张力的诊断，提出了形式理性与实质理性，尤其强调了其在利维坦式"立法理性"中的交互与诠释。在形式理性上，本章所讨论的概念经历了从内容到形式，从经验实践到逻辑文本，从目的理性到形式理性的变化；而在实质理性上，本章则从农产品产地环境保护立法的正当性和实践观察两个维度来解读其法律理性与社会理性，从而实现其时空场域的共情式理解。

第一节　形式理性：农产品产地
环境保护法的概念

农产品产地环境保护法是本书的核心概念之一。博登海默指出："没有概念，我们便无法将我们对法律的思考转变为语言，也无法以一种可理解的方式把这些思考传达给他人。"[1] 农产品产地环境保护法是指为了保护农产品产地环境而建立的法律规范体系。

---

① ［美］E. 博登海默：《法理学：法律哲学与法律方法》，邓正来译，中国政法大学出版社 2004 年版，第 504 页。

一　农产品产地环境保护法的语词

名称即事物的名字①，是对其所指代的事物的高度概括。海德格尔说："存在是思维中形成的语言，语言是存在的家。"② 农产品产地环境保护法是全新的事物，这一概念有三个关键词：农产品、产地环境、法。本书通过语义解释方法，阐释农产品产地环境保护法的定义。

（一）农产品

农产品首先是产品。所谓产品，就是生产出来的物品。农产品是农产品生产者经过生产而得出的产品。该解释是一个偏正短语，中心词是物品，限定部分是"生产出来的"。所谓生产出来的，是指经过劳动生产出来的。据此，自然产生的物品例如矿产等不属于产品的范畴。自然生长的动物、植物（也就是野生的动物、植物），即使人们在采摘过程中付出了劳动，亦不属于农产品。对于自然生长的物品，应当适用自然资源法、矿产资源法、石油天然气法等，不适用农产品的相关法律规定。

《产品质量法》对产品进行了定义："产品是指经过加工制作，用于销售的产品。"③ 需要注意的是，该定义对产品的界定多了"用于销售"这一要素，故亦需对是否用于销售做一番说明。首先，严格区分某农产品是用于销售还是生产者自用有一定的难度。如一块农田生产的稻米，种植该稻米的农民究竟是自己食用收获的稻米，还是出售给他人，在最终确定之前都不得而知。此人可能原本打算自用，但是后来改变主意将其出售，或者原本打算销售，但后来改变主意自用。其次，"销售"一词本身也难以严格界定。一般来说，互换视为销售，而赠与则不作为销售。但是赠与他人的农产品如出现质量问题也会危害人身健康和财产安全。因此无论生产者在生产农产品时的目的是否用于销售，都不妨碍该农产品受农产品产地环境保护法的调整。

---

① 中国社会科学院语言研究所词典编辑室：《现代汉语词典》，商务印书馆 1993 年版，第795 页。

② ［德］马丁·海德格尔：《论人道主义》，载徐崇温编《存在主义哲学》，中国社会科学出版社 1986 年版，第 89 页。

③ 《产品质量法》第 2 条第 2 款。

人们生活中所谓的农产品是指农业生产出来的物品，如稻子、小麦、玉米等。但随着农业的快速发展和农产品链条的不断延伸，农产品的范围日益广阔。农业科学上的农产品有广义和狭义之分。狭义的农产品仅指种植农产品，如水稻、玉米、高粱等。广义的农产品不仅包括狭义的农作物，即种植农产品，还包括畜产品、水产品和林产品。本书所研究的农产品，是广义的角度。

法学对农产品的界定是从保障安全、方便监管的角度入手的。《农产品质量安全法》规定："本法所称农产品是指来源于农业的初级产品，即在农业活动中获得的植物、动物、微生物及其产品。"① 本书属于法学研究，其目的是推进农产品产地环境保护立法，定义农产品时应当遵循既有法律概念，除非既有概念存在重大问题。而《农产品质量安全法》对农产品的定义是科学的，因此本书予以沿用。

（二）产地环境

所谓产地，就是指物品出产的地方。《农产品产地安全管理办法》规定："农产品产地是指植物、动物、微生物及其产品生产的区域。"② 结合《农产品质量安全法》对农产品的定义，农产品产地是指初级农产品生产的地方。种植业农产品产地就是农产品种植的地域，养殖业就是水产品养殖的水面等，畜牧业农产品产地就是畜牧产品放牧的主要地域。

农产品产地环境主要是自然环境，因为农产品生产主要受自然环境的影响。现代设施农业、生物工程农业等，或者改变了农产品生产的局部自然环境，或者减轻了农产品生产对自然环境的依赖，但是对于农产品生产所依赖的自然环境，仍然属于农产品产地环境。

（三）农产品产地环境保护

农产品产地环境保护是指为了从源头上保障农产品质量安全，对农产品产地环境加以保护，防治农产品产地环境污染和生态破坏。农产品产地环境保护的目的是保障农产品质量安全。农产品产地环境保护的对象是农产品产地的环境。从环境要素的角度来讲，主要包括：土壤、水、

---

① 《农产品质量安全法》第 2 条第 1 款。
② 《农产品产地安全管理办法》第 2 条第 1 款。

大气等。从污染源来看,既要防治向农产品产地排放污染物(外源性污染),又要防治农产品生产过程中对产地环境的污染和破坏。

(四)农产品产地环境保护法

目前"农产品产地环境保护法"一词尚未见于正式的文件,但农产品产地环境、农产品产地环境保护、农产品产地环境污染防治等词汇已经出现于相关规范和政策性文件之中。① 从语义上讲,农产品产地环境保护法是有关农产品产地环境保护的法律,即对初级农产品(包括动物、植物、微生物)出产的区域的自然环境予以保护的法律规范的总称。

二 农产品产地环境保护法的定义

"逻辑上定义术语的过程分为两步:第一步,要将定义的术语放入最相近的类别中;第二步,确定于同类中其他事物的不同特性。"② 农产品产地环境保护法有形式意义与实质意义之分。形式意义上的农产品产地环境保护法是指以"农产品产地环境保护法"命名的法典。实质意义上的农产品产地环境保护法是指所有调整农产品产地环境保护社会关系的法律规范。这类规范的核心要旨是调整农产品产地环境保护社会关系,无论其表现形式是一部法律、一个法条甚至法条中的一款乃至一项。形式意义上农产品产地环境保护法属于实质意义上的农产品产地环境保护法的范畴。本书所指的农产品产地环境保护法,是从实质意义上说的,农产品产地环境保护法是调整人们在农产品产地环境保护活动中结成的社会关系的法律规范的总称。③

---

① 例如:《国务院关于加强食品安全工作的决定》(国发〔2012〕20 号)指出:"加强农产品产地环境监管,加大对农产品产地环境污染治理和污染区域种植结构调整的力度。"此外《农产品产地安全管理办法》第 2 条规定:"本办法所称农产品产地安全,是指农产品产地的土壤、水体和大气环境质量等符合生产质量安全农产品要求。"

② 〔美〕D. Q. 麦克伦尼:《简单的逻辑学》,赵明燕译,北京联合出版公司 2016 年版,第 45 页。

③ 本书对农产品产地环境保护法的定义借鉴了环境保护法的定义方式。韩德培主编的《环境保护法教程》(第八版)指出:环境保护法是调整因保护和改善生活环境和生态环境,合理开发利用自然资源,防治环境污染和其他公害而产生的社会关系的法律规范的总称。(参见韩德培主编《环境保护法教程》,法律出版社 2018 年版。)该定义方式也获得了学界的较多认可。

第一，农产品产地环境保护法的外在特征——一系列法律规范的总称。农产品产地环境保护法由若干调整农产品社会关系的规范性文件和规范组成。一些学者在对某一法律领域下定义时，喜用"总和"或者"综合"等类似表述。总和是相加的概念，至于被加者之间存在何种关系，在所不论。然而，构成农产品产地环境保护法的规范之间存在紧密联系，即调整人们在农产品产地环境保护活动结成的社会关系。因此，用"总和"这一单纯相加的表述是不妥当的。"综合"之表述亦不妥当，综合有归纳、提取之意，而定义农产品产地环境保护法时，却不是归纳、提取的过程，故综合不恰当。而"总称"的表述中立、客观，是比较合理的方式。

第二，农产品产地环境保护法的内在本质——调整人们在农产品产地环境保护中所结成的社会关系。"行为是社会活动的表现，关系则是社会活动的本质。"① 社会关系是人与人之间的关系，农产品产地环境保护社会关系不是人和自然的关系，更非自然与自然的关系。② 人和自然之间的关系属于科学技术的范畴，而非社会的范畴。社会关系包括各种类型，如道德关系、习惯关系、法律关系等。人们在农产品产地环境保护的活动中所结成的社会关系，就称为农产品产地环境保护社会关系。农产品产地环境保护社会关系是农产品产地环境保护法的基础，被农产品产地环境保护法调整之后，就成为农产品产地环境保护法律关系。

第三，目的不是定义农产品产地环境保护法的因素。一些学者在定义环境法的概念时引入了目的因素。但本书定义农产品产地环境保护法不主张引入目的因素。其原因在于：下定义一般采用属加种差的方式，目的并不在定义的方式之内。再者，法律部门的划分以调整对象为主、

---

① 李可：《马克思恩格斯环境法哲学初探》，法律出版社 2006 年版，第 35 页。

② 关于农产品产地环境保护社会关系，参考了金瑞林、汪劲对环境社会关系的思想。他们指出："环境社会关系是指人们在实施开发利用、保护和改善环境的行为或活动中所形成的人与人之间的社会关系，为环境与资源保护立法所确认和调整的、各主体在利用环境和自然资源活动中形成的权利义务关系。"参见金瑞林、汪劲《20 世纪环境法学研究评述》，北京大学出版社 2003 年版，第 59 页。

调整方法为辅，① 目的并非区分法律部门的标准。因此，农产品产地环境保护法的目的虽然重要，但不构成农产品产地环境保护法的定义要素。

第四，农产品产地环境保护法的对象事物是农产品产地环境。农产品产地环境是指能够影响农产品质量的自然环境和人工环境的总体，如农产品产地的土壤、水、大气、辐射等，噪声、震动、热等也可能影响动植物生长，上述环境要素均属于农产品产地环境保护法的保护对象。也需指出，不同农产品对环境的要求不同，因此其产地环境保护的重点也可能不同。例如，水产养殖农产品的产地环境保护侧重于水环境，而种植业农产品的产地环境保护侧重于土壤环境。

三　农产品产地环境保护法的分类

农产品产地环境保护法调整人们在农产品产地环境保护活动中结成的社会关系。然而，该界定学究气过于浓重，人们难以从该界定中获得农产品产地环境保护调整对象的明确印象。"论证者最艰巨而又最重要的工作就是分类。"② 本书试图以分类的方法，从适用的地域范围来界定农产品产地环境保护法的调整范围，看似有悖传统法理，实则是研究农产品产地环境保护法调整范围的捷径。

（一）规模性生产农产品的产地环境保护法和零星生产农产品的产地环境保护法

农产品产地环境保护法适用于规模性生产农产品的产地。"法律的对象永远是普遍性的，……法律只考虑臣民的共同体及抽象的行为，而绝不考虑个别的人（地方）以及个别的行为。"③ 规模性生产农产品的产地专门化程度高、产量大，对社会公众的影响范围大、程度深，因此是农产品产地环境保护法规制的重点。有人指出："农业生产专业化取代了生物多样性与单一种植农业生态系统，需要大量的农药和化肥的应用，也

---

① 参见朱景文主编《法理学》，中国人民大学出版社 2012 年版，第 249 页。
② ［英］边沁：《政府片论》，沈叔平等译，商务印书馆 1995 年版，第 114 页。
③ ［法］卢梭：《社会契约论》，何兆武译，商务印书馆 1980 年版，第 47 页。

降低了环境。"① 农产品产地环境保护法是以规模性生产农产品的产地为预定对象的。建立农产品生产区就是为了突出农产品产地环境保护的重点，方便监管。

农产品产地环境保护法还适用于零星生产农产品的产地，如农民在房前屋后种植蔬菜瓜果等。可能有人会认为，零星生产农产品多为自用，对社会的影响不大，不适用农产品产地环境保护法。这是不正确的，虽然零星生产农产品的区域对社会影响不大，但也不能排除在农产品产地环境保护法之外，否则容易导致寻租行为和法律漏洞。但对零星生产区域的产地环境的监管方式和力度可能与规模性生产区域有所不同。

（二）陆地农产品产地环境保护法和水域农产品产地环境保护法

农产品产地既包括陆地农产品的产地，也包括水域农产品的产地。一般观念认为，农产品产地是陆地生产的农产品产地，如粮食、蔬菜、瓜果等产地，这些区域固然适用农产品产地环境保护法。水域农产品产地如淡水和海水养殖水面，也是农产品产地环境保护法的适用范围。举例言之，对于日本 20 世纪爆发的水俣病事件，人们多从水污染、重金属污染角度观察，实际上它也涉及水域农产品产地环境保护。如果不加以保护，也可能对人体健康产生严重的威胁。

陆地农产品产地环境和水域农产品产地环境在保护方式、保护要素、监管体制等方面还存在一些不同之处，法律应当有所区分。陆生农产品产地主要包括三类：一是种植业农产品产地。种植业是最狭义的农业，如水稻、小麦、玉米、棉花、茶叶等。这类农产品生产的主要目的是食用。二是林产品产地。林业属于广义的农业，其出品包括林木、果品和林下作物。三是畜牧产品产地。上述三类农产品产地最容易受到土壤环境影响，水体次之，大气和辐射则再次之。水生农产品产地主要包括两类：一是内水养殖农产品产地，即内水养殖所依托的水域。二是海产品产地，即近海海域。捕捞业虽然属于最广义的农业，但是捕捞业由于没

① Carmen G. Gonzalez, Trade Liberalization, Food Security and the Environment: The Neoliberal Threat to Sustainable Rural Development, Transnational Law and Contemporary Problems, Vol. 14, p. 419, Fall 2004.

有农产品生产这一过程,与"农产品产地"的表述有一定差异。故除另有说明外,本书一般不讨论捕捞业农产品。

(三)食用农产品产地环境保护法和非食用农产品产地环境保护法

农产品产地环境保护法以食用农产品产地为预定规范对象。食品安全问题是农产品产地环境保护法诞生的主要背景,社会对食用农产品的关注度远高于非食用农产品。食用农产品产地污染对不特定的农产品消费者和社会公众的威胁大。虽然产地环境问题也会对非食用农产品质量产生影响,但对消费者和公众带来人身健康威胁则轻微得多。对于非食用农产品产地环境保护问题,一般依照环境法、农产品质量安全法的规则应对即可,本书不作专门论述以免冲淡主题。

农产品产地环境保护法以维护农产品消费者和公众的人身健康为目的。因此凡是可以作为食用农产品的,其产地都应当受农产品产地环境保护法的规制,无论其生产出来之后是否真的被人食用。之所以如此,原因在于:农产品被生产出来之后用途很难限制,生产者在生产该农产品之时可能并不是为了食用,但是不能保障生产之后就不食用或者不给他人食用。再者,一些可食用的农产品即使不被人食用,而用于饲养动物(如作为畜禽养殖和水产养殖的饲料),这些农产品所含的有毒有害物质可能会富集于动物体内,人再食用该动物,有毒有害物质就会进入人体造成危害。因此,只要是生产食用农产品,就必须遵守农产品产地环境保护法。

生产自用的农产品是否适用农产品产地环境保护法?可能有人会说,供生产者自用的农产品不涉及消费者,更不会危害消费者和公众的人身健康了,因此不适用农产品产地环境保护法。其实不然,即使是生产自用的农产品,也应当受农产品产地环境保护法的规制。原因在于:第一,如前所述,农产品被生产出来之后,就难以规制其用途,既然可以自己食用,也可以出售或者赠与他人食用,从而给他人的人身健康造成威胁。第二,自我伤害为现代法律所不容,因此,即使纯粹供自己食用的农产品,受害者为生产者自己,法律亦不能坐视不理。①

---

① 现代法律禁止自残行为,一般认为,自杀、自残肢体、自我出卖都是不允许的。

（四）一般农产品产地环境保护法和特殊农产品产地环境保护法

有机农产品、绿色农产品、无公害农产品等特殊农产品和使用地理标志的农产品，往往受到市场的青睐。对上述这些特殊农产品产地环境保护的立法也成为趋势。然而，无论称谓为何，都是对特定区域的农产品产地进行特别保护，本书称之为特殊农产品产地环境保护。农产品产地环境保护法首先是对一般农产品产地环境的保护，产生农产品产地环境保护的一般制度，其次是对特殊农产品产地环境保护。农产品生产都应当遵循农产品产地环境保护法的一般要求。特殊农产品生产不仅要遵守农产品产地环境保护法的一般规则，还必须符合更为严格的要求。

一般农产品产地与特殊农产品产地的区分，决定了农产品产地环境保护法的体系，不仅包括一般农产品的农产品产地环境保护法，还包括特殊农产品产地环境保护法。

第二节　法律理性：农产品产地环境保护立法的正当性

"至少从十九世纪初起，关于法律学科身份认同的警钟便已经敲响。"① 本节讨论农产品产地环境保护立法的正当性，解决其认同危机。农产品产地环境保护立法是指国家制定或者认可的农产品产地环境保护的法律、法规，它们能够被司法机关援引为裁判依据。由于上一节已经阐述了农产品产地环境保护法的概念，因此农产品产地环境保护立法的概念便不难理解。本书研究的重点也不在农产品产地环境保护立法的概念。马克斯·韦伯说："任何一项事业的背后都存在着决定该项事业发展方向的命运的精神力量。"② 农产品产地环境保护立法具有坚实的理论基础，决定了农产品产地环境保护立法的必然性和未来方向。

---

① ［荷］扬·斯密茨：《法学的观念与方法》，魏磊杰、吴雅婷译，法律出版社2017年版，第3页。

② ［德］马克斯·韦伯：《新教伦理与资本主义精神》，于晓、程维纲译，生活·读书·新知三联书店1997年版，第98页。

一　农产品产地环境保护立法的技术原因

"市场规则、伦理规则、权力规则和技术规则,这四类法的社会渊源都属于客观规律性因素,他们具有规律的性质和特点。"① 产地环境与农产品质量之间的关系问题属于科学技术的范畴。囿于作者的研究领域属于法学,本书亦属法学研究,故对农产品产地环境与农产品质量之间的关系不可能有深入的研究,纵然在此陈述,也不过是拾人牙慧。故本书对农产品产地环境保护立法的科学基础不做过多的叙述,只是借用科学上的结论:"农产品产地是食用农产品安全的基础和保障,工业生产、农业投入品的不当使用等都会导致农产品产地的污染,并威胁农产品的产量和安全质量。"② 农产品的生长发育离不开自然环境,产地环境质量直接影响着农产品质量。影响农产品质量的主要环境要素是土壤、水和空气,其他环境要素,如震动、噪声、辐射等也会对农产品产生影响。且该影响具有持久性、复杂性、隐蔽性和滞后性等特点。③ 如读者对此有兴趣,可以参考相关领域的论著。

二　农产品产地环境保护立法的方法渊源

农产品产地环境保护立法是源头管理的产物。源头管理是农产品产地环境保护立法的管理学基础。源头管理是指为了保障食品安全,必须从生产源头抓起,保障农产品的生产条件和生产过程不会产生危险因素。如果食品的源头安全没有保障,后续工作都可能无济于事。为此,诞生了农产品产地环境保护立法,从源头上控制农产品的生产环境,避免产地环境污染和生态破坏造成农产品质量下降,进而危害人体健康。源头管理既是农产品产地环境保护立法的原因,也是农产品产地环境保护立法的方法。

---

① 孙笑侠:《法的现象与观念》,山东人民出版社 2001 年版,第 17 页。
② 刘凤芝等:《土壤污染与食用农产品安全》,《农业环境与发展》2010 年第 3 期,第 50 页。
③ 窦艳芬、陈通、刘琳:《基于农业生产环节的农产品质量安全问题的思考》,《天津农学院学报》2009 年第 1 期,第 53 页。

首先，源头管理是农产品产地环境保护立法的原因。从目的上来讲，农产品产地环境保护立法并非单纯地保护环境，而是为了农产品质量安全，进而维护农产品消费者和公众的人身健康。在很长一段时间里，食品安全工作的重点是食品加工、存储、销售环节，忽视了对农产品的管理。为了保障食品安全，就必须将管理环节予以延伸，做好农产品产地的环境保护工作。只有保障良好的产地环境，才能生产出安全健康的农产品。此过程就是源头管理。

其次，源头管理也是实施农产品产地环境保护立法的方法。源头管理贯穿于农产品产地环境保护的全过程之中，是农产品产地环境保护立法的方法。如农产品产地环境保护的重要制度之一——农产品禁止生产区制度就是从源头上防止产地环境污染给消费者和公众造成危害。对于已经被严重污染的农产品产地，不得从事农产品生产活动，从而避免广大农产品消费者可能遭受的损害。

基于此，无论是推进农产品产地环境保护立法，还是贯彻执行农产品产地环境保护法，都应当坚持源头管理，将眼光放得更加长远，将工作做得更加前端。

三　农产品产地环境保护立法的伦理支撑

"一个理性的社会必须是一个重视道德的社会。现代法制的发展趋势，是道德与法律的相互渗透和协同。可持续发展社会的制度设计不仅要考虑社会的经济发展需求，而且要考虑社会的道德需求。"[1] 所谓伦理，是"调解人际行为关系，包括由其扩演外化的人与社会或群体之间的关系行为的价值准则和规范"。[2] 实现环境保护目的和实施环境法，环境道德和环境伦理是不可或缺的。[3] 农产品产地环境保护立法的伦理基础是以人为本。

以人为本具有丰富的历史文化内涵。我国最早提出以人为本的是管

---

①　吕忠梅：《环境法新视野（修订版）》，中国政法大学出版社2000年版，第98页。

②　万俊人：《寻求普世伦理》，商务印书馆2001年版，第46页。

③　Arnold Craig Anthony（Tony），Working Out an Environmental Ethic：Anniversary Lessons from Mono Lake，Wyoming Law Review，Vol. 4，No. 1，p. 1，2004.

仲,《管子·霸言》指出:"夫霸王之所始也,以人为本。本理则国固,本乱则国危。"① 与之类似的还有《三国志·蜀书·先主传》的记载:"或谓先主曰:'宜速行保江陵,今虽拥大众,被甲者少,若曹公兵至,何以拒之?'先主曰:'夫济大事必以人为本,今人归吾,吾何忍弃去!'"② 这段话的背景就是人们所津津乐道的兵败当阳。

以人为本是对西方人本主义观念的扬弃。人本主义萌生于古希腊哲学萌芽,文艺复兴时期得以蓬勃发展,费尔巴哈集其大成。费尔巴哈认为:"人的本质只是包含在团体之中,包含在人与人的统一之中。"③ 现代西方人本主义赋予人以哲学的中心地位,探讨人与外在环境之间的矛盾。它否定理性,宣传非理性,是非理性的人本主义。④ 以人为本建立在科学、理性的基础之上,抛弃了西方人本主义形而上、非理性和唯心的部分,要求将人作为最终目的,而不是作为工具。一切活动必须以保障人的权利为宗旨,发展经济、创办事业都是为了增加人的福利。

(一) 以人为本作为农产品产地环境保护立法伦理基石的原因

以人为本渊源于宪法的明文规定:"中华人民共和国的一切权力属于人民。"⑤《立法法》第5条:"立法应当体现人民的意志。"⑥ 以人为本作为农产品产地环境保护立法的伦理基础,要求其规则、原则和制度都必须以人的根本利益为出发点和归宿;农产品产地环境保护立法不以规定人的义务为目的,而是以人的权利行使和福利保障为目的;农产品产地环境保护立法应当体现对人民群众,特别农产品消费者的关怀与保护。

首先,以人为本具有科学性。以人为本具有深远的历史渊源,在新时期以人为本的思想得到了进一步发扬,是符合时代发展的正确观念,

---

① 《管子》,商务印书馆1936年版,第8页。

② (晋)陈寿:《三国志》(下册),(南北朝·宋)裴松之注,岳麓书社2002年版,第591页。

③ [德]费尔巴哈:《费尔巴哈哲学著作选集》(上卷),荣震华、李金山等译,商务印书馆1984年版,第185页。

④ 参见胡敏中《论人本主义》,《北京师范大学学报》(社会科学版)1995年第4期,第65页。

⑤ 《宪法》第2条第1款。

⑥ 《立法法》第5条。

符合人民群众的要求。它能够引领我们的事业朝着正确的方向前进。

其次，以人为本具有现实性。现实性指的是以人为本的思想能够为农产品产地环境保护法提供现实指导，它奠定了农产品产地环境保护立法的基础和方向。从以人为本的观念推导，能够得出农产品产地环境保护立法的正当性。

再次，以人为本具有契合性。以人为本就是要把广大人民群众的利益放在第一位。以人为本契合了农产品产地环境保护立法的本质，[①] 要让人民群众能够吃上放心的食物，不因为农产品产地环境问题而受害或者担心受害。

（二）人为本强化对公众健康的保护

正如席勒所说："人本精神体现在法律上，就是对自由、平等、人权的确认和保障，并使个人应该而且能够对自己的思想和行为负责。"[②] 人身健康是人的基本权利，维护农产品消费者和公众的人身健康是农产品产地环境保护立法的目的与宗旨。维护农产品消费者和公众的健康体现了以人为本、以人的健康为本。

首先，农产品产地环境保护立法应当以维护消费者和公众的人身健康为目的。"只有当主体人的'我要'与社会性的共同要求相洽时，'我要'才被承认为'正当'。"[③] 目的对农产品产地环境保护立法具有全局制约性，农产品产地环境保护法在立法目的条款中就应当将保障农产品消费者和公众的人身健康作为根本目的。

其次，农产品产地环境保护法的原则和制度，应当体现对公众健康的维护。以预防原则为例，必须从源头做起，防止产地环境问题对农产品质量安全造成威胁，从而危害公众健康。再如农产品产地环境标准应当符合保障农产品质量安全的要求。

再次，农产品产地环境保护法的适用应当以保护公众健康为根本宗

---

① 有学者指出："法律是应该体贴社会生活还是改造社会生活？应该说二者皆有，但主要是体贴社会生活，其次才是改造社会生活。"郭忠：《论法的保守性》，《法制与社会发展》2004年第4期，第125页。

② ［英］席勒：《人本主义研究》，麻乔志等译，上海人民出版社1986年版，第177页。

③ 张恒山：《义务先定论》，山东人民出版社1999年版，第95页。

旨。正如萨维尼所说："但任何一个时代、一个国家都不可能有资格做到使法典都具有优良的品质，它总会有一些缺陷。"① 农产品产地环境保护法适用中出现法律漏洞、矛盾及其他疑难情况时，要以保护公众健康作为原则处理之。以何种方式适用法律能够实现保障公众的健康，就应当采取这种方式。

（三）以人为本平衡农产品生产者的利益

"资源缺乏和人口引起经济判断问题，而且正是由于人口与资源的关系，才产生了伦理的判断和抑制，形成了义务和自由、履行、免行和克制的那种伦理的思想。"② 农产品生产者是农产品产地环境保护的主要义务主体之一，但是农产品产地环境保护立法也不应当过分压制其利益需求。"在各种德性之中，唯有公正关心他人的善。因为它是与他人相关的，或是以领导者的身份，或是以同伴的身份，造福于他人。"③ 以人为本要求立法应当激发农产品生产者保护农产品产地环境的积极性，并平衡农产品生产者的利益。

首先，农产品产地环境与农村环境是紧密联系在一起的，良好的农村生活环境有益于农产品生产者的人身健康和财产安全。以农产品产地环境保护为契机，建立起城市居民与农村环境之间的关系，可以开辟一条农村环境保护的新路径。农产品产地环境保护有利于农产品生产者收益的提高。虽然农产品产地环境保护需要农产品生产者承担一定的义务，但是优质、无公害、绿色、有机农产品的价格更高、市场前景更好，这会为农产品生产者增加收入。恶劣的产地环境会导致农产品生产质量问题，生产出来的农产品卖不出去，不仅没有收入，还可能贻害自身。

其次，对农产品生产者的补偿和补贴。非因农产品生产者的原因致使其遭受损失的，国家和政府必须给予农产品生产者相应的补偿。农产

---

① ［德］萨维尼：《论当代立法和法理学的使命》，载《西方法律思想史资料选编》，北京大学出版社1983年版，第528—531页。

② ［美］约翰·R. 康芒斯：《资本主义的法律基础》，寿勉成译，方廷钰校，商务印书馆2003年版，第165页。

③ ［古希腊］亚里士多德：《尼各马科伦理学（修订本）》，苗力田译，中国社会科学出版社1999年版，第97页。

品生产者负担额外义务的，应当给予补贴。这样一方面能够平衡农产品生产者的权益，另一方面也能激发他们保护农产品产地环境的积极性。

最后，对农产品生产者责任的限制。如果没有法律责任机制，就难以有效地约束农产品生产者保护农产品产地环境。但是农产品生产者对农产品产地环境保护民事责任的承担是有限制的，表现在：仅限于在禁止生产区域从事或者明知、应知是严重污染区域仍从事农产品生产的情形。如果在非严重污染区域或者即使在严重污染区域但不知且无义务知道其为严重污染区域的，农产品生产者不必承担民事责任。此外，农产品生产者对消费者承担责任之后，还可以向排污者追偿。

四　农产品产地环境保护立法的规范需求

从行为（原因）上看，导致农产品产地环境问题的，不仅有外源性污染，也有农产品生产过程的污染。从结果上看，上述两种行为所造成的结果有相同的方面，也有不同的方面。本书在此着重阐述直接暴露型环境污染损害与非直接暴露型环境污染损害之间的区分。有学者指出："事实上，环境法现象不仅仅是与污染有关，它是关乎科学技术发展和经济发展、社会发展的问题，更是关乎人类价值观念转换和发展模式转换的问题。"[①] 其实，环境法也在不停地发展和转换，直接暴露型污染与非直接暴露型污染法律规则的区分便是其表现之一。

（一）损害

确定的损害是构成侵权行为的前提。然而，由于非直接暴露型环境污染损害的间接性，使损害的额度确定具有难度。仍然以镉米为例，导致消费者受害的，往往也不是一两次对镉米的消费行为，而是长期的食用。在此过程中，消费者可能会多次购买并消费不同厂家出产的稻米，其中有些是符合质量标准的稻米，有些是镉米。即使是镉米，也可能来自不同的区域、不同的生产者，其排污者也有所不同。行为人、损害额度、因果关系等事实上也很难分清。

---

① 吕忠梅：《环境法新视野（修订版）》，中国政法大学出版社 2007 年版，第 36 页。

（二）加害人确定

明确的被告不仅是我国提起民事诉讼的必要条件①，也是民事诉讼法理论和域外民事诉讼法立法所普遍承认的条件之一。② 《最高人民法院关于适用〈中华人民共和国民事诉讼法〉的解释》将"明确的被告"解释为"可识别的被告"，即"原告提供被告的姓名或者名称、住所等信息具体明确，足以使被告与他人相区别的，可以认定为有明确的被告"。③ 即使如此，确定被告仍然是环境诉讼中的难点之一。非直接暴露型环境污染损害的加害人（被告）更加难以确定。原因在于：

首先，经过转媒介作用后，行为人与受害人之间的关联性更加隐蔽。"环境问题只有有了加害人与受害人两方才能成立。有时也会出现只有受害方而加害方不明确的情况，这或许是因为加害方一直在给自己脸上贴金，或者一直否定的结果，不存在没有加害者的受害者。"④ 以农产品产地环境污染损害为例。农产品是公开销售的，其消费者的范围不确定。除了少数大型超市、商场等销售的农产品具有产地溯源查询功能外，很多农产品也无法确定其产地。即使可以产地溯源的那一部分农产品，也无法精确地定位其具体生产的位置，就更加难以确定当时的排污者了。

其次，因农产品产地环境导致农产品质量问题，进而引发消费者损害的，往往不是单个的排污者。以镉米为例，多数镉米产地不是因为某个企业的排放含镉废水，而是该地区某种地方性产业长期、大规模、集中排放含镉废水，农民在长期的灌溉中，导致了农用地的镉污染。⑤ 排污

---

① 《民事诉讼法》第一百一十九条规定："起诉必须符合下列条件：……（二）有明确的被告；……"

② 颜君：《"明确的被告"与被告主体审查制度构建》，《内蒙古大学学报》（哲学社会科学版）2016年第1期，第99—104页。

③ 《最高人民法院关于适用〈中华人民共和国民事诉讼法〉的解释》第209条："原告提供被告的姓名或者名称、住所等信息具体明确，足以使被告与他人相区别的，可以认定为有明确的被告。起诉状列写被告信息不足以认定明确的被告的，人民法院可以告知原告补正。原告补正后仍不能确定明确的被告的，人民法院裁定不予受理。"

④ ［日］鸟越皓之：《环境社会学——站在生活者的角度思考》，宋金文译，中国环境科学出版社2009年版，第97页。

⑤ 镉米并不是因为灌溉水中的镉直接进入稻米中，而是因为长期用含镉废水灌溉，导致土壤中的镉富集，水稻在这样的土壤中生长，土壤中的镉于是就富集到了稻米中。

者数量众多本身就增加了确定被告的难度。此外，农用地镉污染多是长期的排放行为所致。在此期间，排污者很可能发生了变化，诸如破产、被兼并、合并其他企业、转产、增加或者减少股东、地址变化等。这些也会导致确定被告的难度增加。

最后，从污染源来看，造成农产品产地环境问题的不仅有外源性污染，还有农产品生产过程的污染。农产品生产过程污染，既有农业投入品使用，还可能有污水灌溉、污泥肥田等农业生产方式。外源性污染可能和农产品生产过程相交织，共同作用，加剧了加害人确定的难度。

正是以上原因，使加害人确定的难度增加，而且容易形成加害人为多人的共同侵权行为。

（三）因果关系

在环境法乃至于整个侵权法律层面，因果关系都是关键问题之一。"复杂性是'环境法研究者的口头禅'和'摆脱尴尬的普遍性托词'。"[①]相比于一般侵权行为，环境污染损害的因果关系链条长。在环境污染侵权上，为了解决因果关系的难题，创造了诸如疫学因果关系、新疫学因果关系、因果关系推定、举证责任倒置等诸多制度，以解决因果关系的举证责任难题，特别是因果关系不明时的法官判定问题。在因果关系证明问题上，一个毋庸置疑的判断是：如果因果关系的链条加长，则因果关系的证明难度会加大。

非直接暴露型环境污染有着与直接暴露显然不同的特点，强烈地影响着法律规则，尤其表现在因果关系的判定上。在环境污染损害中，非直接暴露型环境污染损害由于中间转媒介的存在，形成了"排污者——环境污染——转媒介——受害"的因果关系链条。这与直接暴露型环境污染损害中"排污者——环境污染——受害"的因果关系链条相比，显然更长，排污行为与损害结果之间的（事实）因果关系更加具有间接性，证明将会更加具有难度。

（四）诉讼时效

非直接暴露型环境污染损害需要更长的诉讼时效期间。由于间接致

---

① William H. Rodgers, Enviromental Law § 1.2 (p. 24), § 3.2 (p. 146) (2d ed. 1994).

害，非直接暴露型环境污染损害不仅需要污染的更大的剂量和更高的浓度，而且需要更长的时间才能形成。因此，非直接暴露型环境污染损害的形成需要很长的时间，尤其是严重损害。

从农业科学上讲，除核辐射污染之外，其他污染如大气、水、土壤、噪声、震动等要对农产品的质量造成影响，往往伴随着长期的排污行为。从受害的角度来看，除受放射性污染大剂量辐射的农产品之外，其他因产地环境而致的"问题"农产品，消费者偶尔食用也不会导致明显的损害，只有长期食用才会导致受害。因此，损害结果的形成需要更长的时间，与之对应的便是更长的诉讼时效期间。

"人口、生产及能源使用的飞速增长对不同地区、不同民族、不同阶级与社会集团的影响是不平衡的，对一些有利，对另一些有害。许多不平等的现象加深了，也许更过分了，幸运与不幸经常换位。思想上、政治上，所有方面，很难对一个迅速发展的世界与变换的社会地位做出调整。"① 直接暴露性环境污染与非直接暴露性环境污染的区分，要求法律原则、规则和制度的调整和革新，由此也产生了农产品产地环境保护立法的规则需求。

第三节　社会理性：立法保护农产品产地环境的实践

福柯使用"考古学"一词，用以指称现代知识体系得以形成的"历史的可能性条件""先验的历史性"或"真理体制"，他说："它是关于话语的话语。但是，它并不想在话语中寻找隐藏着的规律，被掩盖着的、它揭示即可的起源；它也不想依靠自己和在自身的基础上建立普遍理论，而那些话语可能是这一理论的具体模式。……它并不试图使自己成为起源的追忆或者真理的回想。恰恰相反，它要制造差别，即把差别作为对

---

① ［美］J. R. 麦克尼尔：《阳光下的新事物：20 世纪世界环境史》，韩莉、韩晓雯译，商务印书馆 2012 年版，第 15 页。

象来构建，分析这些差别和确定它们的概念。"① 黑格尔说："凡是合乎理性的东西都是现实的；凡是现实的东西都是合乎理性的。"② 基于严峻的农产品产地环境形势，基于产地环境与农产品质量之间的关系，在源头管理的方法之下，坚持人本主义伦理要求，区分直接暴露型环境污染损害与非直接暴露型环境污染损害，以立法手段保护农产品产地环境具有正当性。

一　立法手段保护农产品产地环境的必要性

"我们认为应该有办法仿效黄金时代的生活，如同传说中的那样，在家庭和国家方面要服从我们内心中那种永恒的素质，它就是理性的命令，我们称之为法律。"③ 农产品产地环境问题必须从经济、法律、政策、科技、教育、宣传等多角度入手，多管齐下。在诸多方法中，最重要的是科技、经济和法律等三种手段。

科技是前提。农产品产地环境保护应当以攻克科技关为前提，特别是产地环境污染检测技术、治理技术、损害评估技术等。如果能降低科技的环境危害性或甚至将其最终排除，或者发明和运用的技术是环境友好技术，科技也可能成为环境问题的终结者之一。④ 法律技术和法律调整机制也受现有科学技术发展水平的制约。⑤ 只有具备技术可行性，才可能进一步深入到经济和法律层面。

经济是核心。在具备技术可行性的前提条件下，通过激励和惩罚措施可以对农产品产地环境保护起到作用。例如优质农产品产地所生产的农产品享受较高的价格，可以激励其生产者保护农产品产地环境。经济手段的根本要素是经济的可行性，即投入和产出成比例。

① ［法］米歇尔·福柯:《知识考古学》，谢强、马月译，生活·读书·新知三联书店2003年版，第228页。
② ［德］黑格尔:《法哲学原理》，范企泰、范扬译，商务印书馆1997年版，序言。
③ ［古希腊］柏拉图:《法律篇》，张智仁、何勤华译，上海人民出版社2001年版，第13页。
④ 参见陈慈阳《环境法总论》，中国政法大学出版社2003年版，第39—40页。
⑤ 参见苏力《法律与科技问题的法理学重构》，《中国社会科学》1999年第5期，第57—71页。

立法是保障。法律手段是将实践中比较成熟的经验和做法上升为具有国家强制力的规范并予以实施。只有具备了经济技术可行性，并符合公平正义要求，才能上升为法律。相比于其他手段而言，立法具有以下特点：第一，规范性。立法手段能够将实践中取得实效的一些方法和手段固定下来，成为制度。以立法手段治理农产品产地环境问题，能够产生规范化效果。第二，稳定性。"政策多变，在国内造成的后果是灾难性更大。享有自由的好处本身也受到荼毒。"① 相比于政策，法律具有稳定性，能够保障农产品产地环境保护工作长期进行下去，并有长足的制度支撑。第三，保障性。立法是其他手段的保障，其他手段都要以法律作为后盾。技术手段、经济手段和其他手段获得了法律保障，才能持续良好地实施。立法缺位会导致其他手段不能充分发挥作用。第四，权力制约性。按照自然法的观念，法是规范和制约公权力的。"既然国家的扩大给予了公共权威的受托者以更多的诱惑和滥用权力的办法；所以越是政府应该有力量约束人民，则主权者这方面也就越应该有力量来约束政府。"② 立法是规范和制约公权力的最重要手段之一。立法通过对公权力的来源、行使公权力的主体、程序、权限、责任，以及通过各种监督手段规范和制约公权力。在农产品产地环境保护中，公权力尤其是行政权力有广泛的运用空间，农产品产地环境保护立法应当规范公权力的行使，防止权力滥用给社会带来的灾难。

因此，只有将技术手段、经济手段和立法以及其他手段相结合，才能达到最佳的效果。从实践来看，农产品产地环境保护成效不佳的重要原因之一是立法不到位。以我国为例，虽然农产品产地环境保护立法已经起步，但是仍然比较分散，多数规定缺乏刚性。这不能满足公众对食品安全的需求，与严峻的农产品产地环境形势不相适应。因此，在农产品产地环境保护方面，立法不能缺位。

---

① ［美］汉密尔顿、杰伊、麦迪逊：《联邦党人文集》，程逢如等译，商务印书馆 1980 年版，第 317 页。

② ［法］卢梭：《社会契约论》，何兆武译，商务印书馆 2003 年版，第 75 页。

二 既有立法保护农产品产地环境的羸弱

"至于由法律的历史变迁所带来的法律语境的另一方面——社会关系的变迁，更是值得对相关概念或规范做历史解释的重要因素。"[1] 一方面，既有的法律在一定程度上能够应对农产品产地环境问题，客观上对农产品产地环境保护发挥了一定的作用。另一方面，既有规范对农产品产地环境保护的不足，催生了农产品产地环境保护立法。

（一）综合性环境保护立法的不力

如果既有立法能够解决农产品产地环境问题，就无须叠床架屋另造法律。然而，既有的立法难以有效解决农产品产地环境问题，农产品产地环境保护法应运而生。[2]

对于既有立法，首当其冲的是综合性环境保护立法。所谓综合性环境保护立法，是"指一个国家为了保护其管辖范围内的人类生存环境而对有关重大问题加以全面综合调整的立法文件"。[3] 例如美国《国家环境政策法》、日本《环境基本法》、我国《环境保护法》等。综合性环境保护立法在环境法体系中处于基础性地位，一般也被称为环境基本法。[4] 由于以下三个方面的原因，致使综合性环境保护立法在农产品产地环境保护方面所能发挥的作用微乎其微。

第一，从时间维度来看，农产品产地环境保护法是新兴事物。虽然环境法从产生之时起，就已经涉及农产品产地环境问题，但是尚未形成所谓的农产品产地环境保护法。而综合性环境保护立法由于其综合性和基础性，一般出台早、修改小，对于农产品产地环境保护的具体内容很少涉及。

第二，从法律领域来看，农产品产地环境保护法是环境法、农业法、食品法等法律领域的交叉，综合性环境保护立法的一些规则、原则和制

---

① 谢晖：《法律哲学》，湖南人民出版社 2009 年版，第 61 页。

② 农产品产地环境保护法是建立在既有的法律之上的，如果脱离既有法律，农产品产地环境保护法即使能够存在，也不能发挥良好的作用。

③ 马骧聪：《综合性环境保护法比较研究》，《现代法学》1981 年第 3 期，第 71 页。

④ 参见吕忠梅《中国需要环境基本法》，《法商研究》2004 年第 6 期，第 40—46 页。

度不能生硬地被套用于农产品产地环境保护法,而其他法律领域的规则、原则和制度也难以体现农产品产地环境保护的需求,由此造成了法律制度供给不足。

第三,从法律属性来看,农产品产地环境保护具有具体性、操作性,而综合性环境保护立法则具有综合性、指导性,综合性环境保护法的规则、原则和制度虽然原则上可以适用于农产品产地环境保护法,但是具体操作仍然需要大量的规则。

(二)污染防治单行立法的不足

农产品产地环境保护法与土壤污染防治法的联系紧密。农产品生产大多是在陆地上进行的,亦即依托于土壤。即使在水域从事农产品生产,也需要保护水底土壤。因此,农地土壤污染防治是农产品产地环境保护立法的重要内容之一。但是土壤污染防治法不能取代农产品产地环境保护立法。农产品产地环境保护立法是对农产品产地土壤、水、大气等综合性环境要素的整体保护,虽然可能有所偏重,但不限于土壤。

那么是否意味着各环境要素污染防治立法的叠加就可取代农产品产地环境保护立法呢?答案是否定的,原因在于:

第一,各环境要素污染防治法之间的漏洞。农产品产地环境保护立法要求对农产品产地环境进行整体、综合保护,而各环境要素污染防治法之间各自为政,相互之间难免有漏洞。如农产品产地环境保护监督管理体制问题,就不是污染防治单行立法所能解决的。

第二,各环境要素污染防治法的普遍性与农产品产地环境保护的特殊要求。各环境要素污染防治法在环境法体系中属于特别法,但是在各环境要素污染防治领域属于普通法,难以体现农产品产地环境保护的特殊性。

第三,污染防治法与农产品产地环境保护立法之间的目标错位。土壤、水、大气等污染防治法防治污染的目的是保障暴露在受污染环境中的人群的人身财产权利。农产品产地环境保护立法则不尽然。农产品产地环境保护立法的出发点是保障农产品消费者和公众的人身健康,至于暴露在农产品产地环境之中的人群的权利则并非重点。这又突出表现在农产品生产者承担较重的责任和消费者参与农产品产地环境保护两个方面，对此下文将有详细分析。

第四，规制对象不同。污染防治法律关系的主体主要有：行政机关、排污者、受害者。其中以排污者为规制对象，以受害者为权利主体。农产品产地环境保护法以排污者和农产品生产者为规制对象，以农产品消费者和公众为权利主体。虽然农产品生产者也极有可能是农产品产地环境污染和破坏的受害者，但不是农产品产地环境保护法权利保障的重点。

第五，农产品产地环境保护关系更为复杂，污染防治法难以应对。农产品产地环境保护法律关系的主体包括农产品生产者、农产品消费者、外源性污染的行为人（排污者）、行政机关，此外还有农产品产地所有权人。上述主体相互之间发生法律关系，极其复杂。污染防治法律关系的主体是排污者、受害者、行政机关，其规则较为简单，难以应对复杂的农产品产地环境保护问题。

第六，污染防治法的调整方法僵硬。传统的污染防治法注重通过对排污者的禁止和限制措施来达到立法目的，但是农产品产地环境保护法不仅对排污者采取禁止和限制措施，还对农产品生产者采取禁限措施，也使用激励和指导方法。激励措施对农产品产地环境有着必然的联系。[1]从制度上讲，传统的污染防治措施对于农产品产地环境保护羸弱无力，必须创新制度以推进农产品产地环境保护。

综上所述，无论是某一污染防治单行法，还是污染防治单行法相叠加，都不能有效地解决农产品产地环境保护问题。

(三) 涉农立法的不深入

涉农立法是指"调整对象为农民，或者涉及农业，或者其调整的特定的行为发生在农村的法律"。[2] 主要的涉农立法包括农业法、农用地法、农村法等。涉农立法可能与农产品产地环境保护有关，但是都存在偏差，且不够深入，存在诸多不足之处。

---

[1]　Nlandu Mamingi, How Prices and Macroeconomic Policies Affect Agricultural Supply and the Environment, World Bank Policy Research Working Paper No. 1645.

[2]　颜勇、姚亚琼：《涉农法律制度的构建——以平等为视角》，《西华师范大学学报》（哲学社会科学版）2006 年第 5 期，第 102 页。该文指出："这些法律，或者其对象为农民，或者涉及农业，或者其调整的特定的行为发生在农村，本文都把它们统称为涉农法律制度。"

1. 农业法的不足

农业法一般都有关于农业环境保护的内容。农业环境保护是防治农业生产带来的环境污染和生态破坏,其关注农业生产过程中所带来的环境污染,如农药、化肥、塑料薄膜等污染环境情形。

农业法中的环境保护内容与农产品产地环境保护法密切联系。防治农业生产过程中所产生的污染属于农产品产地环境保护法的内容之一,但农业环境保护法对于保护农产品产地环境仍显不足,表现在:第一,目的不同。农业法防治农业生产可能或已经造成的环境污染和生态破坏,保障农业可持续发展。农产品产地环境保护法则是为了保障农产品质量安全,从而维护农产品消费者和公众的人身健康。第二,内容不同。农业环境保护立法的重点是对农业生产带来的土壤污染、水污染和生态退化。而农产品产地环境保护立法既包括农产品生产过程中的环境污染和生态破坏,也包括外源性污染。第三,保护方法不同。农业法保护农业环境是末端治理的方法,而农产品产地环境保护更强调预防。

2. 农村法的不足

农村环境是与城市环境、城镇环境相对而言,它是以农民聚居地为中心的一定范围内的自然及社会条件的总和。[1] 农村环境保护法与农产品产地环境保护法的差别在于:首先,地域范围。农村环境保护法的地域范围是农村,但农产品产地环境保护法的适用范围是农产品产地,并不限定于农村。其次,法的目的。农村环境保护法是以维护农民人身财产权益和环境权益为出发点,而农产品产地环境保护法的目的在于保障农产品消费者和公众的人身健康。再次,权利义务不同。农村环境保护法中农民是权利主体,虽然也可能会让农民承担一定的义务,但是最终是为了维护农民的权益。而农产品产地环境保护法对于农产品生产者而言,主要是义务而非权利。

3. 农用地保护法的不足

农用地是根据用途对土地分类的结果,是指"直接用于农业生产的

---

[1] 参见刘青松主编《农村环境保护》,中国环境科学出版社2003年版,第2页。

土地，包括耕地、林地、草地、农田水利用地、养殖水面等"①。农用地保护的内容之一就是农用地污染防治。

农用地保护法在一定程度上也可以起到农产品产地环境保护的作用，② 但仍然不能满足农产品产地环境保护的需求，原因在于：第一，农用地保护是从土地资源保护角度入手的，而农产品产地环境不仅涉及土地，也涉及水、大气等其他环境要素。第二，农用地与农产品产地的概念之间存在一定的区别。农产品产地更加强调区域性，农用地强调从用途对土地分类。农产品产地未必就是农用地。第三，农用地保护法的目的是维护农用地的资源性，而农产品产地环境保护法的目的在于维护农产品消费者和公众的人身健康。

综上所述，涉农法虽然可能会涉及农产品产地环境保护，客观上也会对农产品产地环境保护发挥一定的作用，但是由于视角、范围、目的等因素的差别，致使其不能承担起农产品产地环境保护的任务，难以充分保护农产品产地环境。

三 农产品产地环境保护的立法模式

任何一个法律部门、法律文件，乃至一个法条，都不是凭空产生，都有其演进的脉络。虽然农产品产地环境保护立法在世界范围内都属于新兴事物，以农产品产地环境保护法命名的法典在全球范围内尚未见到，但依托如环境法、食品法、土壤污染防治法等法律、实质性的农产品产地环境保护立法早已发生，并且不断发展成熟。考夫曼说："类型是建立在一般及特别间的中间高度，它是一种相对具体，一种在事物中的普遍性。"③ 类型研究乃是学术研究的重要方法。从可得的资料来看，农产品产地环境保护立法主要有三种模式：污染防治法（尤其是土壤污染防治法）模式、食品安全法延伸模式、特殊农产品产地保护法模式。

---

① 《土地管理法》第 4 条第 3 款。

② 匈牙利还专门出台了《农用地保护法》，参见秦志华、李可心、陈先奎主编《中国农村工作大辞典》，警官教育出版社 1993 年版，第 159—160 页。

③ ［德］阿图尔·考夫曼：《法律哲学》（第二版），刘幸义等译，法律出版社 2011 年版，第 148 页。

(一) 污染防治法 (土壤污染防治法) 模式

农产品产地环境问题属于环境问题,若能从源头上控制污染,防止其对农产品产地造成环境污染或者生态破坏,便可以有效地防止因产地环境问题而导致的农产品品质下降。因此,污染防治法尤其是土壤污染防治法成为农产品产地环境保护立法的一种重要模式。因为几乎所有的农产品生产都会与土壤环境发生关系,即使是水产养殖业,水域 (海洋) 底土也会影响水产品质量,陆生农产品更是与土壤环境关系密切。所以土壤环境保护法,尤其是农用地土壤污染防治法就实际上发挥着农产品产地环境保护法的功能。此种模式为日本、韩国、加拿大等国家所采用。我国台湾地区也制定了"土壤污染防治法"。此种模式的最主要特点是,依托农用地污染防治法,对农用地土壤污染施以预防、风险管控、治理和修复等。

日本农产品产地环境的法律保护是以土壤污染防治为核心,农业土壤污染防治法发达。日本专门出台了《农用地土壤污染防治法》,该法在世界范围内都属于出台较早、内容成熟的土壤污染防治规范,有很多成功的地方值得借鉴。日本还于 2002 年制定了《土壤污染对策法》,将农用地的土壤污染防治纳入其中,构建了完整的农用地土壤污染法律体系。①

日本在农用地土壤污染防治法律的主要内容包括以下几个方面:第一,农业用地土壤污染对策区制度。对于农业用地土壤中含有有毒有害物质的,影响了农产品生产,并对人体健康造成威胁的,可以由都道府县知事制定为农业用地污染对策区,并制定农业用地土壤污染对策计划,采取管理和修复措施。② 农用地土壤污染防治对策区制度内容还包括变更

① 赵小波:《日本土壤污染防治立法研究》,法律出版社 2018 年版,第 16 页。
② 日本《农用地土壤污染防治法》第 3 条第 1 款:"都、道、府、县知事根据本区域内一定地区的某些农业用地土壤和在该农业用地生长的农作物等所含有的特定有害物质的种类和数量,可以把被认为是该农业用地的利用为起因,生产危害人体健康的农畜产品,或者被认为影响了该农田里农作物等的生长,或者被认为这些危害是明显的、符合以政令规定的要件的地区,作为农业用地土壤污染对策地区 (以下称'对策地区'),予以指定。"

和撤销等。[①] 第二，禁止生产特定种类农产品制度。在农用地土壤污染对策区内，生产某种农产品会导致该产品危害人体健康的，都道府县知事有权指定其为特别区域，禁止从事某种农产品生产。[②] 第三，农业用地土壤污染调查制度。都道府县应当对本区域内的农业用地土壤污染情况进行调查，并予以公布。[③] 从事农业用地土壤污染调查时，调查人员应当尽量减少相对人的损失。[④]

此外，《农用地土壤污染防治法》第 17 条规定对污染、破坏农用土地的犯罪予以处罚，且规定了具体的刑罚。

日本制定了《农用地土壤污染防治法》，基本实现了农产品产地环境保护的目的。[⑤]

资料：日本富山痛痛病与《土壤对策法》

20 世纪初期开始，人们发现该地区的水稻普遍生长不良。1931 年又出现了一种怪病，患者大多是妇女，病症表现为腰、手、脚等关节疼痛。

---

① 日本《农用地土壤污染防治法》第 4 条："都、道、府、县知事在因构成对策地区指定的要件发生变化时，可以变更与其指定有关的对策地区的区域，或者解除其指定。前条第 3 款和第 4 款的规定，适用于前款规定的对策地区的区域变更，或者对策地区指定的解除。"

② 日本《农用地土壤污染防治法》第 8 条："在对策地区区域内的某农业用地中，从其土壤和在该农业用地里生长的农作物等所含有的特定有害物质的种类和数量来看，如果认为是因利用该农业用地而生产出有可能危害人体健康危险的农畜产品时，都、道、府、县知事就可以规定该农业用地不适合种植的农作物，或者该农业用地生长农作物以外的植物中不适合供家畜饲料用的植物（以下统称'指定农作物等'）的范围，将该农业用地区域作为特别地区而予以指定。都、道、府、县知事在根据前款规定指定了特别地区后，应立即按照总理府令的规定公布其内容，同时报告环境厅长官，并且通知有关市、镇、村长。市、镇、村长对该市、镇村区域内符合第 1 款规定的某农业用地地区作为特别地区予以指定时，应向都、道、府、县知事提出请求。"

③ 日本《农用地土壤污染防治法》第 12 条："都、道、府、县知事应对本都、道、府、县地区内农业用地土壤的特定有害物质引起的污染状况实施调查研究，并公布其结果。"

④ 日本《农用地土壤污染防治法》第 13 条："环境厅长官、农林水产大臣或都、道、府、县知事为了调查测定农田土壤的特定有害物质引起污染的状况认为必要时，可以在其必要的限度内，派职员进入农田，对土壤或农作物等实施调查测定，或者无偿采集只限用于调查测定所必要的、最少量的土壤或农作物等。"

⑤ 参见王建新《日本〈农业用地土壤污染防治法〉对我国的启发》，载中国环境法网：ht-tp：//www.riel.whu.edu.cn/article.asp？id＝29017，2013 年 1 月 29 日。

病症持续几年后，患者全身各部位会发生神经痛、骨痛现象，行动困难，甚至呼吸都会带来难以忍受的痛苦。到了患病后期，患者骨骼软化、萎缩，四肢弯曲，脊柱变形，骨质松脆，就连咳嗽都能引起骨折。患者不能进食，疼痛无比，因无法忍受痛苦而自杀。这种病由此得名为"骨痛病"或"痛痛病"（Itai‑Itai Disease）。

1946—1960 年，日本医学界从事综合临床、病理、流行病学、动物实验和分析化学的人员经过长期研究后发现，"骨痛病"是由于神通川上游的神冈矿山废水引起的镉（Cd）中毒。

由于工业的发展，富山县神通川上游的神冈矿山从 19 世纪 80 年代成为日本铝矿、锌矿的生产基地。神通川流域从 1913 年开始炼锌，"骨痛病"正是由于炼锌厂排放的含镉废水污染了周围的耕地和水源而引起的。

镉是重金属，是对人体有害的物质。人体中的镉主要是由于被污染的水、食物、空气通过消化道与呼吸道摄入体内的，大量积蓄就会造成镉中毒。神冈的矿产企业长期将没有处理的废水排放注入神通川，致使高浓度的含镉废水污染了水源。用这种含镉的水浇灌农田，稻秧生长不良，生产出来的稻米成为"镉米"。"镉米"和"镉水"把神通川两岸的人们带进了"骨痛病"的阴霾中。

资料来源：赵小波：《日本土壤污染防治立法研究》，法律出版社2018 年版，第 7—8 页。

（二）食品安全法延伸模式

食品安全法延伸模式是指建立"从农场到餐桌"的全程控制体系，从食品安全角度要求保护农产品产地环境。[1] 为了从源头上保障食品安全和农产品质量安全，必须保护农产品产地环境，防治农产品产地环境污染和生态破坏。反之，食品安全法延伸到产地环境环节，就形成了农产品产地环境保护立法的另一种模式。相比于土壤污染防治法模式，食品安全法延伸模式更加具有综合性。食品安全法延伸模式以美国为典型。即农产品产地环境保护规则包含于食品安全监管法律体系中，通过食品

---

[1] 参见李海涛《美国食品安全管理及启示》，《食品安全导刊》2009 年第 7 期，第 34 页。

安全监管实现对农产品产地环境、农业投入品、农产品产地环境标志的内容作出规定。①

　　美国的农产品产地环境的法律保护主要依据两方面的规范：第一，与食品安全监管相关的规范性文件，要求将食品安全监管延伸到农产品产地环境领域。如《联邦食品、药品与化妆品法》（Federal Food, Drug, and Cosmetic Act , US FDCA）、《食品质量保护法》（The Food Quality Protection Act，FQPA）、《食品和药品管理局食品安全现代化法》（FMSA，简称《食品安全现代化法》）等法律。《联邦食品、药品与化妆品法》是美国食品安全领域的纲领性法律。而根据《食品质量保护法》，应当对农药残留进行风险评估。《食品安全现代化法》"在加强对食品企业的监管、建立预防为主的监管体系、增强部门间与国际合作、强化进口食品安全监管等方面进行了制度创新"②。此外该法还要求政府必须制定农产品生产的最低环境标准。

　　第二，与农业环境保护和污染防治有关的规范性文件。主要包括《农场安全与农村投资法案》（The Farm Security and Rural Investment Act of 2002，以下简称《农业法》）、《农地保护政策法》（Farmland Protection Policy）③、《农业废物控制条例》（Agricultural Waste Control Regulation）、《综合环境反应、赔偿和责任法》（Comprehensive Environmental Response, Compensation and Liability Act，CERCLA，又被称为《超级基金法》）等。《农业法》对美国公众农产品安全意识有很大的促进，公众要求他们所吃的食物是健康的，并且是生产于安全的环境之中。④《农业法》要求对农业进行补贴，但是该补贴却对环境造成了不良的影响，包括对水，土壤，

---

　　①　参见林玉锁、华晓梅《保障食品安全要强化农产品产地环境监管》，《世界环境》2010年第5期，第25页。

　　②　高彦生等：《美国FDA食品安全现代化法案解读与评析》，《检验检疫学刊》2011年第3期，第76页。

　　③　Go to the United States Code Service Archive Directory, Title 7. Agriculture Chapter 73. Farmland Protection Policy, Copyright (c) 2007 Matthew Bender & Company, Inc. 110 – 119.

　　④　Mary Jane Angelo, Corn, Carbon and Conservation: Rethinking U. S. Agricultural Policy in a Changing Global Environment, University of Florida Levin Ccllege of Law Research Paper No. 2010 – 03.

土地,生物多样性和温室气体排放量的影响。① 《农地保护政策法》强调对农业用地进行保护。《农业废物控制条例》的主要内容是规范农业废物的利用、储存和管理,使农业废物不对环境造成危害,也是美国主要规范农业投入品污染的文件。② 《超级基金法》通过超级基金解决污染土地的治理费用问题。

对于美国农产品产地环境法律保护立法,尤其值得关注的是:第一,相关部门衔接配合,形成了高效的监管体系。美国涉及农产品产地环境保护的法律法规主要由食品和药品管理局、农业部、环境保护署等负责实施。三者之间分工配合,注意各环节的衔接。第二,重视农产品产地环境保护的市场机制。经济激励和市场机制是美国农产品产地环境保护的重要措施之一。经济激励和市场方式可以激发相对人的积极性,从而降低法律的执行成本,提高法律的执行效率。第三,坚持预防思路。美国对食品安全监管极其重视,《食品安全现代化法》又专门对预防进行了规定,在农产品产地环境保护问题上,必须采取严格的预防措施,从源头上防止农产品产地环境问题给公众造成威胁。

(三) 特殊农产品产地保护法模式

随着经济社会发展和生活水平的提高,人们不仅仅再满足于饱腹,而且更加追求食物的品质,对食物的营养、保健、养生等功能愈发看重。在此背景下,特殊农产品越来越受到人们的青睐。特殊农产品主要包括两种类型:一是无公害农产品、有机农产品、绿色农产品等一类依托农产品标识的特殊农产品,二是名优特农产品,这些农产品大多已经申请使用农产品地理标志。特殊农产品产地应当符合比一般的农产品产地更高的环境标准,没有达到该标准的,不能生产特殊农产品,也不得申请农产品标识和地理标志。在欧盟国家,以及澳大利亚、新西兰等发达国

---

① William S. Eubanks II, Meyer Glitzenstein & Crystal, Paying the Farm Bill: How One Statute Has Radically Degraded the Natural Environment and How a Newfound Emphasis on Sustainability is the Key to Reviving the Ecosystem, The Environmental Forum (Environmental Law Institute), Vol. 27, No. 4, July/August 2010.

② 王伟、刘卫东、乌云格日勒、王宪仁:《比较法视野下农产品产地污染防治立法考究》,《生态经济》2010 年第 9 期,第 104 页。

家，特殊农产品产地保护立法较为先进，菲律宾在有机农产品产地保护方面也比较成熟。德国 2002 年制定了《生态农业法》，对生态农产品、生态农产品标志、生态农产品产地等进行了规定。[①] 这部法律对生态农产品产地的土壤、水质、大气等环境质量做出了要求。[②] 菲律宾 2010 年制定了《有机农业法》，该法第 13 条规定："国家有机农业委员会应当持续设计和执行各种方式，以生产有机肥料与其他农场内外之资材与需求，并借由适当分类、收集与堆肥方式，协助减缓工业废物与社区垃圾弃置问题。农渔产标准局应当进行持续性的研究，并向其中参与之人民、官方、人民组织与非政府组织咨询，对村里层级至省政府层级的地方政府提出弃置垃圾与废弃物的建议，作为有机肥料与其他农场投入资材生产之原料。"该规定对有机农产品产地环境保护进行了原则性的设计。

特殊农产品产地保护法模式的重要特点是，以对特殊农产品标识、地理标识的申请、批准和使用为抓手，对特殊农产品产地环境实施管理。基本要求是特殊农产品产地环境应当达到规定的标准。为了实现此要求，对于特殊农产品产地环境应当定期进行检查、审核和评估。特殊农产品产地的环境质量下降但仍然符合特殊农产品产地环境标准要求的，应当及时提示，警示该区域的政府或者农产品生产者采取措施，防止该区域的农产品产地环境质量持续下滑。

（四）农产品产地环境保护立法模式之总结

三种模式所要强调的乃是农产品产地环境保护立法的侧重点着力点，它们并不是割裂、孤立的。如日本，既有土壤污染防治法，也有食品安全法，还有特殊农产品产地保护的法规。我国农产品产地环境立法也是三种模式的综合。现对上述三种模式说明如下：

第一，要重视立法在保护农产品产地环境方面的作用。美国重视与农产品产地环境保护相关的法规，强调法制在农产品产地环境保护方面的突出作用。日本也通过制定《农用地土壤污染防治法》《土壤污染对策

[①] 参见黄维礼《德国对生态农业的要求》，《福建农业》2005 年第 3 期，第 32 页。

[②] 参见李霞《美国、德国生态农业法律制度建设及对中国的启示》，《世界农业》2015 年第 8 期，第 102—105 页。

法》等法律，使农产品产地环境保护走上了法制轨道。

第二，健全农产品产地环境保护监管体制。农产品产地环境保护涉及多个部门，传统的指令性的监管根本就不能有效地保护环境，建议实行综合性措施，如此才能在农产品产地环境保护方面达到显著的收益。[①]在监管体制上必须妥善处理统一管理和相互协调的关系。

第三，增强农产品产地环境保护立法的操作性、规范性与可预见性。操作性、规范性和可预见性是保证农产品产地环境保护立法得以实施的条件，应当避免假大空。虽然我国有关法律法规对农产品产地环境保护做了原则性的规定，但不系统、不具体，因而发挥的作用有限。未来的农产品产地环境保护法一定以操作性、规范性和可预见性为基本要求。

第四，农产品产地环境保护立法往往呈现分散、附属状态，其核心的规则、原则和制度尚未健全，一些相关规范散见于食品安全法、农业法、环境保护法、土壤污染防治法、土地法等规范性文件之中，农产品产地环境保护立法尚需整合、综合和协调。

上述三种模式都属于分散立法模式，纵然能够发挥保护农产品产地环境的功能，但因分散立法的固有弊端，上述三种模式仍然需要不断扬弃。"要抛弃将现有理论意识形态化、教条化的倾向，不要把任何理论视为绝对的、不容挑战的真理。"[②] 随着社会对健康和高品质食品权利的追求越发强烈，人们对农产品产地环境更加关注，整合分散于环境法、农业法、食品法等法律领域的农产品产地环境保护规范，构建协调统一的农产品产地环境保护法律体系，应该是未来农产品产地环境保护立法的趋势。

---

① J. B. Ruhl, Farms, Their Environmental Harms, and Environmental Law, Ecology Law Quarterly, May 2000. p. 87.

② 陈瑞华：《论法学研究方法》，法律出版社 2017 年版，第 176 页。

第 三 章

管中窥豹：农产品产地环境
保护法律关系

苏格拉底说："不经过考查的生活是不值得过的。"[1] 本章将对农产品产地环境保护法理论的重要组成部分——法律关系，进行认真考查和审视。农产品产地环境保护法律关系由主体、客体和内容三部分构成，对此三者的分析基本可以厘清农产品产地环境保护法的理论谱系，将农产品产地环境保护立法的重点内容清晰展示出来。故此，本章以农产品产地环境保护法律关系为视角，对农产品产地环境保护立法做"管中窥豹"。

第一节　农产品产地环境保护法律关系概述

法律关系是法理学的基本范畴之一，也是处理纠纷的必备工具。一般认为，法律关系是指"由法律规范调整的，其参与人是受国家保护和保障的主体权利和法律义务的承载者的社会关系"。[2] 法律关系包括三要素，即主体、客体和内容。[3]

---

[1]　［古希腊］柏拉图：《柏拉图对话集》，王太庆译，商务印书馆 2006 年版，第 50 页。

[2]　［俄］M. H. 马尔琴科：《国家与法的理论》，徐晓晴译，中国政法大学出版社 2010 年版，第 425 页。

[3]　参见严存生主编《法理学》，法律出版社 2007 年版，第 193 页。该书指出："法律关系由法律关系主体、法律关系客体、法律关系的内容三大要素构成，三者缺一不可。"

一　农产品产地环境保护法律关系的概念

农产品产地环境保护法律关系是法律关系的一种类型，它指由农产品产地环境保护法所确认的，相关主体在农产品产地环境保护活动中形成的权利义务关系。

（一）以农产品产地环境保护法为前提

农产品产地环境保护法律关系以农产品产地环境保护法为前提，具有合法性。以法律来规范社会生活关系而形成法律关系的过程称为涵射。人们在农产品产地环境保护过程中会结成若干社会关系，这些社会关系经过法律调整，才能成为农产品产地环境保护法律关系。因此，农产品产地环境保护法律关系以农产品产地环境保护法为前提。

（二）以农产品产地环境保护社会关系为基础

农产品产地环境保护法律关系的基础是人们在农产品产地环境保护中所形成的社会关系。虽然有学者主张环境法可以调整人与自然的关系，环境法律关系可以是人与自然的关系。[①] 农产品产地环境保护法虽然也涉及农产品产地环境、生态等自然性要素，但这些至多可以成为农产品产地环境法律关系的客体，不能成为农产品产地环境保护法律关系的主体。农产品产地环境保护法律关系是人与人之间的关系。

农产品产地环境保护法律关系还具有一定的自然性。有学者指出："环境法律关系是体现一定意志并符合自然和生态规律的思想社会关系。"[②] 农产品产地环境保护法律关系虽然是人和人之间的关系，但是也包含了自然要素——农产品产地环境，以及半自然要素——农产品。因此，农产品产地环境保护法律关系要受到环境规律、生态规律的制约。

（三）以主体之间的权利和义务为内容

农产品产地环境保护法律关系的内容是主体之间的权利和义务。权

[①] 如蔡守秋认为：经过人们的长期摸索和反复探讨，逐渐形成了独特的环境法基本理论，这就是调整人与自然的关系和相应的人与人的关系的法学理论。参见蔡守秋主编《环境资源法学教程》（第三版），北京大学出版社、高等教育出版社 2018 年版，第 172 页。

[②] 汪劲：《环境法律的解释——问题与方法》，人民法院出版社 2006 年版，第 133 页。

利和义务是法律关系的核心范畴，它告诉法律关系的主体应当如何行事。

为了保障国家机关能高效行事，必须赋予国家机关相应的职权。第一，农产品产地环境保护法没有赋予某一国家机关职权的，该机关不得实施此种行为，否则即为违法。此即"法无授权皆禁止"。第二，法律赋予某一行政部门在农产品产地环境保护中的一项职权的，该部门可以依法行使该职权，相对人不得对抗。这是权力的服从性之体现。第三，职权职责一体性。法律赋予某一行政部门在农产品产地环境保护中一项职权的，一旦出现了应当行使该职权保护农产品产地环境的情形，该部门应当立即行使，否则就构成渎职。不仅相关人可以以该部门为被告提起行政诉讼，还可能会引发公益诉讼或者其他机制的启动。

农产品产地环境保护法律关系具有综合性。农产品产地环境法律关系是围绕农产品产地环境保护而形成的，涉及多重主体和复杂的内容，在性质上包括民事法律关系、行政法律关系、刑事法律关系等多种形式。

二 农产品产地环境保护法律关系的要素

法律关系的构成包括三个方面的要素：主体、客体和内容。所谓法律关系的主体是指"法律关系中享有权利和履行义务的个人或者组织"。[①]法律关系的主体包括权利主体和义务主体两个方面。法律关系的客体是指"法律关系主体发生权利义务联系的中介，是法律关系主体的权利和义务所指向、影响和作用的对象"。[②] 法律关系的内容是权利和义务。[③]农产品产地环境保护法律关系的要素也包括主体、客体和内容三个方面。农产品产地环境保护法律关系要素见图3—1。

本章后续三节便是分别对上述主体、客体、内容三要素的分析。

---

① 张文显主编：《法理学》，高等教育出版社、北京大学出版社2018年版，第161页。
② 同上书，第163页。
③ 参见朱景文主编《法理学》，中国人民大学出版社2012年版，第293页。

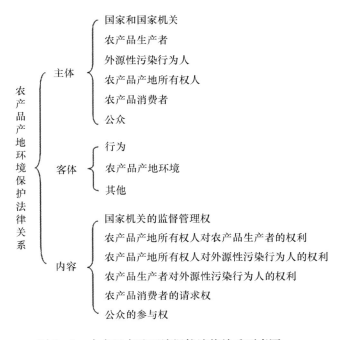

图3—1　农产品产地环境保护法律关系要素图

第二节　农产品产地环境保护法律关系的主体

　　"法律是行为规范，行为是意志的外在表现，但作为研究法律现象的科学，法学逻辑体系的元点不是意志，而是人格。"① 农产品产地环境保护法律关系的主体是农产品产地环境保护法律关系的实施者，是农产品产地环境保护权利和义务的承担者。农产品产地环境保护法律关系的主体包括：国家和国家机关、农产品生产者、外源性污染的行为人、农产品产地所有权人、农产品消费者、公众。②

---

　　① 李锡鹤：《民法哲学论稿》（第二版），复旦大学出版社2009年版，第106页。
　　② 一般认为，环境保护法律关系的主体包括以下几种：国家和国家机关；企业、事业单位和社会团体；自然人。参见曹明德《生态法原理》，人民出版社2002年版，第258—262页。与之类似的还有：王树义等：《环境法基本理论研究》，科学出版社2012年版，第75页。此外，蔡守秋认为，环境保护法律关系的主体包括国家、国家机关、一切单位和个人。参见蔡守秋《调整论——对主流法理学的反思与补充》，高等教育出版社2003年版，第290页。可资印证。

一 国家和国家机关

"在国家里面，头一个支配人的思想体系的力量出现在我们面前。社会设立一个机关来保护自己的共同利益，免遭内部和外部的侵犯。这种机关就是国家政权。它刚一产生，就获得对于社会的独立性。"① 近代民族国家独立于其公民、并独立于国家机构而成为法律关系的主体。国家作为农产品产地环境保护法律关系的主体有两种情形：第一，在国际法上，国家参与农产品产地环境保护法律活动。第二，在国内法上，作为农产品产地所有权人。上述两种情况在农产品产地环境保护法中都不太重要，本书未将其作为重点论述的对象。

庞德指出："法律必须依靠某种外部手段来使其机器运转，因为法律规则是不会自动执行的。"② 农产品产地环境保护离不开执法者的监管和参与，在此过程中，执法者可能与农产品生产者、外源性污染的行为人等发生法律关系，从而使国家机关，尤其是行政机关成为农产品产地环境保护法律关系的主体。

法律调整的方法可以分为权威的方法和自治的方法。③ 农产品产地环境保护包括自律和他律两种机制。自律机制是指行为人出于畏惧承担责任而被迫进行农产品产地环境保护和出于道德良心、获得利益等原因而主动进行农产品产地环境保护。他律机制有二：一是私主体对行为人的监督，如消费者对农产品生产者的监督。二是公权力机关的监督，如环保行政机关有权对向农产品产地排放污染的行为作出处理。上述机制之中，国家监管是最传统的、也是必不可少的机制，是其他三种机制得以实施的保障。

作为农产品产地环境保护法律关系主体的国家行政机关，从层级划

---

① ［德］恩格斯：《费尔巴哈与德国古典哲学的终结》，张仲实译，人民出版社1957年版，第43页。

② ［美］罗斯科·庞德：《通过法律的社会控制：法律的任务》，沈宗灵、董志忠译，商务印书馆1984年版，第118页。

③ 参见孙国华主编《中华法学大辞典》（法理学卷），中国检察出版社1997年版，第121—122页。

分来看，既包括中央国家行政机关，也包括地方行政机关。从主体性质来看，既包括政府，还包括政府部门。从事权范围来看，主要包括环保行政机关、农业行政机关、标准化行政机关、食品安全机关等部门。其中，以环保行政机关和农业行政机关为主。行政机关作为农产品产地环境保护法律关系的主体，其参与形式主要有三种：依法行使监管职权的行为、与相对人签署行政合同、对农产品生产者进行行政指导的行为。上述三种方式中第一种属于刚性的，第二种属于半刚性的，而第三种则属于柔性的。

除了行政机关之外，司法机关也可能会作为农产品产地环境保护法律关系的主体，国家司法机关参与到农产品产地环境保护法律关系中主要是基于诉讼，在农产品产地环境保护民事诉讼和行政诉讼中，主要是法院作为主体，在农产品产地环境保护刑事诉讼中，除法院外，还有检察机关和警察机关等。

即使在农产品产地环境保护中，权力的魑魅仍然存在。如果制度设计不注意对权力的规范和约束，很可能会导致权力的恣意与侵略。"所有人都是那个制度的牺牲品，大家都受到了欺骗，除了极少数掌权者，谁也没有得到好处，如此等等。"① 法律应当规范、制约和监督公权力行使者，防止其在农产品产地环境保护事务中滥权害民。

二　农产品生产者

农产品生产者是指在农产品产地从事农产品生产的单位和个人，他们在农产品产地环境保护法律关系中处于既是被监管者也是监督者的关键地位。首先，农产品生产者在生产过程中的环境污染和生态破坏行为应当被国家行政机关监管，同时也被农产品消费者和公众所监督。其次，对于外源性污染，农产品生产者可能是直接的受害者，因此，又监督外源性污染的行为人。因此，必须重视对农产品生产者的法律规范。

---

① ［德］尤尔根·哈贝马斯、米夏埃尔·哈勒：《作为未来的过去——与著名哲学家哈贝马斯对话》，章国锋译，浙江人民出版社2001年版，第67页。

（一）农产品生产者的义务主体定位

传统污染防治法将排污者（主要是企业排污者）作为义务主体和法律预想的规制对象,[1] 污染受害者作为权利主体，农产品产地环境保护法并非如此。农产品产地环境保护法不仅仅规范向农产品产地排放污染物的单位和个人，也规范农产品生产者。农产品产地环境保护法中，农产品生产者主要是作为义务主体的。原因在于：

第一，直接的义务主体。农产品产地环境保护法主要规范两类行为：农产品生产者在生产过程中的污染和破坏行为；向农产品产地排放污染和进行生态破坏的行为。前者以农产品生产者为监管对象，农产品生产者自然成为义务主体。此外，还有诸如污水灌溉中农产品生产者的义务等。

第二，替代的义务主体。农产品生产者在严重污染区域从事农产品生产，导致农产品不符合质量安全标准，由此给农产品消费者造成损害的，农产品生产者应当承担责任。但此种责任的源头在于排污者，因此农产品生产者承担责任之后，有权向排污者追偿。此即为替代的义务主体。

第三，从管理方法看，农产品生产者在农产品生产上处于主导和支配地位，若能够抓住农产品生产者这一环，就可以有效掌控农产品产地质量，从而便捷地实现农产品产地环境保护的立法目的。因此，与传统环境法相比，农产品产地环境保护法中的农产品生产者承担更多、更重的责任。

（二）对农产品生产者的法律规制

第一，农产品生产者有别于农产品产地的所有权人。农产品生产者既可能是在自己的土地或者水域从事农产品生产，也可能是在他人的土地或者水域从事农产品生产。因此，农产品生产者可能并非农产品产地所有权人。这二者是有区别的，表现在权属与农产品产地环境保护上。

---

[1] 有学者指出："企业、事业单位主要通过开发利用生态环境和自然资源或者向环境排放各种物质，从而成为环境保护法律关系的主体。"王树义等：《环境法基本理论研究》，科学出版社2012年版，第75页。由此可见，排污者是处于义务主体地位的。

第二，农产品生产者既可能是单位，也可能是个人。从事农产品生产的可能是大型养殖公司、农场、渔场等，也可能是个人、家庭等形式，其生产规模有大有小，生产的目的各不相同。一般来说，单位形式的农产品生产者一般是以出售为目的。个人生产农产品，可能是自用，也可能出售。大规模生产农产品的公司企业、农场等是农产品产地环境保护法规制的重点，而分散经营的个人是农产品产地环境保护法规制的难点。

第三，国有农场、林场、渔场作为农产品生产者的问题。如果国有农场、林场、渔场等作为农产品生产者，究竟应当以何人为法律关系的主体？如此类农场、林场、渔场具备法人资格，自然以之作为农产品产地环境保护法律关系的主体。如此类农场、林场、渔场尚不具备法人资格，是否应当以其出资人——国家作为主体呢？否也，此类情形仍然应当以农场、林场、渔场等作为农产品产地环境保护法律关系的主体。现代法理学并不特别强调法律关系的主体必须具有独立的人格，一些非法人组织也可以成为法律关系的主体，关键是该组织具有独立的财产。① 国有的农场、林场、渔场等，即使不是法人建制，也拥有相对独立的财产，可以作为农产品产地环境保护法律关系的主体，享有权利、履行义务、承担责任。

（三）农产品生产者的权利基础与农产品产地环境保护

由此可见，农产品生产者可能是产地所有权人，也可能不是产地所有权人。农产生产者在他人土地（水域）上生产农产品的，又可分为三种情形：第一，农产品生产者取得农产品产地用益物权。第二，农产品生产者未取得农产品产地用益物权，而是基于合同关系在农产品产地生产农产品的，最常见的是租种他人土地。第三，没有权利基础，在他人

---

① 有学者指出："现在非法人组织虽被排斥于民事主体之外，但是其在实践中，仍然能以自己的名义开展活动，具有一定的民事权利能力，并在一定范围内承担民事义务。"参见朱明月《非法人组织的民事主体地位与权利能力》，载《重庆社会科学》2008 年第 12 期，第 66 页。另，德国联邦最高法院认为，无权利能力的社团的法律地位在实体法方面的变化必然会在程序法上面产生结果，从而应承认它们有限制的起诉能力，至少对工会应当是这样。参见［德］卡尔·拉伦茨《德国民法通论》，王晓晔等译，法律出版社 2003 年版，第 47 页。

土地（水面）生产农产品的。农产品生产者对农产品产地的权利与农产品生产者保护农产品产地环境的积极性密切相关。对此，分析如下：

1. 在自己土地上生产农产品的

农产品生产者在自己所有的土地（水域）上从事农产品生产的，由于其享有农产品产地所有权，因此比较注重产地的质量和生产能力，有积极进行农产品产地环境保护的动力。对于此种情形，首先应当强化农产品生产者的认识，促使自觉自愿地进行农产品产地环境保护。其次是要保障农产品生产者在行使土地（水面）权利的便利性，减少不必要的桎梏。

2. 取得用益物权在他人土地（水域）生产农产品的

土地具有稀缺性，用益物权也主要建立于土地之上。用益物权人只能在一定的期限内享有对土地的权利，期限届满，用益物权终止。[①] 这种性质决定了用益物权人对土地重利用，轻保护。若农产品生产者对农产品产地享有用益物权而非所有权，很可能只注重农产品生产数量，轻视农产品产地质量，忽略农产品产地环境，甚至可能为了增加产量而做出有损农产品产地环境的事情。[②] 所幸的是，用益物权一般期限比较长，为了维持土地（水域）的长久生产能力，生产者在前期一般不会做出竭泽而渔的事情，但是用益物权期限即将届满时，农产品生产者可能就会不顾产地保护了。

对上述情形，应当从以下几个方面强化农产品产地环境保护：第一，延长用益物权的权利期限，条件允许的，可以将在土地上劳作的用益物权变为永久性的，使其具有与所有权相似的属性。[③] 享有此种用益物权的

---

① 江平主编：《民法学》，中国政法大学出版社2011年版，第321页。其中指出："用益物权行使限于一定范围和一定期限之内，故属于定限物权。"

② 有学者指出："由于用益物权的人役权性质，决定了它只是为特定人的利益设定的一种不可移转或继承的私权，且不包含权利人对社会的义务，所以用益权人只会考虑眼前利益，希望在其权利存续期间获得财产的最大限度的回报，他既不担心财产的耗尽，也无必要考虑对财产的改良，这就导致了对资源的掠夺性消费。"参见徐涤宇《环境观念的变迁和物权制度的重构》，《法学》2003年第9期，第110页。

③ 例如永佃权。所谓永佃权是指永佃权人支付佃租，长期或永久在他人土地上为耕作或畜牧之物权。参见史尚宽《物权法论》，中国政法大学出版社2000年版，第206页。

人会具有与所有权人相似的保护农产品产地环境的动力。这对于土地公有的国家尤其重要。第二，强化所有权人对用益物权人的监督。农产品产地所有权人关心农产品产地的质量和生产能力。产地环境污染和生态破坏具有潜伏性、长期性，虽然目前可能对农产品产地质量和出产的农产品质量不会造成影响，但经过一段时间以后这种影响就会显现。因此，农产品产地所有权人应当加强对农产品生产者的监督，防止其破坏性使用农产品产地和污染农产品产地。

3. 基于合同关系在他人（水域）上生产农产品的

基于合同关系在农产品产地生产农产品的，农产品生产者一般不关心地力，更不在意农产品产地环境保护，很容易采取杀鸡取卵的方式使用农产品产地，从而造成农产品产地环境污染和生态破坏。且不享有物权的方式如租种，一般期限较短，难以借用上述第二种情况中的延长租种期限的方式，唯有加大所有权人对农产品生产者的监督和干预，方可减少农产品生产者对农产品产地的破坏。

4. 未取得权利在他人土地（水域）上生产农产品的

此外还有一种情形是非法种植，一般是指没有合法原因在他人所有的土地上从事农产品生产的行为。在此种情况下，农产品生产者只会关心如何尽快最大量的生产出农产品，而非农产品产地地力保护和产地环境保护。这应该是对地力伤害最为严重的情形。所有权人有权对此予以禁止，自不待言。造成产地环境质量下降的，应当按照环境法的一般规则承担法律责任。

对于上述四种情形，见表3—1：

表3—1　　　　农产品生产者权利基础与保护农产品
产地环境积极性之间的关系表

生产者对产地的权利基础	保护产地环境的积极性	法律对策
所有权	高	强化生产者的认识
用益物权	一般（前期高，后期低）	延长用益物权期限；所有权人加强监督
合同债权	低	所有权人加强监督
无权	最低	追究责任

三   外源性污染的行为人

"外源性"有两层含义：第一，在农产品产地之外。第二，农产品生产过程之外。如果脱离语境，上述两层含义都可以适用于农产品产地环境，即向农产品产地排放污染物或者实施破坏行为。

外源性污染是导致农产品产地环境问题的主要原因，外源性污染的行为人是农产品产地环境保护法律关系的义务主体。对于外源性污染的行为人，农产品产地环境保护法的规制措施主要有：第一，行政机关监管。行政机关有权对外源性污染行使监管权。第二，农产品生产者和农产品产地所有权人监督。外源性污染会导致正在生产的农产品受到直接影响。因此，农产品生产者有权监督外源性污染，防止其进入农产品产地。第三，农产品产地所有权人监督。外源性污染会降低农产品产地的生产能力和质量，并造成持续性的影响。因此，农产品产地所有权人也有权监督外源性污染。第四，农产品消费者因外源性污染造成的农产品质量问题而受害的，有权向外源性污染的行为人请求赔偿。第五，公众的监督。公众有权参与农产品产地环境保护，对外源性污染进行监督，并通过公益诉讼的方式要求其停止排污行为，修复受到损害的农产品产地环境。

四   农产品产地所有权人

农产品产地所有权人是指对作为农产品产地的核心要素——土地和水面享有所有权的主体。① 农产品产地必然要依托于某一片土地或者水域，该片土地或者水域的所有权人基于其所有权可能会对农产品生产者或者外源性污染的行为人享有权利，从而成为农产品产地环境保护法律关系的主体。

农产品产地所有权人具有积极从事农产品产地环境保护的内在动力。水、土壤和大气污染会对土地和水域质量产生严重的影响，很可能导致

---

① 值得说明的是，农产品产地所有权人一般是对土地享有所有权，少数情况下是对水域享有所有权或者准物权。

土地和水面生产能力和质量下降。因此，农产品产地所有权人为了防止污染物对其产地的损害，会积极监督农产品生产者和外源性污染的行为人。

五 农产品消费者

传统的环境保护法主要是调整排污者、受害者、监管者三者之间的关系，一般不涉及消费者。农产品产地环境保护法以维护农产品消费者和公众的人身健康为目的。若农产品消费者不能直接参与到农产品产地环境保护之中，而只能以间接方式来保障自身权益，那显然是不够的。农产品消费者作为主体是农产品产地环境保护法的重要特征之一。

消费者作为农产品产地环境保护法律关系的主体具有以下特点：第一，不特定性。农产品消费市场广阔，某一处生产的农产品可能有众多的消费者，这些消费者可能不在一个地区，甚至不在一个国家。由此给农产品消费者权益保护带来了较大困难。第二，权利性。农产品消费者作为农产品产地环境保护法的主体只行使权利，不履行义务和承担责任。或许有人会说，这与权利义务相一致的规律是不一致的。其实不然，消费者在食用农产品时承担了较大的风险，就应当享有与之对等的较多的权利。第三，事后性。只有农产品生产完毕并已出售的情况下，才有所谓的消费者。而此时农产品产地环境对农产品的作用过程已经结束，因此，农产品消费者权利保障一般只能通过事后救济的方式实现。

六 公众

公众作为农产品产地环境保护法律关系的主体符合现代环境法的公众参与原则。公众参与是环境法的基本原则，它要求发动群众，利用公众的力量推动环境保护，监督排污者和政府。

亚里士多德说："凡订有良法而有志于实行善政的城邦就得操心全邦人民生活中的一切善德和恶行。所以，要不是徒有虚名，而真正无愧为一'城邦'者，必须以促进善德为目的。"① 公众作为农产品产地环境保

_____

① ［古希腊］亚里士多德：《政治学》，吴寿彭译，商务印书馆1965年版，第141页。

护法律关系的主体，弥补消费者权利保障的不足。由于农产品消费者权利保障具有事后性，因此需要创造机制予以弥补。公众参与具有预防性的特点，是最佳的弥补方式。公众是潜在的消费者，任何一个人都有可能成为农产品消费者，他们是最关心农产品产地环境的群体之一，因此有很大的积极性参与农产品产地环境保护。公众参与包括三个方面：公众获取环境信息、公众享有环境权利、公众环境权利受到侵犯时有权采取救济措施。① 公众作为农产品产地环境保护法律关系的主体，主要是通过公益诉讼制度来保障的。

第三节　农产品产地环境保护法律关系的客体

法律关系的客体是指权利和义务的指向对象。农产品产地环境保护法律关系的客体包括行为、农产品产地环境等。②

一　行为

行为一般是一方当事人向对方请求为一定行为或者不为一定行为。农产品产地环境保护包括农产品产地环境质量提升、防治农产品产地环境污染和生态破坏两个方面。应当说，防治产地污染和破坏更加重要和突出。而根据污染的来源，可以进一步把农产品产地环境污染和生态破坏分为两种类型：第一，农产品生产过程中对农产品产地的环境污染和生态破坏。第二，农产品生产过程之外的其他污染和生态破坏进入农产品产地。在农产品产地环境保护法律关系中，行为作为客体主要就是上

---

① 应当指出，公众参与农产品产地环境保护应当尽到善良管理人的义务。有学者指出："公众参与环境保护不再是消极的权利享受者，而要分担管理整个机体利益的责任。"参见［法］亚历山大·基斯《国际环境法》，张若思译，法律出版社 2002 年版，第 21 页。

② 关于环境法律关系的客体，学界尚有争议：有学者认为环境法律关系的客体包括：物、行为和其他权益等。参见陈泉生主编《环境法学》，厦门大学出版社 2008 年版，第 95 页。有学者认为，环境法律关系的客体只是物和行为。参见汪劲、金瑞林《20 世纪环境法学研究评述》，北京大学出版社 2003 年版，第 63 页。有学者认为，环境法律关系的客体是人的生命和健康、环境资源和环境容量。参见文同爱《生态社会的环境法保护对象研究》，法制出版社 2006 年版，第 73—77 页。

述两种类型。

（一）农产品生产中的污染和破坏行为

农产品生产者在生产农产品过程中可能会实施污染和破坏农产品产地的行为，这类行为的监管是法律的难点。之所以如此，原因在于：第一，农产品生产主要是由农民完成的，是由农业这一产业来承担的。特别是对于发展中国家和不发达国家而言，农业往往是传统的个体农业，农民属于弱势群体。"事实上，人生来就是不平等的。家庭出身、贫富状况、智力水平、受教育程度，甚至地区、种族差异等等，无不意味着人与人事实上的不平等，而这种不平等恰恰构成了人际关系的基础。"① 从事农产品生产对农民而言很可能属于生存权保障的范畴，如果监管过于严厉，就会伤害农民的权益。② 第二，从方法范畴来讲，农产品生产具有地域性、分散性。特别是在农业还不发达的国家和地区，农业生产是以分散的方式进行的，实施全方位的监管难度很大。

现代环境法以贯彻环境管制手段作为立法的主导。③ 但是对于农产品生产者应当加强行政指导和采取激励措施。很多农产品产地环境问题是农产品生产者的知识不足造成的，加强行政指导能够起到监管和规制所起不到的效果。最常见的经济激励方式包括排污收费、排污许可交易、政府补贴等。如果能够在收入方面给农产品生产者提供激励，对于农产品产地环境保护而言可能会有巨大效应。

（二）外源性污染行为

外源性污染行为是导致农产品产地环境问题的主要原因。外源性污染具有爆发性、集中性、剂量大的特点，而农产品生产过程污染和破坏则具有缓慢性、滞后性、剂量小的特点。外源性污染多为化学污染，部分是农村生活污染、畜禽养殖污染。外源性污染可能会突然、大量进入

---

① ［德］尤尔根·哈贝马斯、米夏埃尔·哈勒：《作为未来的过去——与著名哲学家哈贝马斯对话》，章国锋译，浙江人民出版社 2001 年版，第 193 页。

② 关于农产品生产者生存权保障的内容，受益于［日］大须贺明《生存权论》，林浩译，法律出版社 2001 年版。该书对作为人权的生存权做了详细论述。

③ See James Salzman and Barton H. Thompson, Jr., Environmental Law and Policy, Foundation Press, eds 2003, p. 42.

农产品产地，造成严重的农产品产地环境问题。而农产品生产过程中的污染和破坏则一般是由于农业投入品使用不当或者劳作不当造成的，剂量小、所造成的危害范围小、程度轻，一般不会造成严重的农产品产地环境问题。因此，造成农产品产地环境问题的主要原因是外源性污染行为。

在外源性行为中，尤以外源性污染为重。向农产品产地排放污染的行为不仅会给产地造成污染，还会带来严重的农产品质量威胁，进而危害不特定的农产品消费者的人身健康。产地生态破坏则不然，农产品产地生态破坏一般不会给农产品的质量带来威胁，也不具有扩散性。农产品产地环境污染对农产品质量的影响是直接的、显见的、严重的。而农产品产地生态破坏对农产品质量的影响则是间接的、隐性的、轻微的。在农产品产地环境保护问题上，农产品产地环境污染是主要矛盾，是农产品产地环境保护法应当首先和重点解决的问题。对于农产品产地生态破坏问题，应当抓住若干重要的、具有典型性和突出性的问题，在法律中加以规定即可。

农产品产地环境保护法对外源性污染行为的调整主要表现在以下几个方面：第一，严格的监管措施。向农产品产地排放污染物受到严厉的法律谴责，法律监管非常严格，不仅可以适用环境法、侵权法的制度和措施，① 还可以适用农产品产地环境保护法的制度和措施。第二，严厉的法律责任。外源性污染造成农产品不符合质量安全标准，致使农产品消费者遭受损害的，农产品生产者向消费者承担法律责任后，可以向外源性污染的行为人追偿。第三，公益诉讼监督。向农产品产地排放污染物的行为，受公众监督。公众可以公益诉讼的方式要求排污者停止向农产品产地违法排放污染物，并修复受到损害的农产品产地环境。

二 农产品产地环境

农产品产地环境是农产品产地环境保护法的保护对象。农产品产地

---

① 向农产品产地排放污染物的行为亦属于环境污染侵权，因此受环境法、侵权法的调整，还可能会引发公益诉讼。

环境保护是对产地环境整体的保护,而并非局限于某一环境要素。农产品产地环境保护既包括陆地,也包括水面。即使是陆地农产品产地,也不能仅仅保护土壤,水域农产品产地也不能仅仅保护水。因为无论是何种农产品生产,都离不开空气、水和土壤等。其中任何一个环境要素的污染,都会对农产品产生不良影响。因此,农产品产地环境保护是各环境要素的综合保护,是环境整体的保护。当然,有些农产品生产更加依赖或者对某种环境要素的要求更高,就应当对该环境要素予以特别的保护。

三　其他

农产品产地环境保护法律关系的客体不仅是上述两个方面,还包括其他,如农业投入品等。农业投入品对农产品质量安全的威胁很大,但其对农产品产地环境的影响却有所不同,不可一概而论。例如农药喷洒过程中就会对大气造成污染,顺水流入农田会对地表水、地下水和土壤造成污染,而被污染的大气、水、土壤又会影响农产品质量安全。然而,有些农业投入品却未必造成农产品产地环境污染。例如,兽用激素。实践中一些畜牧养殖户常会使用催肥剂等,促进禽畜的生长,这些激素可能会导致人体危害。因此,激素的使用对于禽畜产品的质量威胁很大,对于产地环境的影响却不大。对于那些对产地环境没有影响或者影响不大的投入品,不属于农产品产地环境保护法律关系的客体。

第四节　农产品产地环境保护法律关系的内容

农产品产地环境保护法律关系的内容是指农产品产地环境保护法律关系的主体所享有的权利和义务。"法学乃是权利和义务之学,法学是围绕权利和义务而展开的,权利和义务及其相互关系是法哲学的基本问题。"[1] 由于权利和义务的统一性,本节以权利为主线。正如罗尔斯顿所说的那样:"权利是从人所信奉的法律或道德的规范中所推导出来的,它

---

① 张文显:《法哲学范畴研究》,中国政法大学出版社 2001 年版,第 326 页。

不能被张冠李戴地用来标志动物和植物所固有的、独立于人类而存在于自然界之中的那些价值。"① 农产品产地环境保护权利是人的权利,主要包括:行政机关的监督管理权、农产品产地所有权人对农产品生产者的权利、农产品产地所有权人对外源性污染行为人的权利、农产品生产者对外源性污染行为人的权利、消费者的请求权、公众的参与权。

一 行政机关的监督管理权

有学者指出:"环境法在运用传统法律调整方法时尽管对其作了改造,然而传统法律调整方法的思想基础来源于人本主义伦理观,因此,对传统法律调整方法的任何改造都不可能触及传统法主体权利的本质。"② 行政监管是农产品产地环境保护法实施的最基本方式。国家行政机关亦即农产品产地环境保护的执法者,依法对农产品产地环境污染和生态破坏行为所享有的监督管理权。其监督管理权行使的对象及其方式有:

第一,农产品生产者。农产品生产者在农产品生产过程污染和破坏农产品产地环境的,行政机关有权采取禁止、限制、处罚和检查等措施,从而形成农产品产地环境保护法律关系。此外,行政机关也可能会采用行政合同、行政指导等方式,与农产品生产者之间形成非强制性的农产品产地环境保护法律关系。③

第二,外源性污染的行为人。违法向农产品产地排放污染物或者从事生态破坏行为的,行政机关依法行使职权,采取禁止、限制、处罚和检查等措施,防治外源性污染对农产品产地环境造成不良影响。行政机关与外来环境污染和生态行为人之间主要是命令—服从关系,辅之以行政指导、行政激励等柔性手段。

除上述两种方式之外,还有制定农产品产地环境标准过程中形成的法律关系、环境监测过程中形成的法律关系等。

---

① [美]霍尔姆斯·罗尔斯顿:《环境伦理学——大自然的价值以及人对大自然的义务》,杨通进译,中国社会科学出版社2000年版,第35页。

② 汪劲:《环境法律的理念与价值追求》,法律出版社2000年版,第148页。

③ 行政指导行为一般被视为事实行为,行政机关采取行政指导的方式与相对人发生关系,一般认为不存在权利和义务的内容。

二　农产品产地所有权人对农产品生产者的权利

除行政机关的监督管理权外,其他农产品产地环境保护权利多为民事权利。农产品产地所有权人对农产品生产者的权利就是其中之一。农产品产地所有权人基于其所有权,对于农产品生产者污染和破坏农产品产地环境的行为,有权要求其停止侵害,并赔偿损失。①

(一) 行使条件

农产品产地所有权人对农产品生产者污染和破坏农产品产地环境享有权利,该权利行使条件是:

首先,农产品生产者在农产品生产过程中对农产品产地造成污染或者破坏。如果不存在这种行为,就无所谓农产品产地所有权人对农产品生产者的权利存在。

其次,污染和破坏行为对所有权的行使构成侵犯或者威胁。在不承认公益诉讼的情况下,没有直接利害关系的人无权阻止他人的排污行为。例如,农产品生产者砍伐农田周围树木焚烧作为肥料的,虽然破坏了生态,也可能造成大气污染,但是由于没有直接影响农产品产地质量和生产能力,农产品产地所有权人无权干预。只有农产品生产者在生产过程中的污染和破坏行为造成了农产品产地质量和生产能力下降,构成了对所有权客体——农产品产地的危害,农产品产地所有权人才能行使权利。

最后,农产品产地所有权人无权干涉农产品生产者的正常生产行为,比方说使用农业投入品,虽然有些农业投入品会影响农产品产地地力,如合理施用化肥、喷洒农药等。所谓合理,应当以当地农产品生产者的一般认识为准。

(二) 权利基础

农产品产地所有权人对农产品生产者的权利根源于其所有权,其权利基础包括法律规定和合同约定。

---

① 应当注意的是,此种权利一般存在于农产品生产者对农产品产地享有用益物权或者债权(如租赁)的情形。

1. 法律规定

农产品产地所有权人对农产品生产者的法定权利包括：现场检查权和合同变更、解除权。首先是现场检查权。农产品产地所有权人在不干涉农产品生产者正常生产的情况下，有权进入农产品产地，检查农产品产地是否因为农产品产地环境污染和生态破坏而遭受影响。农产品产地所有权人的现场检查权与环境法中的现场检查权有类似之处，[①] 但后者是环保行政部门基于公权力所享有的，前者则是基于农产品产地所有权人的私权利——所有权而享有的。

其次是合同变更、解除权。农产品生产者在农产品生产过程中污染和破坏农产品产地环境，导致农产品产地质量和生产能力下降的，农产品产地所有权人有权要求变更合同，提高使用费，或者要求农产品生产者变更生产方式，保护产地环境。农产品产地污染或者破坏严重的，农产品产地所有权人也可以直接解除合同。

2. 合同约定

农产品产地所有权人可以在合同中与农产品生产者约定，禁止或者限制农产品生产者在生产过程中实施某些行为，从而预防农产品产地环境被污染或者破坏。只要该约定不违反法律的强制性规定即可。如果农产品生产者违反合同约定，实施了某些危害农产品产地环境的行为，农产品产地所有权人即可依照合同约定采取相应措施。

对于上述两种方式，法律规定的方式是最低限度，合同约定是建立在法律规定之上的。合同约定不得违反法律的强制性规定。农产品产地所有权人在合同中规定相应的农产品产地环境保护条款，可以最大限度保障其权利。

三　农产品产地所有权人对外源性污染行为人的权利

外来环境污染和生态破坏可能会造成农产品产地质量和生产能力下

---

① 《环境保护法》第 24 条："县级以上人民政府环境保护主管部门及其委托的环境监察机构和其他负有环境保护监督管理职责的部门，有权对排放污染物的企业事业单位和其他生产经营者进行现场检查。被检查者应当如实反映情况，提供必要的资料。实施现场检查的部门、机构及其工作人员应当为被检查者保守商业秘密。"

降，属于财产损害，可以按照侵权法的规则，要求行为人承担侵权责任。此即农产品产地所有权人对外源性污染的行为人的权利。农产品产地所有权人的地力损失不仅包括当前损失，还包括未来损失。这在水域农产品产地之上尤其明显。农产品产地所有权人对外源性污染的行为人的权利不仅可以事后行使——损害赔偿，也可以在事前或者事中行使——停止侵害、排除妨碍、消除危险。鉴于此内容与传统环境法并无本质区别，在此不赘。

四　农产品生产者对外源性污染行为人的权利

外源性污染可能会对正在生产的农产品造成危害，导致农产品减产、绝产和质量下降，该损失属于农产品生产者的财产损失，可以按照侵权法的规则，要求外源性污染的行为人承担环境侵权责任。这就是农产品生产者对外源性污染行为人的权利。同上，此种请求权不仅可以要求损害赔偿，也可以要求停止侵害、排除妨碍、消除危险。

五　农产品消费者的请求权

农产品消费者的请求权主要是损害赔偿请求权，包括：第一，对农产品生产者的请求权。由于农产品产地环境问题导致农产品质量问题，农产品消费者食用之后造成损害，有权向生产者请求赔偿。第二，对外源性污染行为人的请求权。农产品消费者能够证明其遭受损害与排污者的排污行为有因果关系的，可以向外源性污染的行为人请求损害赔偿。第三，公益诉权。在法理上，农产品消费者有权对农产品生产者、农产品销售者以及对农产品产地环境、农产品质量等负有监督管理职责的行政机关提起公益诉讼。其对农产品生产者、农产品消费者提起的公益诉讼为民事诉讼，对行政机关提起的公益诉讼为行政诉讼。但是由于我国《民事诉讼法》《行政诉讼法》《消费者权益保护法》《环境保护法》等禁止自然人提起公益诉讼，因此在我国上述诉权还不是法定权利。

六　公众的参与权

公众的参与权是对农产品消费者权利的补强。农产品消费者的权利维护存在以下障碍：第一，农产品消费者具有不特定性和临时性。究竟孰是孰不是农产品消费者难以确定。即使农产品消费者事后有损害，也不易证明自己是某农产品的消费者。再退一步讲，即使能够证明自己是某农产品的消费者，也难以确定该农产品的生产者。第二，农产品消费者救济具有滞后性。既然称之为消费者，必定是农产品已经生产完毕，且已出售，如此才会有所谓的消费者。而农产品产地环境对农产品质量的影响却是在农产品生产过程之中发生的。农产品生产之时，农产品产地环境对农产品质量发生作用，此时又没有消费者。一旦有了消费者，农产品产地环境对农产品质量的作用过程已经完毕。基于农产品消费者权利维护的障碍，在农产品产地环境保护的消费者权利保护方面必须引入公众参与农产品产地环境保护。

农产品产地环境保护公众参与是农产品产地环境保护的重要机制之一，公众享有对农产品产地环境保护的参与权，此种权利包括：第一，信息知悉权。公众享有对行政机关和农产品生产者的信息知悉权，行政机关和农产品生产者应当公开农产品产地环境信息。农产品产地环境标志制度就是对公众信息知情权的保障。第二，参与决策权。例如公众有权参与农产品产地环境影响评价，并发表意见。第三，公益诉讼的起诉权。对于向农产品产地排放污染物的行为人，公众有权以之为被告，提起公益诉讼，请求其停止排污，并修复受到损害的农产品产地环境。此外，公众的参与权还包括组织和参加相关环境保护组织（结社权）、表达有关诉求（陈情权）等权利。①

---

① 参见代杰《环境法理学》，天津大学出版社 2020 年版，第 178 页。

第 四 章

秉要执本:农产品产地环境
保护法的理念构造

《易经》有云："形而上者谓之道，形而下者谓之器。"① 道者，体也，器者，用也。农产品产地环境保护法的理念，包括价值、目的和基本原则等，乃是农产品产地环境保护法形而上的部分，属于体，更加应当引起人们的重视。然而，环境法学界对环境保护法律制度的重视程度大有超越目的、价值、原则之嫌，由此导致环境法"长官出思想，学者出（解释）理论"。② 农产品产地环境保护立法应当重视价值、目的和基本原则，此三者从总体上决定了农产品产地环境保护立法的定位和取向，是农产品产地环境保护立法的灵魂。

根据本章内容，绘制如图 4—1 所示。

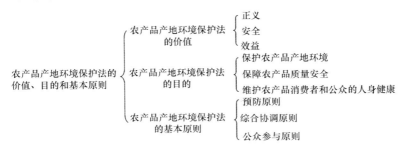

图4—1 农产品产地环境保护法的价值、目的和基本原则

---

① 语出《易经·系辞》。

② 吕忠梅:《环境法新视野》，中国政法大学出版社 2000 年版，第 200 页。

本章以下三节便分别对农产品产地环境保护法的价值、目的和基本原则进行阐述。

第一节　农产品产地环境保护法的价值回归

"法律是最低限度的道德要求，而信仰则是对人生所做的高标准的要求，二者都是社会重要的传统资源。因此，遵守法律和信仰，可以化解很多人生问题。"① 价值在法律的意义上，具有信仰的功能。虽然价值也应当被理性考察。但是对价值的尊崇，似乎带有某种信仰的属性。价值具有决定、引导、纠正法律的功能。

一　农产品产地环境保护法的价值总述

（一）农产品产地环境保护法价值的内涵

价值是一个使用领域非常广阔的词汇。生活中所谓的价值，是指某物对人的有用性。因此，生活中的价值概念基本等同于有用性。在马克思主义政治经济学中，价值是与使用价值相对应的概念，是指凝聚于商品之上的无差别的人类劳动。价值更是哲学上的重要概念，是指"客体的存在、作用及它们的变化对于一定主体需要及其发展的某种适合、接近或一致"。② 庞德指出："在法律史的各个经典时期，无论是古代和近代的世界里，对价值准则的论证、批判或合乎逻辑的使用，都曾是法学家们的主要活动。"③ 法的价值有目的价值和形式价值两个层次。法的目的价值是法律在社会治理中对社会所具有的有用性，也就是法律能够为社会做出的贡献，例如幸福、公正、安全、效率等。法的形式价值是指法律在形式上所应当具备的品质，例如明确性、逻辑性等。人们一般所说的法的价值是法的目的价值。"法的价值是以法与人的关系作为基础的，法对于人所具有的意义，是法对于人的需要的满足，是人关于法的绝对

---

① 傅佩荣：《哲学与人生》，东方出版社 2005 年版，第 149 页。

② 李德顺：《价值论》，中国人民大学出版社 1987 年版，第 13 页。

③ ［美］庞德：《通过法律的社会控制——法律的任务》，沈宗灵、黄世忠译，商务印书馆 1984 年版，第 55 页。

超越指向。"①

农产品产地环境保护法的价值是指农产品产地环境保护法对社会和个人需求的满足。农产品产地环境保护法的价值具有双重属性。一方面，农产品产地环境保护法的价值体现着国家、社会和个人对农产品产地环境保护法的价值需求，这是农产品产地环境保护法的价值的主观方面。这重属性具有一定的先行性，即农产品产地环境保护法出台之前，国家、社会和个人对农产品产地环境保护法的期待。另一方面，农产品产地环境保护法能够提供的对国家、社会和个人的有用性，这是农产品产地环境保护法的价值的客观方面。这重属性具有一定的后续性，即农产品产地环境保护法出台之后，农产品产地环境保护法对主体需求是否满足以及满足的程度。上述双重属性之间并不完全契合，有可能农产品产地环境保护法并不能满足社会的期待与需求。②

（二）价值对农产品产地环境保护立法的制约性

人们一般很少谈论环境法的价值，其主要原因在于：首先，法的价值是法哲学的概念，具有很强的学理性。而环境法是应用法，对于传统的法的价值问题并不感兴趣。其次，环境法产生发展的时间还不是很长，与传统的民法、刑法等法律部门相比，还很不成熟，一些重要的理论问题还有待研究，环境法的价值问题便属于此列。

然而，价值问题属于农产品产地环境保护法的重要理论之一，值得认真研究。有学者指出："环境法现象不仅仅是与污染有关，它是关乎科学技术发展和经济发展、社会发展的问题，更是关乎人类价值观念的转换和发展模式转换的问题。"③ 农产品产地环境保护法是新兴法律领域，也涉及价值转换问题，而且人们对此很不熟悉。正是由于此，就需要首

---

① 卓泽渊：《论法的价值》，《中国法学》2000 年第 6 期，第 24 页。

② 参见张文显《法哲学范畴研究》，中国政法大学出版社 2001 年版，第 192 页。该书指出："法的价值也具有上述两重性质。它一方面体现了作为主体的人与作为客体的法之间需要和满足的对应关系，即法律价值关系；另一方面它又体现了法所具有的、对主体有意义的、可以满足主体需要的功能和属性。"该观点可资借鉴，但也欠缺了此双重价值的主客之分以及先行后续性，故本书在农产品产地环境保护法的价值中予以补充。

③ 吕忠梅：《环境法新视野》，中国政法大学出版社 2000 年版，第 36 页。

先准确定位大的方向和原则，而价值是关系到农产品产地环境保护法方向性的大问题。拉德布鲁赫说："法律只有在涉及价值的立场框架中才能得到理解。法律是一种文化现象，也就是说，是一种涉及价值的事物。"①法的价值对于法律规则、原则和制度具有导向性。只有先确定了农产品产地环境保护法的价值，才能确定农产品产地环境保护法的规则、原则和制度。农产品产地环境保护立法确定了什么样的价值，就有什么样的规则、原则和制度。

有人指出："正因为价值的选择性，使它对人类的活动产生了巨大的影响。价值一旦选定，就成为人们具体实践的起点，并规定未来实践的内容和发展方向。"②农产品产地环境保护法的价值具有指引、限制、规定等重要功能。第一，指引功能。法律需要方向指引，法的价值的首要作用就是指引方向。农产品产地环境保护法也需要价值指引，不同的价值定位会对农产品产地环境保护法产生重大影响。第二，限制功能。法的价值为立法者、执法者和司法者从事法制的活动划定了界限，超越了法的价值的活动，就是不合理甚至不合法的。农产品产地环境保护法的价值对立法者的限制尤其明显。正确的价值定位能够限制立法者的不恰当行为，从而保证立法沿着正确的价值方向进行。第三，规定功能。价值虽然未必直接规定在法律之中，但是对法的原则、规则和制度产生深刻的规定作用。农产品产地环境保护法处于起步阶段，存在一些不足和缺陷。基于此，惟有正确定位农产品产地环境保护法的价值，才能进一步对原则和规则立法。第四，冲突解决功能。在法律适用上，发生法律规则冲突或者规则漏洞时，应当适用法律原则审理案件。然而，法律原则之间也可能存在一定程度的冲突，需要司法者权衡取舍。在此情况下，法的价值的功能就体现出来了，通过法的价值来确定法律原则适用的先后顺序。

（三）农产品产地环境保护立法的价值秉性

农产品产地环境保护立法的价值秉性，是农产品产地环境保护法的

---

① ［德］拉德布鲁赫：《法哲学》，王朴译，法律出版社 2005 年版，第 4 页。

② 孙万鹏：《选择学》，山东人民出版社 1992 年版，第 130 页。

价值之所以成为农产品环境保护法价值的内在特征，是农产品产地环境保护法的价值确立的依据和标准。"将人定法置于价值的天平之上，这是法理学的基本认识框架。"① 这些依据和标准包括：符合价值体系、满足社会需求、呈现价值顺位等。

1. 符合价值体系

博登海默说："任何值得被称之为法律制度的制度，必须关注某些超越特定社会结构和经济结构相对性的基本价值。在这些价值中，较为重要的有自由、安全和平等。"② 整个法律体系中存在若干公认的法的价值，例如，平等、自由、正义、幸福、安全、效率、秩序等。③ 农产品产地环境保护法的价值应当在上述法的价值体系之列，避免创造光怪陆离的其他价值。

农产品产地环境保护法是法律体系的一部分，遵循法的共同规律。人们对法的价值的认识属于法的规律性的范畴，不宜随意打破。其次，法律本身具有一定的谦抑性和保守性。有学者指出："人类的保守心态以及对安全的看重，使得法这种自觉秩序必然需要一种保守性。"④ 法律是具有强制性的行为规则，对国家、社会还是个人都具有重大影响。采取相对保守和谨慎的态度是比较稳妥的，过分强调创新可能导致脱离实际、妄想虚夸的情形出现。农产品产地环境保护法要获得立法者和社会的认同，适当的保守和谦抑是必要的，农产品产地环境保护法的价值方面亦是如此。

2. 满足社会需求

社会希望或者期待农产品产地环境保护法能够满足某种需求，获得社会认同。这是农产品产地环境保护法确立的根本标准。虽然法律具有共同的价值，但是农产品产地环境保护法之所以能够产生并发展壮大，

---

① 周永坤：《法理学——全球视野》（第四版），法律出版社 2016 年版，第二版序第 3 页。

② ［美］E. 博登海默：《法理学——法律哲学与法律方法》，邓正来译，中国政法大学出版社 1999 年版，前言。

③ 获得较多承认的法的价值包括：正义、自由、秩序、效率、安全、人权等。参见张文显主编《法理学》（第五版），高等教育出版社、北京大学出版社 2018 年版，第 305—350 页。

④ 郭忠：《论法的保守性》，《法制与社会发展》2004 年第 4 期，第 124 页。

乃是由于其所具有的特殊性。农产品产地环境保护法的价值确立，必须体现社会对农产品产地环境保护法的价值需求和期待，这也是农产品产地环境保护法在价值独特性的立足点。

3. 呈现价值顺位

农产品产地环境保护法存在多重价值，而在诸多价值之间，存在谁优先谁次后，谁重要谁次要的问题。一般认为，法的首要价值在于正义，其他价值应当在正义之后。农产品产地环境保护法有多重价值之间不是等量齐观的，而是存在着先后顺位，这一点尤其重要。

基于以上秉性，农产品产地环境保护法的价值主要有正义、安全、效益。上述价值目标并非农产品产地环境保护法所独有，只是农产品产地环境保护法体现得更为明显。农产品产地环境保护法尤其要以实现上述价值为目标。

二 农产品产地环境保护法的正义价值

从古至今，对正义的争论从来就没有停止过，什么是正义，如何实现正义等问题一直以来都是哲学家们所热衷研讨的话题。柏拉图在《理想国》中表达，正义就是每个人做其应当做的事。① 休谟认为："正义只是起源于人性自私和有限的慷慨，以及自然为满足人类需要所准备的稀少的供应。"② 正义是法的基本价值，农产品产地环境保护法不可能不以正义为价值。离开了正义，农产品产地环境保护法便是恶法，难为世人所容。

（一）社会对农产品产地环境保护法的正义需求

"要使事物合乎正义（公平），须有毫无偏私的权衡。"③ 社会对农产品产地环境保护法的需求主要表现在：第一，实现农产品消费者的正义地位。正义本身意味着对等性。在农产品产地环境问题上，农产品消费者处于劣势地位，支付对价却不能享受与之相应的满足消费需求的农产

① 参见〔古希腊〕柏拉图《理想国》，顾寿观译，吴天岳校，岳麓书社2018年版，第203页。

② 〔英〕休谟：《人性论》，关文运译，商务印书馆1980年版，第536页。

③ 杨春福：《权利法哲学研究导论》，南京大学出版社2000年版，第140页。

品，而且遭受损害之后，难以向农产品生产者、外源性污染的行为人主张损害赔偿。这种状态是不正义的。农产品产地环境保护法应当予以纠正，从总体上实现对农产品消费者的正义。第二，农产品产地环境保护法正义的规则、原则和制度。农产品产地环境保护法的规则、原则和制度应当符合正义的基本要求，这是从农产品产地环境保护法内容方面来讲的。

（二）农产品产地环境保护法对正义的实现

有学者指出："如何将正义转化为具体的法律规定，需要从各个方面去分析和设计，使其成为立法的内容和标准，立法者的艰巨使命也在于此。"[①] 农产品产地环境保护法对正义的实现是全方位的，从其目的定位到法律原则再到法律制度，都彰显并实现着正义。

1. 农产品产地环境保护法的目的对正义的实现

法的目的对法律有整体的制约作用。为实现正义价值，农产品产地环境保护法必须将维护农产品消费者和公众的人身健康作为最终目的。虽然农产品产地环境保护法的目的具有层次性，包括保护农产品产地环境、防治农产品产地环境污染和生态破坏、保障农产品质量安全、保护农产品消费者的人身健康和财产权利。但是以保护农产品消费者的人身健康和财产权利为根本目的，体现了农产品产地环境保护法在目的方面对正义价值的实现。

2. 农产品产地环境保护法的原则对正义的实现

农产品产地环境保护法的各项原则都在不同程度上实现正义价值。首先，预防原则是实现农产品产地环境保护的根本性原则。预防能保障农产品消费者和公众的人身健康不受农产品产地环境污染和生态破坏的影响，是实现农产品产地环境保护法正义价值的根本方法。其次，正义包括分配正义和矫正正义。[②] 如果说预防原则实现农产品产地环境保护法的分配正义，那么综合协调原则是对矫正正义的实现，突出强调要对农

---

① 刘作翔：《法律的理想与法制理论》，西北大学出版社 1995 年版，第 69 页。

② 参见徐爱国《法学的圣殿——西方法律思想与法学流派》，中国法制出版社 2016 年版，第 10 页。其中分配正义是财富、荣誉、权利等有价值东西的首次分配。矫正正义涉及对侵害财富、荣誉和权利的恢复和补偿。

产品生产者利益予以综合平衡。最后，公众参与原则是对正义价值的补充性实现。公众参与可以填补农产品消费者权益保护的不足，监督农产品产地环境执法者和向农产品产地排放污染物的人，从而保证农产品产地环境能得到更充分有效的保护。

3. 农产品产地环境保护法的制度对正义的实现

"对我们中那些经历了法律与正义之分裂的人而言，法律规则以毫无内容的形式出现，他们被剥夺了所有向某种更高的善的诉求。"① 农产品产地环境保护法的主要制度是实现正义价值的主要工具，大多数主要制度都体现对农产品消费者人身健康的危害，实现了正义的价值。首先，包括农产品产地环境监测制度、农产品产地环境标准制度、农产品禁止生产区制度、农产品产地环境公益诉讼等在内的公法规制制度都是行政机关为保护农产品产地环境，保障农产品质量，从而维护农产品消费者和公众权益的制度工具。其次，公众参与制度是保障包括农产品消费者在内的公众享有农产品产地环境信息知悉权、农产品产地环境保护决策参与权、农产品产地环境损害求偿权。再次，农产品产地环境民事责任制度直接赋予农产品消费者享有对农产品生产者的损害赔偿请求权。

农产品产地环境保护法对正义价值的实现是全方位的，这进一步印证了农产品产地环境保护法的首要价值是正义。"正义即是遵从法律。做法律所要求的事乃是正义行为的必要条件。"② 无论是农产品产地环境保护法的立法者、执法者、司法者还是社会公众（包括农产品生产者、农产品消费者、外源性污染的行为人、公众）都应当秉持正义的价值，如此才能实现农产品产地环境保护法的善治。

三　农产品产地环境保护法的安全价值

安全是一个含义丰富的概念，在不同学科和领域有不同的内涵。生活中的安全是指不受威胁，没有危险的状态。法律中的安全，是指安定

① ［美］罗杰·伯科威茨：《科学的馈赠：现代法律是如何演变为实在法的?》，田夫、徐丽丽译，法律出版社 2011 年版，第 260 页。

② 余纪元：《〈理想国〉讲演录》，中国人民大学出版社 2011 年版，第 47 页。

和可以保全的状态。"在正义的视域里，人们却最常容易忽略的是安全的价值，殊不知安全坐在幕后的椅子里与正义之间有着一种非常重要的联系。"① 安全也是法的重要价值之一。"虽然法律的最高目标和终极目标乃是实现正义，但安全是法律的首要目标和法律存在的主要原因。"② 安全与秩序具有密切的关系，完整的自由秩序包括法律安全。③ 斯宾罗莎说："自然永远遵循法则与规律。此法则与规律含有永恒的必然真理，虽然不一定为人所知。以此之故，自然有一个固定不移的秩序。"④ 农产品产地环境保护法的安全价值直接体现了社会对农产品产地环境保护法的价值需求。

（一）社会对农产品产地环境保护立法的安全需求

马斯洛认为，在生理需要得到充分满足之后，就会出现安全需求。⑤人对环境的需求首先是安全。⑥ 安全是社会对农产品产地环境保护法最直接的价值需求，农产品产地环境保护的目的是实现农产品产地环境安全、保障农产品质量安全、维护消费者和公众的人身安全。由此可见，安全价值在农产品产地环境保护法中的重要性和突出地位。

首先，农产品产地环境保护法要保护农产品产地环境，防治农产品产地环境污染和生态破坏，这是环境安全。环境安全是人对环境需求的最低层次，也是农产品产地环境保护的基础性要求，是其他安全得以实现的前提和基础。

其次，农产品产地环境保护法要通过保护农产品产地环境保障农产品质量安全。农产品质量安全是农产品产地环境保护目的的物化，只有

---

① 周灵方：《法的价值冲突与选择——兼论法的正义价值之优先性》，《伦理学研究》2011年第6期，第112页。

② ［美］E. 博登海默：《法理学：法律科学与法律方法》，邓正来译，中国政法大学出版社1999年版，第196页。

③ ［德］N. 霍恩：《法律科学与法哲学导论》，罗莉译，法律出版社2005年版，第30页。

④ ［荷兰］斯宾诺莎：《神学政治论》，温锡增译，商务印书馆1963年版，第91页。

⑤ 参见［美］弗兰克·G. 戈布尔《第三思潮——马斯洛心理学》，吕明等译，上海译文出版社2001年版，第42页。

⑥ 参见［日］宫本宪一《环境经济学》，朴玉译，生活·读书·新知三联书店2004年版，第137页。

实现农产品质量安全才能说明农产品产地环境保护工作的成效。农产品质量安全也是农产品产地环境与农产品消费者和公众人身安全之间的纽带和桥梁，它构建了二者之间的联系。

最后，农产品产地环境保护法的根本目的是维护农产品消费者和公众的人身安全，这是农产品产地环境保护法的落脚点。

因此，社会对于农产品产地环境保护法的直接需求就是安全。整个农产品产地环境保护法都充斥着安全的价值，安全在农产品产地环境保护法的价值体系中占据重要地位。

（二）农产品产地环境保护法对安全价值的实现

农产品产地环境保护法要体现和保障安全价值，就必须对农产品产地环境设计严格的规则和制度，既要防治农产品生产者在生产过程中对产地造成环境污染和生态破坏，也要防治外源性污染和生态破坏对农产品产地环境的不良影响。此外，还应当有一套完整的机制保证农产品产地环境保护法的规则、原则和制度能够得以贯彻实施。

首先，就农产品产地环境保护法的目的而言，应当直接将环境安全、农产品质量安全、农产品消费者及公众的人身安全纳入目的之中，乃至于将其作为立法的条款。农产品产地环境保护立法、执法、司法、守法、法律监督的全部过程应当将安全的价值理念作为重点，植入人们的观念和意识，确立起农产品产地环境保护安全第一的观念。

其次，就农产品产地环境保护法的原则而言，安全应当成为农产品产地环境保护法原则的重要标准。农产品产地环境保护法的原则诸如预防原则、综合协调原则、公众参与原则等都以实现安全价值为目的。以预防原则为例，预防是应对农产品产地环境污染和生态破坏的根本方法，是实现农产品产地环境安全、农产品质量安全、农产品消费者和公众的人身安全的保障。

最后，就农产品产地环境保护法的制度而言，农产品产地标志制度是为了促进农产品生产者和农产品生产地的政府积极从事农产品产地环境保护，保障农产品产地环境安全和农产品质量安全而建立的。农产品禁止生产区制度是为保障农产品安全而将严重污染区域划定为禁止生产区。农产品产地环境保护法律责任制度则是从反面约束农产品生产者、外源性污染行为人，防止他们进行农产品产地环境污染和生态破坏行为。农产品产地环境保护公益诉讼制度是发动公众，以公众的力量监督行政机关和外源性污染的行为人，也是保障农产品产地安全的重要措施。此外，农产品产地环境标准必须以保障农产品质量安全为基本要求，农产品产地环境监测制度中环境监测的运行必须以保障农产品产地环境安全为目标等。

四　农产品产地环境保护法的效益价值

效益是经济学上的概念，是指投入与产出之间的比较。效益作为法的价值之一，是指能够为社会提供实际的利益。"所有法律活动和全部法律制度，说到底，都是以有效地利用自然资源、最大限度的增加社会财富为目的。"① 法律上的效益不仅仅要看其经济效益，还要关注社会效益及其他方面的效益。

（一）社会对农产品产地环境保护法的效益需求

"对于法律有特别规定的行为，唯一能够使人们清楚地看到自己所能追求的行为的性质的方法，就是向他们指出这些行为的功利或祸害。总之，这是使他得到满足的唯一方法。"② 国家、社会和农产品生产者对农产品产地环境保护法充满经济效益的期待。农产品产地环境保护很大程度上影响着农产品销售市场，产地环境污染和生态破坏会影响农产品质量，导致农产品生产者收入降低。农产品生产者期待农产品产地环境保护法能够提升农产品生产质量，从而增加其收入。正如学者指出的那样："如果保护环境的法规通过限制产量提高和削减农民收入，那么它就是不正确的。"③ 同时，农产品生产是重要经济支柱之一，政府期待农产品产地环境保护法促进农业的发展，增加本地居民收入、维护本地农产品安全，也可以增加政府税收。从国际上讲，农产品产地市场很大程度上受环境影响，这就是人们常说的绿色贸易壁垒。农产品产地环境保护立法

---

① 周世中、黄竹胜:《法的价值及其实现》，广西师范大学出版社 1998 年版，第 111 页。

② ［英］边沁:《政府片论》，沈叔平等译，商务印书馆 1995 年版，第 116 页。

③ James Ming Chen, Get Green or Get Out: Decoupling Environmental from Economic Objectives in Agricultural Regulation, Oklahoma Law Review, Vol. 48, p. 333, 1995.

的重要原因之一就是为了减少对外贸易中的绿色壁垒，增加国家收入，获得国家在农产品之上的声誉。

（二）农产品产地环境保护立法对效益价值的实现

农产品产地环境保护投入的是经济成本，获得的却不仅仅是经济效益，还有健康、环境、声誉等其他方面的效益。农产品产地环境保护法对于效益价值的实现包括以下几个方面：

第一，农产品产地环境保护法通过一系列的制度措施，保护农产品产地环境，从而提升农产品质量，以此增加农产品生产者和农产品产地政府的收入。农产品产地环境保护法也能有效地避免绿色贸易壁垒，增加国家收入。

第二，农产品产地环境保护法通过保护农产品产地环境，保障农产品质量，从而保障广大人民群众的人身健康，减少不必要的医疗支出，并为社会贡献健康的劳动力。除此之外，对于生产自用农产品的农产品生产者而言，农产品产地环境保护也能保障农产品生产者自身的健康，实现健康效益价值。

第三，农产品产地环境保护法不仅能够产生经济效益、健康效益，还能产生环境效益。如果说前二者是农产品产地环境保护法的工具价值，那么农产品产地环境保护法所产生的环境效益则属于本体价值的范畴。农产品产地环境保护本身能够提供良好的环境，从而产生环境效益。环境效益具有综合性，既能保障人身健康，又能提供舒适的生活环境，还能产生美学价值、文化价值等。

五　农产品产地环境保护法的价值冲突

有学者指出："法的价值冲突是必然的，不论是在不同性质的法律之间，还是在同一性质或同一部法律内部，它们或因法律体系、法律制度和法律规范的迥异，或因不同价值主体之间的价值诉求而不同，或因不同价值之间各自所扩展的领域和空间相叠合、交错，从而必然会存在着一定程度的矛盾,这种矛盾就是法的价值冲突。"① 农产品产地环境保护法包括正义、安全、效益等多重价值,这些价值之间本身并非完全吻合,而是存在着一定的紧张关系,此即农产品产地环境保护法的价值冲突。对此,应当遵循法的价值冲突的一般理论,结合农产品产地环境保护法的特殊性,予以化解。

（一）价值顺位

孟子说:"鱼,我所欲也,熊掌亦我所欲也;二者不可得兼,舍鱼而取熊掌者也。生亦我所欲也,义亦我所欲也;二者不可得兼,舍生而取义者也。"② 以价值顺位确定农产品产地环境保护法的价值秩序,是减少价值冲突的有力措施。

第一,正义优先。在农产品产地环境保护法中,应当保证正义的首先实现。罗尔斯在《正义论》开篇就指出:"正义是社会制度的首要价值,正像真理是思想体系的首要价值一样……某些法律和制度,不管它们如何有效率和有条理,只要它们不正义,就必须加以改造或废除。"③农产品产地环境保护法的三重价值之中,正义价值应当居于首位。一旦正义价值不存在或者得不到保障,就会从根本上否定整个农产品产地环境保护法,更毋论其他价值的实现与保障了。

第二,安全主导。在正义价值的前提下,安全价值应当处于主导地位。整个农产品产地环境保护法自始至终都体现着安全的价值需求。正义价值更多地被形而上,安全的价值则不同,它更加具象化。安全价值是社会对农产品产地环境保护法的价值需求,体现着农产品产地环境保护法自身的特性。因此,安全应当作为农产品产地环境保护法的主导价值。农产品产地环境保护法应当始终围绕安全价值展开,农产品产地环境保护法也应当以安全价值的实现作为主要任务。

第三,效益兼顾。效益价值应当处于被兼顾的顺位。农产品产地环

① 周灵方:《法的价值冲突与选择——兼论法的正义价值之优先性》,《伦理学研究》2011年第6期,第110页。

② 《孟子·告子上》。

③ ［美］罗尔斯:《正义论》,何怀宏、何包钢、廖申白译,中国社会科学出版社1988年版,第1页。

境保护法不以实现效益，尤其是经济效益为宗旨。如果错将效益作为优先价值或者主导价值，很可能会导致农产品产地环境保护法受到歪曲，从根本上否定农产品产地环境保护法，违背该法的本质属性。因此，在正义价值与安全价值均能得以保证的前提下，还应当追求效益。而一旦效益与正义、安全发生冲突，则应当让位于前两者。

（二）个案平衡

正义价值首位，安全价值次之，效益价值再次之是农产品产地环境保护法的价值顺位的一般原则。但是在某些情况下，适用上述价值顺位会导致让人们难以接受的结果出现，此时就需要具体分析、个案平衡。

对农产品产地环境保护法中的价值冲突实施个案平衡，应当把握以下几个方面：第一，个案平衡属于对价值顺位的补充，不是对价值顺位的颠覆。在一般情况下都应当遵循价值顺位，在特别情况下，才能适用个案平衡原则。价值顺位是原则，个案平衡是例外。第二，适用个案平衡的条件。只有当适用价值顺位会出现让社会公众难以接受的结果时，才能适用个案平衡原则。

（三）比例原则

比例原则是指一个措施虽然是达成目的所必要的，但是不能造成过度的负担。[①] 在价值冲突时，应当按照损害比例对价值排序，并形成价值共存。比例原则是价值顺位原则和个案平衡原则的矫正。农产品产地环境保护法的价值具有多重性，虽然可能发生冲突，但不意味着这些价值之间是绝对排斥、非此即彼的关系。在某些情况下，这些价值之间可以按照比例来共同存在。共同存在就是将损害降低到最小限度，不能偏激和走极端。

比例原则是对价值顺位原则和个案平衡原则在实践中操作的方法标准。首先，农产品产地环境保护法的三重主要价值——正义、安全、效益是并存于农产品产地环境保护法的，它们共同构筑了农产品产地环境保护法的价值体系。其次，农产品产地环境保护法要将实现正义、安全和效益作为价值目标，只是这些价值目标的实现有一定的先后顺序，不

① 参见陈新民《德国公法学基础理论》（下册），山东人民出版社 2001 年版，第 368 页。

能因为一种价值而否定另一种价值。再次，在个案中，也可以实现价值的比例平衡，共同存在和实现。

第二节　农产品产地环境保护法的目的定位

"和其他环境保护法律一样，立法目的从来都是备受争议的问题。"[①]人的行为是受意识控制的，意识对人的行为具有指导意义。正确的意识能够产生正确的行为，进而产生积极的效果，而错误的意识则会产生不当的行为，进而产生消极的效果，法律亦是如此。科学和正确定位法的目的，会引领法律朝着正确的方向前进。歪曲和错误的目的，则可能将法律引入歧途。因此，立法需要正确的目的定位。

一　农产品产地环境保护法的目的总述

目的是一个哲学概念，所谓目的是指某种行为所要实现的目标。目的与手段是矛盾的统一，目的对手段有根本的制约作用，而手段反过来也影响着目的的实现。

（一）何谓农产品产地环境保护法的目的

法的目的是"主体在特定的法律理念的指导下，根据其对特定的法律部门或法律规范的功能的需求，从可供选择的法律价值名目体系中，为该特定的法律部门或法律规范所选择并设定的价值目标"。[②] 魏德士指出："法律规范永远不能从逻辑意义上的正式概念角度被判定'正确的'或'真实的'，只能从法所追求的目的角度，也就是从基本的价值秩序角度判断法律规范可能是适当的、有益的、必要的。"[③] 足以表明目的在法律中的重要性。

"任何实质性的或者'重要'法律分支都会对自身的意义和目的进行

---

① 赵小波:《日本土壤污染防治立法研究》，法律出版社 2018 年版，第 63 页。

② 竺效:《论部门法之法律目的》，《中国地质大学学报》（社会科学版）2002 年第 4 期，第 72 页。

③ ［德］魏德士:《法理学》，丁晓春、吴越译，中国政法大学出版社 2005 年版，第 59 页。

探究。"① 农产品产地环境保护法的目的即农产品产地环境保护法所要实现的目标。从广义上讲，农产品产地环境保护法的目的包括价值目的和具体目的。所谓价值目的，就是农产品产地环境保护法所要实现和达到的价值目标。所谓具体目的就是农产品产地环境保护法所要具体实现的目的，人们通常所说的目的是具体目的。价值目的和具体目的之间存在密切联系，因此也容易造成混淆。农产品产地环境保护法的具体目的是农产品产地环境保护法所直接追求的目标，表现为具体的、现实的目标。而农产品产地环境保护法的价值目的则是农产品产地环境保护法追求的长远目标，具有抽象性、理想性。农产品产地环境保护法的目的体现了农产品产地环境保护法的价值目的，而农产品产地环境保护法的价值目的对农产品产地环境保护法的具体目的具有指导性和决定性。②

（二）农产品产地环境保护立法目的的秉性

无规矩不成方圆，农产品产地环境保护法的目的方面亦是如此。农产品产地环境保护法的目的必须首先体现其价值。"法的目的是法的内在价值的体现，法律既是一种行为规则，又是一种价值导向。"③ 农产品产地环境保护法的目的的秉性包括：

1. 实践性

"实践性构成了法学的学问品格。"④ 农产品产地环境保护法的目的要以实践需要为标准，也就是农产品产地环境保护法的目的是实践所需要的，且能满足实践需要。实践需要农产品产地环境保护法实现何种目的，农产品产地环境保护法才能将之确定为目的。脱离实践需要，农产品产地环境保护法所确立的目的就是虚无的、无用的。

---

① ［英］雷蒙德·瓦克斯：《读懂法理学》，杨天江译，广西师范大学出版社 2016 年版，第 1 页。

② 参见严存生主编《法理学》，法律出版社 2007 年版，第 77 页。其中指出："法的价值目标与法的目的两者之间是有差别的，法的目的或任务一般指一个社会的具体法律所追求的直接目标和近期目标，而法所追求的价值目标指所有的法共同追求的长远目的。因此，它们是比法的目的或法的任务更深层次更永恒的目标，可以说是法的目的。"

③ 吴占英、尹士国：《我国立法的价值取向初探》，《甘肃政法学院学报》2009 年第 3 期，第 10—15 页。

④ 舒国滢等：《法学方法论问题研究》，中国政法大学出版社 2007 年版，第 3 页。

　　从实践的角度来讲，农产品产地环境保护法的目的首先是保护农产品产地环境。之所以会产生农产品产地环境保护法，乃是需要以法律手段来保护农产品产地环境。从此意义上，应当将保护农产品产地环境作为农产品产地环境保护法的目的。当然，其他目的也应当符合实践的需要。

　　2. 独特性

　　不同的法律承担不同的任务和目的。如民法是为了保障私权利的，刑法是为了打击犯罪、保障人权等，环境法的目的是为了保护环境，保障人体健康等。对于其他法律部门和法律领域承担的主要目的，农产品产地环境保护法不应越俎代庖，至少不应当过多地承担。农产品产地环境保护法作为独特的法律领域，应当与其他领域的目的有所不同。这样农产品产地环境保护法方不至于沦为与其他法律"抢地盘"，也才能具备自身的独特性。

　　3. 可实现性

　　农产品产地环境保护法的目的应当是农产品产地环境保护法通过规则、原则和制度能够实现的。如果所确立的目标通过农产品产地环境保护立法、执法、司法的最大努力都无法实现，则该目的就是不成功的。老子说："难易相成，高下相倾。"[①] 避免将目标定得过高的同时，也应当防止将目的定得太低，否则就难以达到促进农产品产地环境保护的效果。

　　立法目的本身非常复杂，有直接目的与间接目的、主要目的与次要目的等。法律的目的乃至某一部规范性法律文件的目的都可以形成一个体系，即法的目的体系。农产品产地环境保护法可能存在多个目的，能够形成目的体系。但这多个目的不能等量齐观，必须主次分明。否则就容易产生目的不明确，从而冲淡主要目的，进而导致目的的虚无，甚至异化。

二　农产品产地环境保护法的目的体系

　　康德指出人是目的而非工具，他说："人是生活在目的的王国中。人

---

　　① （春秋）李聃：《道德经》，赵炜编译，三秦出版社 2018 年版，第 4 页。

是自身目的，不是工具。人是自己立法自己遵守的自由人。人也是自然的立法者。"① 这是确定农产品产地环境保护法目的体系的基本标准。可能作为农产品产地环境保护法的目的有以下几个：保护农产品产地环境，防治产地环境污染和生态破坏，保障农产品质量安全，维护农产品消费者和公众的人身健康，促进农业的发展，保障农产品生产者的权益。以下分析将排除促进农业发展、保障农产品生产者权益作为农产品产地环境保护法的目的。其他目的则以其内容与地位共同构成农产品产地环境保护法的目的体系。

（一）保护农产品产地环境是直接目的

保护农产品产地环境与防治农产品产地环境污染和生态破坏是"一枚硬币的两面"，它们是农产品产地环境保护法的直接目的。从正面来讲，农产品产地环境保护法的直接目的是保护农产品产地环境，在可能的情况下，还要提升农产品产地环境质量。从反面来讲，农产品产地环境保护法就是要防治农产品产地环境污染和生态破坏。农产品产地环境保护法的规则、原则和制度都是实现农产品产地环境保护的工具。

（二）保障农产品品质是基本目的

保障农产品品质，是农产品产地环境保护法的基本目的。之所以要保障农产品产地环境，原因在于农产品产地环境问题会导致农产品质量问题，进而威胁农产品消费者和公众的人身健康。因此，保障农产品品质成为目的体系的中间环节，具有承前启后的重要作用。对前，它是保护农产品产地环境、防治产地环境污染和生态破坏的目的。对后，它又成为保障农产品消费者人身健康的必要环节。唯有保障农产品质量安全，才可以最终实现维护农产品消费者和公众的人身健康。

（三）维护农产品消费者和公众人身健康是最终目的

有学者指出："对于一种真正而有价值的权利而言，义务只能作为权利的相应代价而存在。"② 农产品产地环境保护法并非为了保护环境而保

---

① ［德］康德：《实践理性批判》，韩水法译，商务印书馆 2003 年版，第 95 页。

② 程燎原、王人博：《赢得神圣——权利及其救济通论》，山东人民出版社 1998 年版，第 37 页。

护环境,维护农产品消费者和公众的人身健康才是农产品产地环境保护法的根本目的,这也是农产品产地环境保护法的重要特征之一。环境法的目的虽有所谓一元论、二元论和多元论之争,但是不可否认以下两点:第一,以保障人体健康为目的,即保障污染受害者以及潜在的污染受害者的人体健康。第二,难以延伸到消费者领域。环境法保障暴露在被污染环境中的人,消费者并非暴露在环境中的人,一般不属于环境法的保护对象。农产品产地环境保护法则并非如此,正是基于维护消费者和公众的人身健康的目的,才有了农产品产地环境保护法。

因此,农产品产地环境保护法的根本目的是维护农产品消费者和公众的人身健康。如果此定位不明确,就从总体上偏离了农产品产地环境保护法的方向。

(四) 促进农业的发展、促进农产品生产者权益不应纳入目的体系

"行动的唯一恰当的、在逻辑上有效的理由,终究是功利考虑——如果它在无论哪个事例中是行动和赞许的正当准则,那么它只在其他每一个别的事例中都是如此。"① 虽然农产品产地环境保护可以在客观上提高农产品质量,增加农产品生产者的收入,但促进农业的发展只可以作为农产品产地环境保护法的客观作用,而不能作为目的。作用属于客观的,而目的则属于主观的,② 二者不能够混淆。从根本上讲,农产品产地环境保护法并非以促进农业的发展为根本目的,相反会在一定程度上对农产品生产的数量、规模等某些方面做出抑制。有人指出:"在许多情况下,经济发展措施最终会造成对环境的损害。"③ 如果将促进农业的发展作为农产品产地环境保护法的目的,很可能导致与根本目的——维护消费者和公众的人身健康相冲突,因为二者在某种意义上存在着相当的紧张关系。因此,不宜将促进农业发展作为农产品产地环境保护法的目的。

"法是善良和公正的艺术,而正义是给予每个人他应得的部分的这种

---

① ［英］边沁:《道德与立法原理导论》,时殷弘译,商务印书馆2000年版,第81页。

② 黑格尔指出:"目的是被规定为主观的。"［德］黑格尔:《小逻辑》,贺麟译,商务印书馆1980年版,第387页。

③ Ilya Somin, Jonathan H. Adler, The Green Costs of Kelo: Economic Development Takings and Environmental Protection, Washington University Law Review, Vol. 84, No. 3, 2006, pp. 623 – 666.

坚定而恒久的愿望。"① 农产品产地环境保护法也不例外，必须遵循公正的原则。农产品产地环境保护法将维护农产品消费者和公众的人身健康作为根本目的，是否应当将农产品生产者的权益维护作为立法的目的呢？答案同样是否定的。农产品产地环境保护法客观上能起到保障农产品生产者权益的作用，且不说农产品生产者食用自己生产的农产品，即使将农产品用于销售亦是如此。保护农产品产地环境保护可以提升农产品质量，赢得市场，这对于农产品生产者而言就意味着收入的提高。但是促进农产品生产者的权益不应当作为农产品产地环境保护法的目的。前文已述，农产品产地环境保护法主要规制的对象有二：一是农产品生产者在从事农产品生产过程中对农产品产地的环境污染和生态破坏行为，另一是外源性污染和生态破坏行为。上述第一项，就是以农产品生产者为义务主体的。所以说，农产品产地环境保护法中农产品生产者主要是承担义务，权利的享有和保障是次要的。故农产品产地环境保护法不应当将农产品生产者权益保障作为目的。

三　农产品产地环境保护法"一元目的论"

法的目的是法理学的重要问题，也是农产品产地环境保护法的核心理论之一。在环境法的目的论问题上，有所谓的一元目的论——纯粹的环境法目的论。该目的论认为，环境法应当将保障人体健康作为唯一目的，而不应当再有其他。与之针锋相对的是二元目的论，即环境法应当将保障人体健康和促进经济社会发展并列为目的，二者共同促进。

在目的论的问题上，本书的基本立场是以一元论为原则，除非一元论确有偏颇，才引入二元论乃至多元论。任何一部法律，乃至一个法律部门都有其核心目的和任务，其主要规则、原则和制度都应当围绕该核心目的展开。"我们不能两次踏进同一条河。"② 一旦引入了两重目的乃至多重目的，就可能会导致目的之间的冲突，进而引发整个法律规则、

① ［古罗马］查士丁尼：《学说汇纂》第 1 卷，纪蔚民、罗智敏译，中国政法大学出版社 2008 年版，前言。

② 古希腊哲学家赫拉克利特之语，载北京大学哲学系外国哲学史教研室编译《西方哲学原著选读》上卷，商务印书馆 1981 年版，第 12 页。

原则和制度之间的摇摆，执法者和司法者在适用法律时也会游移不定。法的不确定性是法治的最大障碍之一，环境法尤其如此。环境保护与经济社会发展之间存在相当程度的紧张关系，人体健康保护与经济社会发展之间也存在一定程度上的紧张关系，如果将此二者都列为环境法的目的，很可能会引发冲突，而冲突的结果则是经济社会发展压倒人体健康保护。①边沁说："没有任何一种安排可达到'一切事物各得其所'，因为这种说法，不但跟理性冲突，跟功利原则冲突，而且也是自相矛盾的。"②

农产品产地环境保护法亦是如此。上述三种目的——保护农产品产地环境，保障农产品质量安全，保障农产品消费者和公众的人身健康实际上是一体的，前二者都是为了满足第三重目的的实现，因此本质上是一元目的。"所有戒律准绳和道德考虑都要从基本的和神圣的法律引申之，而且总要以社会团结和有爱为宗旨。告诫的主旨是实现个人幸福和公益的紧密结合。"③促进农业发展，促进农产品生产者的权益则与维护农产品消费者和公众的人身健康可能发生冲突，不宜将其作为农产品产地环境保护法的目的。这样才能保持农产品产地环境保护法在目的上的纯粹性，防止多元论带来的混乱和迷茫。

第三节　农产品产地环境保护法的原则设计

法的构成要素包括规则、原则和概念。④法律原则对法律规则具有指导意义。根据《布莱克法律词典》，法律原则乃是"法律的基础性真理或原理，为其他规则提供基础性或本原性的综合性规则或原理，是法律行

---

① 有学者认为环境保护与经济发展之间是一而二、二而一的问题。参见李艳芳《对我国环境法"协调发展"原则重心的思考》，《中州学刊》2002年第2期，第184页。本书认为，这种说法似有不妥。环境保护与经济发展之间存在着内在紧张关系是不可否认的，只是说这种紧张关系可以调和，可以控制。

② ［英］边沁:《政府片论》，沈叔平等译，商务印书馆1995年版，第100页。

③ ［法］摩莱里:《自然法典》，黄建华、姜亚洲译，商务印书馆1982年版，第145页。

④ 参见张文显《法哲学范畴研究》，中国政法大学出版社2001年版，第49—60页。

为、法律程序、法律决定的决定性规则"。① 农产品产地环境保护法的原则体系之中存在若干原则，指导着农产品产地环境保护法规则的适用，是农产品产地环境保护立法研究的重点领域之一。

一　农产品产地环境保护法基本原则总述

法律原则与法律规则是法的基本构成要素，是法理学的基本范畴。"法律规则是法律就规范某类具体事项所做的具体指示、规定，其适用方式一般比学说和原则更为明确、细致。"② 与之相对应的，法律原则是指用来整理、整合及说明众多具体规则与法律适用活动的普遍性规范，它是更高层次的法律推论的权威性出发点。③ 法律规则和法律原则具有显著的区别，法律规则具有微观性和具体性，法律原则具有宏观性和指导性；法律规则的适用性强，法律原则的适用性差；法律规则是以非此即彼的方式适用，法律原则是以权衡取舍的方式适用；法律规则的稳定性较差，法律原则的稳定性较强。④ 基本原则，就是具有基础性地位的法律原则，也属于广义的法律规则，是法学研究的范畴。

（一）农产品产地环境保护法基本原则的概念

农产品产地环境保护法的基本原则是指贯穿于农产品产地环境保护法体系，指导农产品产地环境保护法制全过程的，具有统帅性、全局性的原则。农产品产地环境保护法的基本原则集中体现了农产品产地环境保护法的价值和目的，统摄农产品产地环境保护法的具体制度。

第一，原则性。农产品产地环境保护法的基本原则首先必须是法律原则，那些不能成为法律原则的事物，更不能成为农产品产地环境保护法的基本原则。农产品产地环境保护法基本原则的原则性，就是要求其具备适用的基本条件。

第二，基础性。基本原则必须具有基础性，能够为农产品产地环境

---

① Black's Law Dictionary, 1979, p. 1074.

② 孙笑侠主编：《法理学》，浙江大学出版社 2011 年版，第 31 页。

③ David M. Walker: The Oxford Companion to law, Oxford: Clarendon Press, 1980, p. 739.

④ 参见［美］德沃金《认真对待权利》，信春鹰、吴玉章译，中国大百科全书出版社 1998 年版，第 41—45 页。

保护法的立法、执法、司法、守法和法律监督等法制全程提供指导，能够体现农产品产地环境保护法的精髓。

第三，可适用性。"许多法律原则可直接作为断案依据，这些原则的作用与规则无异。"[1] 农产品产地环境保护法的基本原则能够为农产品产地环境保护法提供规范和指导，可以在法律规则缺失的场合被当作处理问题的法律依据，用于指导纠纷的解决。[2] 过于抽象的思想不能作为农产品产地环境保护法的基本原则。

我国《环境保护法》规定了保护优先、预防为主、综合治理、公众参与等五项原则。[3] 结合该规定，针对农产品产地环境保护的特点，以上述标准为准绳，本书提炼出农产品产地环境保护法的基本原则包括：预防原则、综合协调原则、公众参与原则。

（二）农产品产地环境保护法基本原则的实现

农产品产地环境保护法的基本原则需要有所支撑，否则就可能沦为"空气震动"。基本原则的支撑主要来自于法律制度，如预防原则需要农产品产地环境影响评价制度支撑。当然，仅有这一项制度是不充分的，还应当有其他制度支撑。这就需要建立制度体系，贯彻农产品产地环境保护的基本原则。

还需要将农产品产地环境保护法的基本原则与执法和司法相结合，将其在实践中做活。仍以预防原则为例，农产品产地环境保护执法应当重视预防，避免危害农产品产地环境的情况出现，一旦农产品产地环境出现问题，就应当停止生产农产品，以切断农产品产地与消费者之间的联系。农产品产地环境保护司法应当将预防作为农产品产地环境保护司法的基本原则，在纠纷解决中适用。没有相关规则的，可直接适用预防原则。规则发生冲突的，应当按照预防原则来确定如何适用。

---

[1]　周永坤：《法理学——全球视野》（第四版），法律出版社 2016 年版，第 169 页。
[2]　参见王灿发《环境法教程》，中国政法大学出版社 1997 年版，第 53 页。
[3]　《环境保护法》第 5 条："环境保护坚持保护优先、预防为主、综合治理、公众参与、损害担责的原则。"

二　农产品产地环境保护预防原则

农产品产地环境保护的进程包括事前、事发、事中、事后等环节，内容上呈现预防、监管、应急、追责四个方面。正如学者指出的那样："实践证明等污染后再治理所付出的代价远比预防污染所花的代价高出好几倍甚至几十倍。产地环境的保护必须进行事前预防从源头控制。"① 预防原则是环境法的基本原则之一，② 农产品产地环境保护法的预防原则是环境法预防原则在农产品产地环境领域的落实。

（一）农产品产地环境保护预防原则的概念

预防原则是源头管理思想的法学体现，是法律经济学的重要成果之一。农产品产地环境保护法的预防原则是指，应当预防农产品产地环境污染和生态破坏的发生，防止农产品产地环境污染对农产品质量的不良影响，从而将危害遏制在萌芽状态。由于农产品产地环境问题可能带来的后果具有严重性和不可逆性，因此农产品产地环境保护法以预防为基本原则。

农产品质量安全涉及千家万户的利益，一旦出现问题可能引发全社会的不良反应。产地环境与农产品质量密切相关，农产品产地环境污染和生态破坏的后果具有隐蔽性、潜伏性、极大的危害性和难控制性。从经济学来看，预防的成本比较低，而后果发生后消除影响的成本却非常高。因此，农产品产地环境保护法应当采取预防原则，降低风险和成本。

有学者指出："风险引致系统的、常常是不可逆的伤害，而且这些伤害一般是不可见的。"③ 农产品产地环境问题的后果有些是不可逆的，突

---

① 张华：《关于特色农产品发展与保护的地方立法思考》，《西部法学评论》2012 年第 3 期，第 52 页。

② 环境法中的预防原则是指对开发和利用环境的行为所产生的环境质量下降或环境破坏等应当事前采取预测、分析和防范措施，以避免、消除由此可能带来的环境损害。预防为主、防治结合要求将环境保护的重点放在事前防止环境污染和自然破坏之上，防止环境问题的产生和恶化，同时也要求积极治理和恢复现有的环境污染与自然破坏，以保护生态系统的安全和人类的健康及其生产安全。参见汪劲《环境法学》，北京大学出版社 2006 年版，第 153 页。

③ ［德］乌尔里希·贝克：《风险社会》，何博闻译，译林出版社 2004 年版，第 20 页。

出表现在对农产品消费者的人身损害方面。食用有毒有害农产品而致死致残的,既难以用金钱弥补,也无法挽回。受害人及其亲属遭受的精神痛苦也是不可逆的。因此必须采取预防措施,不要等后果发生后去补救。

资料：美国处理越战时"橙剂"余毒不力 越南严词批评

中新社 2 月 27 日电 据法新社报道,星期五(2 月 27 日)一群在越战期间美国使用"橙剂"的受害者代表对美国提出严厉批评,认为美国人在越战使用这一高度有毒的物质造成的严重后果处理不力。

越南"橙剂"受害者协会发表声明称:"越南人们出于人道的传统,表示愿意同美国合作来解决战后问题,但遗憾的是美国并没有做出相应的反应。"该组织是在越南共产党的支持下成立的。1 月 30 日,该组织还向美国联邦法院递交了一份起诉书,对美国 30 余家化学品公司提出上诉,因为在他们看来,华盛顿不对"橙剂"造成的伤害予以赔偿,他们必须采取法律行动。

美国和越南在战后 20 余年,即 1995 年恢复了外交关系,而美军在越战期间使用"橙剂"一直是美越之间产生争端的一个重要问题。从 1961 年到 1971 年,美国同南越军政府在南越上空喷洒了上百万升的有毒杀虫剂"橙剂",目的是为了破坏其植被,以摧毁越共的掩护,并断绝越共的粮食来源。

越南政府称"橙剂"导致了 100 多万人健康受损,而且情况还在一步步恶化。去年 8 月份公布的一份来自美国、德国和越南的科学家研究资料表明,这种有毒的化学试剂直到今天还在持续通过田地里种植的食物来对人们的身体造成伤害。这种试剂中的有毒成分有致癌作用,还会导致人的免疫系统失调,生殖能力下降甚至变异,破坏人的神经系统等等。

越南方面称,从道德和人道主义的角度来说,美国也有责任来治愈"橙剂"给越南人民带来的创伤。而华盛顿方面则坚持认为,越南部分人群身体状况恶化同"橙剂"没有直接联系,只是同意对"橙剂"的危害性进行进一步的研究。

"橙剂",也称橙色战剂,由两种除莠剂成分化合而成。在越南战争期间,美军曾利用这种物质毁坏越南的森林和农作物。越南方面有消息指出,该国受"橙剂"后遗症危害的人数已达100万人。他们中有些人身患癌症。有些婴儿则是先天畸形。尽管美国一再否认橙色战剂与这些健康问题有关,但约5万名参加过越战的美国老兵却得到了"橙剂"生产商共计1.8亿美元的赔偿。

(资料来源:章田:《美国处理越战时"橙剂"余毒不力　越南严词批评》,载 http://news.sohu.com/2004/02/27/94/news219229451.shtml,2020年3月18日)

(二) 农产品产地环境保护法预防原则的内容

农产品产地环境保护法的预防原则包括以下两个方面:首先,对于尚未污染或有轻微污染的农产品生产区域,应当消除和控制污染,使农产品产地环境质量达到能够保障农产品安全的要求,即在该区域生产农产品不会因为产地环境问题而出现农产品质量不安全的情况。其次,对于已经严重污染的区域,应当禁止生产农产品,切断农产品产地环境与消费者之间的联系。被划为农产品禁止生产区的,应当采取污染治理和生态修复措施。

预防产地环境污染和划定农产品禁止生产区并非等量齐观,前者在农产品产地环境保护法中占据更加重要的地位,是预防原则的主要方面,后者是次要方面。预防产地环境污染与禁止生产区域也不是先行后续的关系,并非先预防,当预防失灵时就划为农产品禁止生产区。而是按照产地是否被污染及其程度来划分的,未污染的要防止污染,已经污染的要禁止生产农产品,采取修复措施。

(三) 预防为主、防治结合、综合治理原则与风险防范原则之辩

环境保护和环境法关于预防有多种表述,较早是预防为主、防治结合、综合治理,后来演变为预防原则,新近以来又出现了风险防范原则。

该三者不仅是用语问题，其内涵还存在不同。① 农产品产地环境保护法既不主张预防为主、防治结合、综合治理原则，也未采用风险防范原则，而采用预防原则，有其理论与现实根据。

1. 农产品产地环境保护法不应采用预防为主、防治结合、综合治理原则

预防为主、防治结合、综合治理原则实际上表达着如下思想：（1）预防与治理都是必要的，可行的措施。（2）一般情况下应当预防。（3）若无法预防，或者预防成本较高，或者损害后果已经发生，则可以采用事后治理措施。预防为主、防治结合、综合治理原则没有突出预防的重要性，落后于农产品产地环境保护形势，不能满足农产品产地环境保护的客观需求。贯彻农产品产地环境保护预防原则，将危害遏制在萌芽状态，不要心存侥幸，等事后再补救。因此，农产品产地环境保护法不采用预防为主、防治结合、综合治理的表述。

2. 农产品产地环境保护法不应采取风险防范原则

环境法中的风险防范原则是指"在环境资源保护工作中，采取可能的各种预防措施，防止环境问题的产生，在遇到严重或不可逆转损害的威胁时，不能以缺乏科学充分确定证据为由，延迟采取预防措施以防止环境恶化"。② 风险防范要做到事前善于发现风险，发现风险之后要分析风险，评估其转化为危险的可能性，一旦这种可能性较大，就应当采取措施防止其发生。③ 风险防范是现代安全管理上的重要措施，环境保护领域也可以采取，但是农产品产地环境保护法中实施风险防范原则既无必

① 王灿发认为："以防为主、防治结合"原则、"预防为主、防治结合、综合防治"原则和"预防为主、防治结合、综合治理"原则，其实质内容没有多少差别，都是指对环境问题应当立足于预防、防患于未然。参见王灿发《环境法教程》，中国政法大学出版社1997年版，第57页。

② 吕忠梅、高利红、余耀军：《环境资源法学》，中国法制出版社2001年版，第94页。

③ 有学者提出："风险管理的关键环节就是在辨识风险的基础上，建立解决问题的系统模型，对风险因素的影响进行定量分析，并估算各种风险的发生概率及其可能导致的损失大小，从而找到该项目的关键风险，为重点处置这些风险提供科学依据。"并将其分为四步：风险辨识、风险评估、风险测量、风险响应和风险监测。参见汪忠、黄瑞华《国外风险管理研究的理论、方法及其进展》，《外国经济与管理》2005年第2期，第28页。

要也不可行。

从必要性来看，风险防范一般适用于风险性极大、事故一旦发生就会造成立时性的、难以挽回后果的情况，如核事业、航空等领域。"在事故（切尔诺贝利核事故）发生后的数年内，因饮用被污染奶牛生产的奶，儿童患甲状腺癌的数量急剧增加。甲状腺癌的致病原因是放射性碘，它沉积于草中，吃这些草的奶牛生产牛奶，牛奶销售给当地儿童，牛奶中的放射性碘就会在儿童的甲状腺中积累。"① 但上述案例乃是核事故的结果。在农产品产地环境保护中，除了核事故之外，其他农产品产地环境被污染或者农产品产地发生环境事故，不会立即发生危害农产品消费者和公众的后果。农产品产地环境对于消费者的影响是长线的而非立时性的，中间有很多环节可以切断，没有必要实施如此严格的风险防范原则。

从可行性来看，农产品产地环境保护领域也不具备实施风险防范的条件。风险防范实施成本高，需要强大的科技、人力和财力支撑。核工业、航空等领域呈点状分布，实施风险管理比较容易。农产品产地环境保护并非如此，一个国家的很多区域可能都在生产农产品，涉及的国土范围大、面积广，而且还存在众多分散的个人或者家庭生产。在如此分散和广大的区域实施风险管理，几乎是不可能的。

农产品产地环境保护法不采用风险防范原则，并不意味着完全否定风险防范。首先可以借鉴风险防范的方法，风险防范是风险管理的提炼，而风险管理则形成了一整套的方法体系，可以运用于农产品产地环境保护工作中。在某些特殊的区域也可以实施风险管理，如某些作为药品原材料的农产品生产基地。

三　农产品产地环境保护综合协调原则

"环境问题有相当的广度，它很少局限于某一个具体的学科。"② 农产品产地环境保护亦是如此。农产品产地环境保护法具有较强的综合性，

---

① ［美］约翰·塔巴克：《核能与安全——智慧与非理性的对抗》，王辉、胡云志译，商务印书馆 2011 年版，第 92 页。

② ［美］戴斯·贾丁斯：《环境伦理学——环境哲学导论》，林官民、杨爱民译，北京大学出版社 2002 年版，第 8 页。

综合协调原则是农产品产地环境保护法的基本原则。

（一）农产品产地环境保护综合协调原则的内容

农产品产地环境保护法的综合协调原则是指应当对农产品产地环境进行综合性保护，实施综合性的管理方式，对相关主体的利益进行协调。因此，综合协调原则的内容包括三个方面：第一，对农产品产地环境保护进行综合保护。第二，实施综合性的管理方式。第三，对相关利益主体实行协调保护。

1. 对农产品产地环境的综合保护

农产品品质受到多种环境要素的影响，其中最为突出的是水、土壤、大气。其他环境要素如辐射环境、声环境等也可能对农产品品质产生影响。上述其中任何一个环境要素出了问题，都可能导致农产品质量下降甚至不符合健康标准。因此，对环境要素要实施综合保护，要避免顾此失彼，但是也不宜平均用力。[1] 有的农产品产地水污染较严重，就应当重点保护水环境。有的农产品产地土壤污染比较严重，就应当重点保护土壤环境。其次，不同农产品对环境要素的需求不同，有的农产品对水环境要求较高，有的农产品对土壤环境要求较高。所以农产品产地环境保护也要因地制宜。

2. 实施综合性的管理方式

农产品产地环境保护要实施综合性的管理方式，表现在以下几个方面：第一，集中的监管体制。农产品产地环境保护涉及环保、农业、食品、水利、海洋、林业、质检等多个部门，事权分散，不易形成合力，应当由行使综合管理职权的部门对农产品产地环境保护实施统一监管。第二，整合相关资源，实现农产品产地环境保护管理的高效化和集约化。第三，综合管理的方法。有学者指出："多元化的调整方法是环境法调整方法的基本特征。"[2] 农产品产地环境保护法要采取综合性的方法，首先

———————

[1] 对此可考察《土壤污染防治法》第 57 条第 1 款，该款规定："对产出的农产品污染物含量超标，需要实施修复的农用地地块，土壤污染责任人应当编制修复方案，报地方人民政府农业农村、林业草原主管部门备案并实施。修复方案应当包括地下水污染防治的内容。"这一规定也体现了本书所述的综合协调原则。

[2] 杜群:《环境法融合论》，科学出版社 2003 年版，第 46 页。

是经济、法律、政策、教育等多种手段相结合。其次是既要有正面的促进、引导、激励手段，又要有反面的约束、鞭策和责任手段。再次是将事前、事中、事发和事后相结合，将预防、监管、应急和追责相结合。

3. 对利益主体的协调平衡

所谓利益，是指"可以免除人类之缺乏感，而发生满足之感之内部的或外部的事件和状态。简言之，可以说是满足人类的价值感情之一切事体"。① 法是社会利益的平衡器，农产品产地环境保护法亦是如此。"绝对道德或道德终极标准只能有一个，那么，它究竟是什么？是道德最终目的：增进全社会和每个人的利益。"② 农产品产地环境保护法律关系的主体众多，利益诉求各有不同。农产品产地环境保护法必须协调好各主体之间的利益关系，不能为了保护一方的利益而过分蠲损另一方的利益。如此才符合农产品产地环境保护法的正义价值，也才能保证农产品产地环境保护法得以顺利实施。③

农产品产地环境保护法首先要保护农产品消费者的权益，也要兼顾农产品生产者的权益。有学者指出："在现代社会，无论是发达国家还是发展中国家，'强者破坏、弱者受害'成为一种规律性现象。"④ 虽然在农产品生产中生产者具有优势地位，在整个社会中其却可能处于劣势地位。造成农产品产地环境污染的源头是外源性污染者和农业投入品的生产者，而非农产品生产者。因此，必须兼顾农产品生产者的利益。

（二）农产品产地环境保护法综合协调原则的实现

1. 综合的环境要素保护

必须树立农产品产地环境整体化观念，对农产品产地环境进行综合性的保护。环境具有整体性，大气环境、水环境、土壤等要素都是环境

---

① ［日］美浓部达吉：《宪法学原理》，何作霖等译，中国政法大学出版社 2003 年版，第66 页。

② 王海明：《伦理学原理》（第三版），北京大学出版社 2009 年版，第 85 页。

③ 世界环境与发展委员会指出："人与人之间利益和成本分配又包括当代人之间和当代人与后代人之间的利益和成本分配。"（参见世界环境与发展委员会《我们的共同未来》，王之佐等译，吉林人民出版社 1997 年版，第 80 页。）但是本书所指的利益平衡，是当代人的利益平衡，是实证法上的利益平衡。

④ 韩立新：《环境价值论》，云南出版社 2005 年版，第 174 页。

的组成部分，其中一个部分的变化都会对整体环境产生影响。举例而言，农药污染灌溉用水，而灌溉用水的污染又会对农产品产地土壤环境产生不良影响。因此，保护农产品产地环境就必须对整个产地环境进行保护，而不能只保护其中某一种环境要素，或者说某个部门就保护某一种环境要素。其次，从农产品生产的属性来说，只有产地环境全面良好和健康，所生产的农产品才会符合健康的要求。

2. 综合的监管体制

农产品产地环境保护涉及多个监管部门，理顺监管体制是做好农产品产地环境保护工作的重中之重。世界范围内在农产品产地环境保护方面比较成功的模式大多是农业、环境、食品分阶段负责，其他相关部门配合，并由较高级别的协调组织居中联络、协调。立法在制定相关管理措施时，应当对事前、事中、事发、事后等各环节综合管控，不仅应当有实体的，还应当有程序的，不仅应当有行政的，还应当有民事的、刑事的，不仅应当有管制的，还应当有激励的。

3. 综合平衡各方利益

综合平衡各方利益的核心是兼顾农产品生产者的利益，尤以激励制度和法律责任制度为重。首先，激励制度方面。农产品生产者有义务保护农产品产地，但农产品产地环境保护是需要成本投入的，一旦不能得到高于成本的收益，农产品生产者就没有从事农产品产地环境保护积极性。因此，农产品产地环境保护法必须要创造一定的激励机制，使农产品生产者有进行农产品产地环境保护的积极性。例如农产品产地标志制度、环保型农业投入品补贴制度等。其次，法律责任制度方面。一般而言，对农产品生产者施以过于严苛的法律责任可能会抑制其生产的积极性，甚至危害本国的农业安全，故需合理配置农产品产地环境保护责任。对于外源性污染导致农产品产地环境问题的，农产品消费者可以向排污者请求赔偿，此时便不得再向农产品生产者请求赔偿。农产品消费者也可以向农产品生产者请求赔偿，农产品生产者承担责任以后，可以向排污者追偿。

四 农产品产地环境保护公众参与原则

公众参与是环境法的基本原则之一，是我国《环境保护法》确立的五项原则之一。① 环境法中的公众参与是指"法律通过各种法定的形式和途径，鼓励公众积极参与环境保护事业，保护他们对污染和破坏环境的行为依法进行监督的权利"。② 哈耶克曾说："民主可能是实现某些目的的最好方法。"③ 公众参与是环境民主的集中体现，是促进环境保护工作开展的重要方式。考夫曼说："民主：法治国家的保证者。"④ 农产品产地环境保护法以公众参与为原则不仅是环境保护的要求，更是农产品产地环境保护法自身特性的要求。

（一）农产品产地环境保护公众参与原则的概念

农产品产地环境保护公众参与原则，是指公众通过法律规定的形式和途径，参与到农产品产地环境保护活动中，监督外源性环境污染和生态破坏的行为人、农产品生产者和行政机关积极履行农产品产地环境保护义务。首先，农产品产地环境保护法的公众参与原则，是环境法公众参与原则在农产品产地环境保护法中的具体体现，其既具有环境法公众参与原则的一般特征，也具有自身的特点。其次，公众必须依法参与农产品产地环境保护。农产品产地环境保护具有公益性，但是自由也是法的基本价值。自由包括两个方面，一方面是在法律规定的范围内行使权利，不受他人干涉。另一方面是不得干涉他人行使其权利。⑤ 如果法律没有规定农产品产地环境保护公众参与，或者没有规定某种特定的事项范围、形式、途径，那么这些领域就是农产品生产者的权利范围，此时就不是参与而是侵犯。因此，公众必须依法参与农产品产地环境保护。再

---

① 环境法学者往往将公众参与作为环境法的一项基本原则，也有部分学者将其作为环境法的一项主要制度。

② 周珂：《环境法》，中国人民大学出版社 2008 年版，第 41 页。

③ ［英］费雷得里希·奥古斯特·哈耶克：《自由宪章》，杨玉生、冯兴元、陈茅等译，中国社会科学出版社 1999 年版，第 148 页。

④ ［德］阿图尔·考夫曼：《法律哲学》（第二版），刘幸义等译，法律出版社 2011 年版，第 310 页。

⑤ 参见张文显《法哲学范畴研究》，中国政法大学出版社 2001 年版，第 207 页。

次，公众参与的监督对象包括外源性环境污染和生态破坏的行为人、农产品生产者和政府。对于外源性环境污染和生态破坏的行为人和政府，公众可以采取公益诉讼的方式来实现。对于农产品生产者，公众可以通过获取农产品产地环境信息和市场的方式来实现。对外源性污染和生态破坏的监督是农产品产地环境保护公众参与的重点。

公众参与基本原则是参与式民主在农产品产地环境保护领域推演的必然结果。"参与式民主是立足于公民身份的政治，公民不仅仅是选民，也不能仅仅把自己看作是政府的顾客、政府的管理对象，公民自身是管理者、自治者，是自己命运的主宰者，为此必须参与公共事务的讨论、协商和决定。"① 公众参与作为农产品产地环境保护法的基本原则，其主要原因在于：首先，公众与农产品产地环境之间的关系极为密切。农产品产地环境不仅会通过环境媒介影响到社会公众，还会通过农产品影响到不特定的农产品消费者。较之于一般的环境，农产品产地环境与公众的利益关系更为密切，参与的积极性也会更高。其次，公众参与农产品产地环境保护也是实现农产品产地环境保护法正义价值的方式。农产品消费者权益保护具有事后性和狭隘性。作为潜在的农产品消费者，公众参与农产品产地环境保护也可看作对农产品消费者保护的另一种形态，体现了农产品产地环境保护法的正义价值诉求。再次，公众参与是推进农产品产地环境保护的重要措施。有学者指出："'治理'实际上是国家的权力向社会的回归，'治理'的过程就是还政于民的过程，从全社会的范围来看，'治理'离不开政府，更离不开公民的参与和合作。"② 公众参与是推进农产品产地环境保护的重要措施。只有通过公众参与，才能监督政府、外源性污染的行为人、农产品生产者进行农产品产地环境保护。

（二）农产品产地环境保护公众参与原则的实现

有学者指出："公众参与作为一种制度化的民主制度，应当是指公共权力在作出立法、制定公共政策、决定公共事务或进行公共治理时，由

---

① 陈炳辉：《参与式民主的现代衰落与复兴》，《中国社会科学院报》2009 年 4 月 14 日第 6 版。

② 俞可平：《治理与善治》，社会科学文献出版社 2000 年版，第 5—6 页。

公共权力机构通过开放的途径从公众和利害相关的个人或组织获取信息，听取意见，并通过反馈互动对公共决策和治理行为产生影响的各种行为。"① 2014 年修订后的《环境保护法》增加专章"第五章 信息公开与公众参与"，相关条文可资借鉴。公众参与农产品产地环境保护的主要内容包括三个方面：农产品产地环境信息公开、公众参与农产品产地环境决策、农产品产地环境公益诉讼。上述三方面需要通过具体制度予以实现。

农产品产地环境信息公开。"公众参与环境保护的前提是环境信息对公众的公开。"② 农产品产地环境信息公开，是指政府机构和农产品生产者应当公开农产品产地环境信息，从而保障社会公众享有农产品产地环境信息知悉权。农产品产地环境信息公开制度的内容包括公开的主体、形式、范围、程序等。③

公众参与农产品产地环境决策。公众可以通过法律规定的范围、方式和途径，参与农产品产地环境决策。例如参与农产品产地环境规划的编制听证、参与农产品禁止生产区域的划定与变更等。

公众享有一定的救济性权利。公众所享有的上述两方面权利受农产品生产者或者排污者或者政府机构阻挠，导致公众的权利得不到行使的，公众有权起诉到法院，请求公力救济。④ 此外，公众还可以通过公益诉讼参与农产品产地环境保护。

---

① 蔡定剑：《公众参与及其在中国的发展》，《团结》2009 年第 4 期，第 32 页。

② 张建伟：《论环境信息公开》，《河南社会科学》2005 年第 2 期，第 29 页。

③ 农产品产地环境信息公开与公众知情权是相对应的。因此，农产品产地环境标志制度也可以看作是对农产品产地环境信息公开的实现方式。

④ 有学者指出："请求救济权是指公民的环境权益受到侵害以后向有关部门请求保护其权利，它既包括对国家行政机关的主张权利，又包括向司法机关要求保护的权利。"参见王明远《环境侵权救济法律制度》，中国法制出版社 2001 年版，第 31—35 页。笔者以为，请求救济权仅仅是指向司法机关请求救济的权利。向行政机关请求救济，实际上是请求行政机关履行监督管理职权。

第 五 章

方法重塑：农产品产地环境
保护的公法规制

　　波斯纳说："法律创制者给我们的是一个罗盘，而不是一张蓝图，这个罗盘就是法律制度。"① 在农产品产地环境保护立法研究中，应当通过主要制度的剖析和解读，来设计有效的罗盘指针，以期为立法实践绘制科学合理的制度框架和内容。早在法律部门划分之前，在古罗马时代就已经有了公法与私法的划分。乌尔比安就说："公法是关于罗马国家的法律，私法是关于个人利益的法律。"② 本书区分农产品产地环境保护的公法规制与私法干预。制度主要体现工具理性，价值、目的、原则等则体现目的理性。制度是不断变化和革新的，是"器"，而价值、目的、原则等理念则具有稳定性，具有"道"的属性。

第一节　农产品产地环境保护公法规制总述

　　"人类并不是完全坏的，也非完美无缺，国家和社会环境对人类行为有着巨大影响，人性是可以被社会组织或领袖人物所陶冶和改变的。"农产品产地环境保护形成了众多公法规制制度，如农产品产地区域制度、

---

　　① ［美］理查德·A. 波斯纳：《法律理论的前沿》，武欣、凌斌译，中国政法大学出版社2002年版，第32页。
　　② ［古罗马］查士丁尼：《学说汇纂》第1卷，纪蔚民、罗智敏译，中国政法大学出版社2008年版，前言。

产地环境监测制度、产地环境调查制度、产地环境标准制度、产地环境影响评价制度、农产品禁止生产区制度、污水灌溉法律监管制度、产地环境风险管理制度、产地环境修复制度、产地环境责任制度、产地标志制度等。

一　农产品产地环境保护公法规制

"规制"一词英语表达为 regulation，《布莱克法律词典》认为"regulation"是"由规则或约束控制的行为或过程"①。《元照英美法词典》解释"regulation"，认为该词包括三种含义：（1）管理办法、规则、规章、条例；（2）管理、管制、规制、监管控制；（3）内部章程，内部规章。②农产品产地环境保护公法规制是指由政府运用公权力，对农产品产地环境保护实施规制所形成的现象。"规制"一词发端于经济学，最初主要是指政府运用行政手段对经济实施直接或者间接的干预和影响，后来规制的思想、规制的工具和方法等被广泛运用于社会管理之中，尤其是公共事务管理之中。"'规则'与'规则的约束'就成为界定规制的核心成分。"法律中的规制必定带有公法属性，因为规制必定是政府施加的。因此，法律上的规制也必然是公法属性的。农产品产地环境保护的法律规制即是公法规制，而且主要是行政法的规制，即政府采用行政的手段，包括行政许可、行政强制、行政处罚、行政征收、行政征用，以及行政奖励、行政指导、行政合同等手段，对行政相对人（自然人、法人和其他组织）施加的规范和制约。

规制不同于管理、管制，更不同于统治，其独特之处在于：第一，规制强调作为规制主体（行政机关）与被规制主体（自然人、法人和其他组织）之间的沟通与协调，体现了哈贝马斯所言的"主体间性""商谈民主"等现代思想。第二，规制不仅包括强制性的措施，如许可、处罚、强制等，还包括非强制手段，如信息公开、财政支持、税收减免、补贴、引导等。现代国家越来越强调规制手段的沟通性，半强制性、非强制性

---

①　See Black's Law Dictionary（9th ed. 2009），Thomson West，p. 1311.

②　薛波主编：《元照英美法词典》，法律出版社 2003 年版，第 1171 页。

手段的运用越来越广泛。"换言之，其内容亦由传统的'统治'（government）转变为'治理'（governance），从而形成由国家、社会与市场共同塑造规制机制的'规制治理'（regulatory governance）体系。"① 农产品产地环境保护的公法规制中，不仅有农产品禁止生产区、农产品产地环境公益诉讼等强制性制度，也有农产品产地环境信息公开、农产品产地标志等非强制性措施。这些措施的共同使用，以推动农产品产地环境保护。

农产品产地环境保护公法规制体现农产品产地环境保护法的特点，不能是环境法的主要制度或者农业法、农产品质量安全法的公法规制的照搬照抄，必须符合农产品产地环境保护法的内在本质，反映社会对农产品产地环境保护法的需求，具有农产品产地环境保护法的典型特征。

从整个农产品产地环境保护法体系来看，农产品产地环境保护的公法规制处于重要的地位。农产品产地环境保护公法规制体现农产品产地环境保护法的主要思路和核心内容，能够支撑起整个农产品产地环境保护法体系。从功能来看，通过农产品产地环境保护法的公法规制可以将农产品产地环境保护工作做起来，管出色，从而实现农产品产地环境保护法的目的。首先，它是落实农产品产地环境保护法价值、目的和基本原则的最有利工具。其次，它是农产品产地环境保护法的骨干和核心。离开了公法规制，农产品产地环境保护法则失去了安身立命的资本。再次，它是国家实施农产品产地环境保护监督管理的抓手，是保护农产品产地环境、保障农产品消费者权益的最重要手段。②

农产品产地环境保护公法规制包括规制规范（立法环节）、规制的实施（执行）等两大阶段。基于本书的主题为"农产品产地环境保护立

---

① 张宝：《环境规制的法律构造》，北京大学出版社 2018 年版，第 13 页。

② 有人指出："环境资源法的主要制度是将环境资源法的基本原则贯穿到具体的环境资源管理中所形成的制度，是环境资源法基本原则的具体体现和落实途径，也是环境资源基本法中的最重要的内容之一，因而是具有重要作用和关键地位的环境资源法律制度。"参见黄静《完善我国环境资源法主要制度若干问题的研究》，《湖南商学院学报》2006 年第 2 期，第 1 页。可以表明主要制度的重要性。

法"，因此主要讨论规制规范环节，尤其是农产品产地环境保护的公法规
制制度。

二 农产品产地环境保护的公法规制制度

农产品产地环境保护公法规制，在立法上主要表现为农产品产地环
境保护公法规制制度。所谓农产品产地环境保护公法规制制度，是指由
于政府对农产品产地环境保护实施规制，在某一特定事项，或者特定权
力而形成的公法规范体系。

农产品产地环境保护公法规制制度必须是制度，也就是由农产品产
地环境保护法的若干规范所组成的调整某一类农产品产地环境保护社会
关系的规则体系。这就表明，农产品产地环境保护公法规制制度必须立
足于农产品产地环境保护法。脱离农产品产地环境保护法的规范，就不
属于农产品产地环境保护法主要制度范畴。

农产品产地环境保护公法规制制度具有执行性。制度具有执行性、
操作性、应用性。农产品产地环境保护公法规制制度具有落实农产品产
地环境保护法基本原则的功能。农产品产地环境保护法的基本原则需要
制度支撑，而落实农产品产地环境保护法基本原则的最有利工具之一就
是公法规制制度。与价值、目的和基本原则不同，农产品产地环境保护
的公法规制制度具有很强的操作性和应用性，可以直接为农产品产地环
境保护及其管理服务。

农产品产地环境保护公法规制制度具有法律规范性。制度乃是由某
一领域的规范组成的体系。制度属于上层建筑之一。法律制度属于制度
之一，并且在制度体系中以期稳定性、国家保障性、民主来源性等优势
发挥着重大作用。法律和法学对文本主义思想和方法有着重要影响。[①] 法
律制度乃是以调整某一特定事项（对象），或者某一特定调整措施（工
具），由法律规范组成的体系。法律制度与其他制度的最大不同在于，法
律制度以法律规范为载体。因此，农产品产地环境保护的公法规制制度

---

① 参见［美］迈克尔·罗斯金等《政治科学》（第九版），林震等译，中国人民大学出版
社 2009 年版，第 29 页。

应当在农产品产地环境保护法的规范中寻求。

农产品产地环境保护公法规制制度具有系统性。农产品产地环境保护的公法规制制度是由一系列调整某一特定农产品产地环境保护社会关系的公法规范所组成。首先，农产品产地环境保护的公法规制制度不是独立于农产品产地环境保护法之外，而是由农产品产地环境保护法的公法规范总结提炼而成的。其次，组成一项主要制度的规范之间具有共同的特征，即调整某一特定类型的农产品产地环境保护社会关系。例如农产品产地环境保护法律责任制度是由调整农产品产地环境保护责任的规范所组成。再次，一项农产品产地环境保护法的公法规制制度一般只适用于某一特定的农产品环境保护领域。最后，农产品产地环境保护的公法规制形成若干制度，这些制度相互配合、互相联系从而形成农产品产地环境保护公法规制的制度体系。

三　农产品产地环境保护的公法规制体系

"为了解决这些问题，决策者可以从根据国家干预程度不同而进行区分的一系列规制工具中进行选择运用。在该谱系中干预程度较低的一端，我们可以划分出三种规制形式：信息规制，强制要求提供方披露商品或服务的质量信息的细节；'私的'规制，设定仅仅只能由从中受益的个人才能执行的义务；经济工具，不是强迫性的，而是通过财政激励来引导合意的行为。在谱系的另一端，我们将看到干预程度最强的事前批准……在两个极端之间还存在着一项被广泛运用的规制工具——有时候被称为'指令与控制'的——标准，它以刑事惩罚为后盾，被施加于产品提供者之上。"① 主要的农产品产地环境保护公法规制制度如：农产品产地划定制度、农产品产地环境信息公开制度、农产品标识制度、农产品禁止生产区制度、农产品产地环境保护民事责任制度、农产品产地环境保护公益诉讼制度。上述制度不是零散无序的，而是构成比较完善的制度体系。其中有前提性制度，如农产品产地确定制度、农产

---

① ［英］安东尼·奥格斯：《规制：法律形式与经济学理论》，骆梅英译，苏苗罕校，中国人民大学出版社 2008 年版，第 5 页。

品产地环境信息公开制度，有管理性制度，如农产品产地标志制度、农产品禁止生产区制度等，还有监督性制度，如农产品产地环境保护民事责任制度、农产品产地环境保护公益诉讼制度等。主要制度体系涵盖了农产品产地环境保护事前、事中、事后等三个环节，涉及包括农产品产地环境保护监管主体——行政机关，农产品产地环境保护权利主体——农产品消费者和社会公众，农产品产地环境保护义务主体——外来环境污染和生态破坏的行为人、农产品生产者等所有法律关系主体。农产品产地环境保护法的各项主要制度能够配合运行，相互促进，共同实现农产品产地环境保护法的目的，维护农产品消费者和公众的人身健康。

第二节　规制基础：农产品生产区确定制度

农产品生产区确定即确定农产品产地的地域范围。农产品生产区确定是对农产品产地环境进行保护的前提性要求。"在目的关系中，使某物得以获取的中介并非偶然地证明自身适合达到目的，相反，它从一开始就被选为和理解为与目的相符合的手段。因此，手段之归属于目的是先行的。"① 如果缺乏生产区的概念，就会出现"老虎吃天，无从下口"的问题。日本《农业用地土壤污染防止法》规定了"农业用地土壤污染对策区域"制度②，属于重点区域规制制度，与本书所称的农产品产地有所不同。

一　一般农产品产地的确定

一般农产品产地是指大众农产品的农产品生产区域。根据前述法理，农产品产地应当分为以下几类：种植业农产品生产区、畜牧业农产品生产区、淡水养殖业农产品生产区、海水养殖业农产品生产区。它们的产

---

① ［德］汉斯—格奥尔格·加达默尔：《真理与方法——哲学诠释学的基本特征》，洪汉鼎译，上海译文出版社 2004 年版，第 595 页。

② 日本《农业用地土壤污染防止法》第 3、4 条，日本《农业用地土壤污染防止法实施令》第 2、3、4 条。

地确定依据如下:

种植业农产品产地主要依托农田。土地法、农业法等会确定农田的范围。如我国《土地管理法》规定了基本农田保护区制度,划定了基本农田的范围。基本农田可视为我国种植农产品产地的主要地域范围。

畜牧业农产品产地主要依托草场。与种植业农产品产地基本类似,根据《草原法》《畜牧法》等确定牧场的范围,如我国有基本草原保护区制度。基本草原保护区主要目的是为了畜牧养殖,符合农产品产地环境法的要求。

养殖业农产品产地包括内水养殖业农产品产地和海水养殖业农产品产地。内水养殖业农产品产地主要依托内水,它们有着天然的边界,就是河岸、湖岸等。而这些河流、湖泊为确定淡水养殖农产品产地提供了依据。

海水养殖农产品产地主要依托海域。一般而言,沿海国家会确定渔场的范围,这就为海水养殖农产品产地提供了边界。如目前我国已经有52 个主要的渔场,这些渔场有着明确的地标和地理位置。

二　特殊农产品产地的确定

特殊农产品一般都会要求确定其生产的地域范围。因为特殊农产品不仅有着品质要求,而且有地理标志制度予以约束,而地理标志一般都会要求其生产于特定的地域。农产品质量认证起源于 20 世纪早期美国实行的农作物种子认证制度。农产品认证制度,旨在从源头上确保农产品质量安全,通过市场机制,降低政府管理成本。我国目前已经形成了无公害农产品、绿色食品、生态农产品、有机食品等多种食品认证体系,以及农产品地理标志认证体系。认证这些特殊农产品,就必须有明确的产地区域,并对产地环境有较高的要求。特殊农产品生产区一般是由当地政府确定,并向国家农业主管部门提出认证申请,由国家批准后予以划定。

三　我国基本农田环境保护制度

基本农田保护是我国耕地保护的重要制度,也是确定宏观意义上的农产品产地的重要制度。所谓基本农田，是指按照一定时期的人口和社会经济发展对农产品的需求，根据土地利用总体规划确定的不得占用的耕地。①国家根据土地利用总体规划，由具有权限的政府依照法定程序划定基本农田保护区。② 基本农田保护区规定了各种保护制度。在基本农田保护之中，重要内容之一便是对基本农田保护区的环境保护。

（一）我国基本农田环境保护的规定

为了保护基本农田的农业资源，防治农田环境污染和生态破坏，《基本农田保护条例》基本农田环境保护作出了若干规定。

一是基本农田范围内的农业投入品的要求，使用的规范和引导。与农业法、农产品质量安全法等法律类似，对于农业投入品的使用，主要是原则性条款。③

二是基本农田范围内使用城市垃圾和污泥肥田的要求。污泥肥田作为农产品产地环境法对农产品生产环节监管的重要环节，在《基本农田保护条例》中亦有所体现，④ 其要求污泥肥田应当符合国家标准。

三是基本农田环境污染监测和评价。产地环境监测是实施行政管理的基本依据。《基本农田保护条例》对基本农田环境污染监测和评价进行了规定。⑤ 实践中存在的问题是，基本农田环境污染监测与农业环境监测、环境保护监测等重叠，基本农田环境污染监测工作事实上被替代。

---

① 《基本农田保护条例》第 2 条。

② 根据《基本农田保护条例》，省、自治区、直辖市划定的基本农田应当占本行政区域内耕地总面积的 80% 以上。且下列耕地应当划入基本农田保护区，严格管理：（1）经国务院有关主管部门或者县级以上地方人民政府批准确定的粮、棉、油生产基地内的耕地；（2）有良好的水利与水土保持设施的耕地，正在实施改造计划以及可以改造的中、低产田；（3）蔬菜生产基地；（4）农业科研、教学试验田。因此，我国农村耕地，大多被列入基本农田的范围。

③ 《基本农田保护条例》第 19 条规定："国家提倡和鼓励农业生产者对其经营的基本农田施用有机肥料，合理施用化肥和农药。利用基本农田从事农业生产的单位和个人应当保持和培肥地力。"

④ 《基本农田保护条例》第 25 条规定："向基本农田保护区提供肥料和作为肥料的城市垃圾、污泥的，应当符合国家有关标准。"

⑤ 《基本农田保护条例》第 23 条规定："县级以上人民政府农业行政主管部门应当会同同级环境保护行政主管部门对基本农田环境污染进行监测和评价，并定期向本级人民政府提出环境质量与发展趋势报告。"

四是占用基本农田兴建国家重点建设项目的环境影响评价。环境影响评价是我国环境保护的重要制度。占用基本农田兴建建设项目有着严格的要求，且应当按照规定实施环境影响评价。① 这一制度的意义在于，占用基本农田的建设项目，其周边区域一般仍然是基本农田，因此其环境影响评价极有可能包括对周边基本农田的环境影响评价、对农作物生产的影响等。

五是基本农田环境污染事故处理要求。《基本农田保护条例》对造成或者可能造成基本农田环境污染事故的应急进行了原则性规定。② 其规定与后续《突发事件应对法》和《国家突发环境事件应急预案》《突发环境事件应急管理办法》等的基本规则类似。

（二）对我国基本农田环境保护管理制度的检讨

根据《土地管理法》，我国百分之八十以上的耕地被确定为基本农田，③ 因此基本农田构成了我国种植业农产品产地的主要范围，对其环境保护实际上承担了我国农产品产地环境保护法的重要使命。然而，由上述阐述不难看出，我国基本农田环境保护制度较为简单、零碎，若干重要的制度缺失。造成该问题的原因是：第一，部门立法导致的立法偏颇，农业部门对于农产品环境保护不够重视。第二，我国对于基本农田的保护主要是面积的保护，即确保基本农田面积不减少。第三，"不能脱离各种环境保护的工具运作的制度和技术背景，孤立地探讨它们的比较效率。"④《土地管理法》及《基本农田保护条例》这两部法律、法规的出台时间较早，当时农产品产地环境保护的理念和制度尚未深入人心。第

----

① 《基本农田保护条例》第 24 条规定："经国务院批准占用基本农田兴建国家重点建设项目的，必须遵守国家有关建设项目环境保护管理的规定。在建设项目环境影响报告中，应当由基本农田环境保护方案。"

② 《基本农田保护条例》第 26 规定："因发生事故或者其他突然性事件，造成或者可能造成基本农田环境污染事故的，当事人必须立即采取处理措施，并向当地环境保护行政主管部门和农业行政主管部门报告，接受调查处理。"

③ 《土地管理法》第 34 条第 2 款："各省、自治区、直辖市划定的基本农田应当占本行政区域内耕地的百分之八十以上。"

④ ［美］丹尼尔·H. 科尔：《污染与财产权——环境保护的所有权制度比较研究》，严厚福、王社坤译，北京大学出版社 2009 年版，第 76 页。

四，我国绝大部分地区的农业发展仍然是分散经营的家庭农业，农民生产水平较低，经济条件较差，难以实施较为严格的农产品产地环境管理。

随着我国农业现代化的发展，农业生产正朝着机械化、规模化、集约化、高品质的方向发展。因此，未来完善基本农田保护中环境保护的内容，强化对基本农田及其周边区域的污染防治，实施对被污染的基本农田的修复，是修改《基本农田保护条例》的重要方面。

第三节　守门员：农产品禁止生产区制度

孔子说："吾尝终日不食，终夜不寝，以思，无益，不如学也。"① 农产品禁止生产区制度乃是切断被污染的农产品产地与农产品之间关联性的关键举措，其制度设计与执行关乎整个农产品产地环境保护立法。

农产品产地环境状况对某一区域农产品生产可能产生重大影响，因此，农产品生产应当与农产品产地环境状况相衔接。法律对产地环境状况与农产品生产相衔接的安排主要体现如下：第一，农产品禁止生产区制度。即被严重污染的区域应当被划为农产品禁止生产区，不得从事农产品生产。第二，特殊农产品产地生产区域对环境的特别要求。其中，第一方面是重点。被严重污染的农产品产地，禁止生产特定种类农产品，从而切断被污染产地与农产品之间的关联，保护农产品消费者。即使农产品产地环境保护法的其他制度全部失效，只要农产品禁止生产区制度能够得到有效运转，那么公众和农产品消费者的权益就不会受到严重的威胁。农产品禁止生产区制度的重要性由此可见一斑。

资料：湖南浏阳镉污染：村民获补助
受污产品统一收购

中新网长沙八月三日电（记者 刘双双）湖南浏阳镇头镇镉污染事

---

① 《傅佩荣译解论语》，东方出版社 2012 年版，第 242 页。

件正在积极处理中。记者今日从官方了解到，当地尿镉超标群众全部得到妥善治疗，政府对周边村民发放临时生活补助，对受污染的产品按市场价格统一收购，对土地污染区域的食用农作物及休耕耕地进行补偿。

据调查，镉污染源来自长沙湘和化工厂。该厂位于浏阳市镇头镇双桥村，2004 年 4 月建成投产，非法生产导致周边镉污染。2009 年 3 月，因各种环境问题相继爆发，该企业被浏阳市环保局责令停产。

此前，当地民众通过多种途径表达要求对化工厂污染问题予以处理的诉求。他们表示，该厂已污染当地多年，造成当地镉、铟等重金属严重超标，影响村民的饮用水安全。省市环境监测部门的监测结果和专家调查咨询意见认为，长沙湘和化工厂是该区域镉污染的直接来源，非法生产过程中造成多途径的镉污染是造成区域性镉污染事件的直接原因。该厂周边五百米范围内的土壤已经受到明显的镉污染；厂区周边五百至一千二百米范围属轻度污染区；一千二百米以外的土壤镉含量基本符合《土壤环境质量标准》。

由于污染范围内的食用农作物不同程度收到污染，浏阳市对湘和化工厂周边五百米和五百米至一千二百米范围内的村名分别按照标准进行临时生活补助，一共发放 37 天。制定了收购补偿办法，对受污染的产品按市场价格统一收购，对土地污染区域的食用农作物及休耕耕地进行补偿。对收购的产品实施分类处理，粮食部门负责粮食的收购和销毁；农业、畜牧部门负责农产品及其干制成品的收购和销毁；市联户工作队员和镇、村、组干部负责农作物的数量核定和就地销毁。

（资料来源：刘双双：《湖南浏阳镉污染：村民获补助 受污产品统一收购》，载 http：//www.chinanews.com/gn/news/2009/08 – 03/1801088.shtml，2020 年 3 月 18 日）

一　农产品禁止生产区的概念

农产品禁止生产区，是指对于产地环境不符合农产品生产要求的地域，应当划定为禁止生产区域，禁止从事农产品生产。① 对此概念说明如下：

第一，从条件来看，农产品产地环境被严重污染或者破坏，不能保障农产品质量安全的，应当被划定为农产品禁止生产区。农产品禁止生产区划定的主要标准是农产品产地环境状况被严重污染，不符合农产品产地环境标准。虽然实践中农产品禁止生产区是种植业农产品产地，尤其是水稻田、小麦田，但是农产品禁止生产区制度的适用范围不限于种植业农产品产地，内水区域、海水区域乃至于畜牧区域在理论上都可以被划定为农产品禁止生产区。这些情形在实践中之所以少见，乃是由于水域的自净能力较强，往往不需要划定为农产品禁止生产区，通过自净或者采取一定的修复措施即可生产。畜牧业由于存在禁牧区制度，所以也很少采用农产品禁止生产区制度。

第二，从划定主体和程序来看，农产品禁止生产区的划定应当依照由政府按照法定程序和标准实施。由于农产品禁止生产区域一旦被划定，就不能再从事特定种类的农产品生产，对于该区域的农产品生产者及农产品产地的所有权人将会产生重大影响。因此，农产品禁止生产区的划定应当十分慎重，必须依照法定程序予以启动和论证，并按照相应的标准审批，由政府划定固定区域，标定四至和被禁止生产的农产品类型。

第三，从效果来看主要是禁止、修复和补偿三个方面。一是在农产品禁止生产区，禁止生产特定种类农产品。虽然禁止的程度和范围尚有

---

① 与我国农产品禁止生产区域相似的是日本的农业用地土壤污染对策地区。日本《农业用地土壤污染防治法》第 2 条规定："都、道、府、县知事根据本区域内一定地区的某些农业用地土壤和在该农业用地生长的农作物等所含有的特定有害物质的种类和数量，可以把被认为是该农业用地的利用为起因，生产危害人体健康的农畜产品，或者被认为影响了该农田里农作物等的生长，或者被认为这些危害是明显的、符合以政令规定的要件的地区，作为农业用地土壤污染对策地区（以下称'对策地区'），予以指定。内阁总理大臣在需要制定、修订或废除前款的政令时，应听取中央环境审议会的意见。都、道、府、县知事在需要指定对策地区时，应听取都、道、府、县环境审议会和有关市、镇、村长的意见。都、道、府、县知事在指定了对策地区后，应立即按照总理府令的规定公布其宗旨，同时报告环境厅长官，并且通知有关市、镇村长。市、镇、村长可以向都、道、府、县知事请求，将市、镇、村区域内的一定地区内符合第 1 款的政令规定要件的地区，作为对策地区，予以指定。"

争议,但在农产品禁止生产区不得从事特定种类农产品生产是农产品禁止生产区的主要法律效力。一旦农产品生产者违反,就应当承担相应的法律责任。二是应当对农产品禁止生产区进行污染治理和生态修复。某一区域被划定为农产品禁止生产区后,一般不能闲置无人管理,而应采取有效措施进行污染治理和生态修复,以改善其环境状况。三是被划定为农产品禁止生产区的,应当对农产品生产者、农产品产地权利人予以补偿。根据污染者负责原则,补偿主体应当是导致该区域被划定为农产品禁止生产区的行为人。但是在我国的实践中,往往是由政府支付该笔补偿金。

农产品禁止生产区制度是指围绕农产品禁止生产区的设立、变更、解除等实体和程序规范所组成的体系。《农产品质量安全法》《农产品产地安全管理办法》是我国农产品禁止生产区制度的主要渊源。

二 农产品禁止生产区的划定标准

根据《农产品质量安全法》,农产品禁止生产区的划定标准是"按照保障农产品质量安全的要求,根据农产品品种特性和生产区域大气、土壤、水体中有毒有害物质状况等因素,认为不适宜特定农产品生产的"。该标准乃是极具主观性的表述。《农产品产地安全管理办法》确定的农产品禁止生产区的划定标准是"农产品产地有毒有害物质不符合产地安全标准,并导致农产品中有毒有害物质不符合农产品质量安全标准"。其较之于《农产品质量安全法》更加客观,具有可操作性。据此,农产品禁止生产区的划定必须同时具备两个条件:一是产地方面:农产品产地有毒有害物质不符合产地安全标准。二是农产品方面:导致农产品中有毒有害物质不符合农产品质量安全标准。

关于农产品禁止生产区划定的标准,检讨如下:农产品禁止生产区的划定是否应当要求出现农产品质量问题?环境问题具有高度的科技背景和决策风险,[①] 农产品产地环境问题亦是如此。由于科学不确定性以及环境后果的长期性与潜伏性,某些农产品即使在禁止生产区内生产,也

---

① 叶俊荣:《环境政策与法律》,月旦出版社股份有限公司1993年版,第24页。

可能符合农产品质量安全标准。但是并不意味着可以不划定为禁止生产区域。农产品禁止生产区的划定不以农产品质量问题为前提。《农产品产地安全管理办法》规定的标准无疑过高，对于保障农产品质量安全、维护农产品消费者的权益是不利的。应当舍弃"导致农产品中有毒有害物质不符合农产品质量安全标准"这一要求，仅要求"产地有毒有害物质不符合产地安全标准"即可。

三 农产品禁止生产区的划定程序

《商君书》说："圣王者不贵义而贵法，法必明，令必行，则已矣。"① 按照《农产品质量安全法》和《农产品产地安全管理办法》，政府部门（环境保护部门、农业部门）发现某一区域被严重污染，继续生产农产品可能会导致损害的，应当启动农产品禁止生产区的划定程序。依据法理，农产品生产者、社会公众也可以向环境行政部门建议将某一区域划定为农产品禁止生产区域。环境保护行政部门应当对该区域进行监测，不符合农产品产地环境标准的，应当划定为农产品禁止生产区，并听取公众意见。

（一）启动方式

农产品禁止生产区划定的启动包括三种方式：政府启动、生产者（产地权利人）启动和公众启动。政府启动，是指政府部门发现某一农产品产地被严重污染，不符合农产品产地环境标准的，启动农产品禁止生产区划定程序。这种单一的启动机制容易导致政府滥权或者懒政。正如摩莱里说："国家竟被人看成由君主任意拨弄的乐器，君主愿意听什么声音，就叫他的弦发出什么声音。"② 因此必须增加社会的启动机制。农产品生产者（产地权利人）启动是指某一区域的农产品生产者或者产地权利人，认为该区域被严重污染，可能不符合农产品产地环境标准的，请求政府部门启动划定程序。所谓公众启动，是指公众认为某一区域可能被严重污染，可能不符合农产品产地环境标准的，请求政府部门启动划

---

① （战国）商鞅：《商君书》，张觉译注，贵州人民出版社1993年版，第201页。
② ［法］摩莱里：《自然法典》，黄建华、姜亚洲译，商务印书馆1982年版，第68页。

定程序。后两者并非我国的法定机制,亦即,农产品生产者(产地权利人)或者公众均可以提出建议,但并非法定启动机制,农业部门没有答复的义务。

《农产品质量安全法》《农产品产地安全管理办法》规定的由政府作为唯一法定启动程序的机制,在很大程度上压制了农产品生产者、农产品产地权利人、农产品消费者的启动权。"如果说我还保留了一点点乌托邦的话,那完全是因为我相信,民主、自由和公正——此外还有关于它的最佳实现途径的公开辩论——能够解开当今世界似乎无法解决的问题的戈尔迪之结。"[①] 农产品生产者、农产品产地权利人是最熟悉农产品产地环境状况的。农产品消费者与农产品产地环境状况的利益攸关。该三者应当有启动权,如果担心程序滥用,可以要求农产品生产者、农产品产地权利人、农产品消费者提供证据,证明农产品产地环境被严重污染,不符合农产品产地安全标准。一旦达到上述要求,其申请即构成行政机关作出调查的充分必要条件。

(二) 实施主体

农产品禁止生产区划定的实施主体是政府部门,按照《农产品质量安全法》,由县级以上人民政府农业部门提出建议,由本级人民政府决定。按照《农产品产地安全管理办法》,农产品禁止生产区划定的实施主体较为复杂,主要包括县级以上农业行政部门、省级农业行政部门、省级人民政府。其中,县级以上农业行政部门提出建议,报省级人民政府农业部门,省级人民政府农业部门组织专家论证后,报省级人民政府批准。

比较而言,《农产品产地安全管理办法》的规定更加具体、慎重,但亦有其不足之处,乃是环境保护部门无法参与该程序,这与《农产品质量安全法》规定的"具体办法由国务院农业行政主管部门商国务院生态环境主管部门制定"不相符合。本书以为,农产品禁止生产区的划定程序应当由环保部门和农业部门共同进行,虽然可能以农业部门为主。在

---

① ［德］尤尔根·哈贝马斯、米夏埃尔·哈勒:《作为未来的过去——与著名哲学家哈贝马斯对话》,章国锋译,浙江人民出版社 2001 年版,第 22 页。

政府启动方式下，最先提起的部门应当向另一个部门报送启动材料，共同确定是否启动划定程序。在生产者启动和公众启动的情况下，农产品生产者和公众可以向环保部门或者农业部门提出申请，其中一个部门接收申请以后，应当与另一部门共同确定是否启动划定程序。

农产品产地环境监测是农产品禁止生产区划定的必经程序。相关部门认为应当划定农产品禁止生产区或者收到农产品禁止生产区划定建议的，应当组织对该区域进行环境监测。《农产品质量安全法》不仅规定了产地环境监测，还要求实施农产品质量安全检测。

农产品禁止生产区被划定后，应当建立围界，并设立标志，标明该区域属于禁止生产区域、其四至范围、禁止生产农产品的种类、设立时间和设立单位等。农产品禁止生产区域划定之后，应当对该区进行污染治理和生态修复。

四 农产品禁止生产区的法律效力

（一）禁止生产特定种类农产品

根据《农产品质量安全法》，划定农产品禁止生产区后禁止特定农产品生产。对此，《农产品质量安全法》将其进一步明确为禁止生产食用农产品的区域可以生产非食用农产品。对此仍需明确以下几点：一是在农产品禁止生产区，不得生产被禁止生产的农产品。若农产品生产者在禁止生产区域生产被禁止的农产品的，应当取缔，并予以处罚。其生产的农产品给农产品消费者造成损害的，应当承担赔偿责任。二是在农产品禁止生产区，一般不提倡从事农产品生产活动。因为既然农产品产地被严重污染，不符合产地安全标准，那么即使是非食用农产品生产，也可能会对该非食用农产品消费者造成损害，虽然其损害比食用农产品稍小。但是我国《农产品质量安全法》《农产品产地安全管理办法》均只是要求农产品禁止生产区不得生产被禁止生产的特定农产品，而未要求对农产品禁止生产区开展环境修复，这显然是不足的。三是应当开展环境修复。如前所述，划定为农产品禁止生产区只是"万里长征走完了第一步"，后续应当开展环境修复。尤其是陆地农产品产地，以及封闭的内水区域。这些区域的环境自净能力较差，仅仅依赖停止生产（自我修复）一般在短期内无法实现生态环境的良好,必须采取人为的干预和修复措施。对于被划为农产品禁止生产区的地域应当采取治理和修复。能够确定行为人的,应当由行为人承担治理和修复责任。行为人不能确定或者虽能确定但其无力承担的,应当由政府承担治理和修复责任,但政府保留向该行为人追偿修复金的权利。

遗憾的是,《农产品质量安全法》《农产品产地安全管理办法》均未规定农产品禁止生产区的环境修复。《土壤污染防治法》对农用地被严重污染的,要求土壤污染责任人开展环境修复,这是符合法理的。

(二)不得降低征地补偿标准和改变土地用途

应当注意,《农产品产地安全管理办法》还规定,农产品禁止生产区划定后,不得改变耕地、基本农田的性质,不得降低农用地征地补偿标准。该补充规定是非常有必要的。因为我国城市扩张与房地产开发过程中,需要征收大量农用地。由此也可能发生为了征收农用地,而将农用地划定为农产品禁止生产区,从而降低对权利人的征地补偿标准,也减少征地的阻力。《农产品产地安全管理办法》对此予以禁止。

(三)对农产品禁止生产区的权利人、生产者予以补偿

被划为农产品禁止生产区之后,农产品产地所有权人、农产品生产者可能面临着经济损失。有学者指出:"禁产区的划分同农民的切身利益息息相关,禁产区一旦划定,在禁产年限内,就不可生产特定的农产品,很有可能使农民面临无地可种,无畜、禽、鱼可养,势必会激化社会矛盾,影响社会的和谐和安定。"[1] 因此,对被划为农产品禁止生产区的土地(水域)的所有权人,应当予以充分的补偿。[2] 补偿标准应当按照土地征收标准实施,防止农产品产地禁止生产区制度被异化。

---

[1] 师荣光等:《农产品产地禁产区划分中存在的问题与对策研究》,《农业环境科学学报》2007 年第 2 期,第 428 页。

[2] 有学者将其称为农产品禁止生产区域生态补偿,亦无不可。参见王伟、戚到孟《农产品禁止生产区生态补偿机制基础研究》,《生态文明与环境资源法——2009 年全国环境资源法学研讨会(年会)论文集》。该文指出:"由于产地环境遭到破坏,农地原有用途发生了改变,使本来种植某类农作物(如蔬菜)的农地,出于农产品质量安全考虑而不能种植该类作物或者需要改种其他作物,甚至不能种植农作物,从而导致农地原有经济效益减少或丧失,由此便产生了生态补偿问题。"

农产品禁止生产区正在生产的农产品应当销毁，并给予农产品生产者补偿。

补偿责任人应当为造成该农产品产地污染，以至于被划定为农产品禁止生产区的行为人。如果该行为人不能确定，或者该行为人虽已确定但无力承担补偿责任，政府应当垫付补偿金，并保留向该行为人追偿的权利。然而，《农产品质量安全法》《农产品产地安全管理办法》没有明确上述补偿机制，实践中往往是由政府承担补偿责任。该做法不仅导致应当承担补偿责任的行为人"逃脱责任"，也加重了政府的负担，变相地抑制了政府划定农产品禁止生产区的动力。

五 农产品禁止生产区的调整

易经说："时止则止，时行则行，动静不失其时，其道光明。"[①]《农产品质量安全法》规定"农产品禁止生产区域的调整，依照前款规定的程序办理"，这一规定符合程序法的法理。《农产品产地安全管理办法》对此予以细化。一是要求对调整的标准进行了明确，即"禁止生产区安全状况改善并符合相关标准"。此相关标准即为农产品禁止生产区划定必须满足的双重标准（农产品产地安全标准＋农产品质量安全标准）。二是规定由县级以上人民政府农业部门向省级人民政府农业部门提出建议，由省级人民政府决定。

对于农产品禁止生产区的调整，以下方面需要予以审视：一是启动调整程序的主体。与启动划定程序的问题类似，《农产品质量安全法》《农产品产地安全管理办法》都仅仅规定了县级以上农业行政部门的调整发动程序，对于利益相关群体，尤其农产品产地权利人的启动权并未予以确认。农产品禁止生产区的土地所有权人最具有调整和撤销的动力。因此，应当赋予农产品禁止生产区域的土地所有权人以撤销申请权。二是划定农产品禁止生产区也可能会有错误，例如不应当划定为农产品禁止生产区却被错误划定，应该划定 A 种农产品禁止生产区域的却被误划为 B 种农产品禁止生产区域等。对于行政部门在禁止生产区域划定、变

---

① 宋祚胤：《白话易经》，岳麓书社 2002 年版，第 202 页。

更、撤销过程中的违法行为，相对人和相关人可以提起行政诉讼。造成损害的，政府应当予以赔偿。三是应当规定农产品禁止生产区的调整间隔期。有毒有害物质在环境中要得以清除，需要一段比较长的时间。因此农产品禁止生产区被划定后不能被立即撤销，必须有一定的时间间隔。

第四节　倒逼机制：农产品产地环境信息公开制度

"如果联邦政府能够采用成本更为低廉、更加灵活的管制方式来取代命令——控制型管制措施，那么，控制国家空气污染的努力所带来的社会净收益会更高。"[①] 农产品出产之后，除极少数由生产者自用或者赠送给他人之外，绝大多数都在市场上出售。对于出产之后的农产品，是否可以采用一定的机制，对其产地环境保护施加影响呢？答案是肯定的。"充分发挥消费者制衡作用，是由于食品生产经营者所掌握的信息与消费者所掌握的信息不对称，需要政府监管，而政府监管又存在监管不到位或监管成本过高所决定的。"[②] 如果说农产品出产之前，主要依赖于政府的有形之手来监管其产地环境，那么在农产品进入销售环节之后，便主要依赖市场机制的无形之手来激励相关主体（主要是农产品生产者）保护农产品产地环境。"今日的环境问题，用行政命令、可以刑罚等传统的规制手段，很多时候都不能处理好。代替这些传统手段，被寄予很大期待的是，信息提供和环境教育等柔性手段。"[③] 农产品进入销售环节之后，绝大多数的规则都按照食品安全法进行（非食用农产品除外）。《道德经》亦云："太上，下知有之；其次，亲而誉之；其次，畏之；其下，侮

[①] ［美］丹尼尔·H. 科尔：《污染与财产权——环境保护的所有权制度比较研究》，严厚福、王社坤译，北京大学出版社 2009 年版，第 47 页。

[②] 孙效敏：《论〈食品安全法〉立法理念之不足及其对策》，《法学论坛》2010 年第 1 期，第 105—111 页。

[③] ［日］交告尚史、臼杵知史、前田阳一、黑川哲志：《日本环境法概论》，田林、丁倩雯译，中国法制出版社 2014 年版，第 181 页。

之……悠兮其贵言。功成事遂，百姓皆谓我自然。"① 农产品产地环境信息公开制度、农产品产地标志制度便属于上述的非强制性制度。

一 农产品产地环境信息公开的价值

中华五千年的传统文化，存在着一种保密的政治法律文化。《韩非子》中说："事以密成，语以泄败。"② 在法律文化中，"刑不可知，则威不可测"的神秘主义流毒仍在。现代社会治理恰恰相反。在公共事务治理中，信息公开是一种常用且有效的机制。

"用脚投票"是一种符合人天性的机制，其不仅成本较低，收效也较为良好。因为如若农产品消费者对某一特定农产品不再购买，那么它的销路受阻，生产者便会减少甚至停止生产。农产品消费者"用脚投票"机制的有效实现，其前提包括：（1）不特定的农产品消费者可以简便地获得农产品质量相关信息。（2）农产品消费者具有其他可替代的合理选择。上述两个条件之中，后者在现代社会比较容易满足。因为随着现代农业的发展，除部分特殊农产品之外，农产品尤其是大宗农产品的种类和产量都很丰富。前一个条件是信息公开。"对环境问题最恰当的处理对策就是'公众参与'（又称市民参加），这种理念逐步得到加强。每个公民都有权获得国内公共机构掌握的环境有关信息，并且有机会参加环境公共管理的意思决定过程。"③ 在经济学上通常表示为信息不对称，降低交易成本。④ 农产品信息公开是实现农产品消费者用脚投票的重要基础。对于农产品产地环境保护而言，信息公开是促使农产品生产者、农产品所在地的政府积极保护产地环境的重要机制。

农产品消费者只有便利地获得农产品产地环境的真实信息，才可能

---

① 《道德经》，赵炜编译，三秦出版社 2018 年版，第 38 页。

② 《韩非子》（上），张觉译注，贵州人民出版社 1992 年版，第 172 页。

③ ［日］交告尚史、臼杵知史、前田阳一、黑川哲志：《日本环境法概论》，田林、丁倩雯译，中国法制出版社 2014 年版，第 152 页。

④ 哈耶克在《个人主义与经济秩序》一书中提出了信息分散理论，认为人们占有信息是有限的，部分知识只能由特定主体所拥有。参见 F. A. 冯·哈耶克《个人主义与经济秩序》，邓正来译，生活·读书·新知三联书店 2003 年版，第四章。

做出用脚投票。"日趋强烈的信任品的特征，导致食品行业与消费者之间的信息鸿沟越来越大，后者日益处于高度不确定的风险之中。"① 因此，信息获取成为最重要的基本条件。这就要求农产品以简便的方式向公众公开其品质或者产地环境信息。特别是食用农产品，容易受到产地环境影响，不仅应当公布农产品品质，还应当以简便的方式公开农产品产地环境的质量或者类别。"法律有机发展的概念是与合法性的原则相联系的。"② 我国环境信息公开、食品安全信息公开方面已经有了在《环境保护法》《食品安全法》等法律中规定，在实践中也开展了执法活动。但是农产品产地环境信息公开仍然薄弱，除在农产品地理标志有所涉及之外，一般农产品产地环境信息公开制度尚未有效建立。

二　农产品产地环境信息公开的方式

"信息已经成为影响甚至定义我们生产生活的主要维度。"③ 农产品产地环境信息公开与普通的企业环境信息公开有所不同，企业环境信息公开是由企业作为信息公开的主体公开其环境信息。农产品产地环境信息公开主要面对消费者群体，他们一般不会为了购买农产品而特意到产地去了解农产品生产者公开的环境信息。"国家应当通过适当的法律规制，合理设置信息权利、义务以及相应的制度设计，以克服农产品质量信息失灵。"④ 在目前的经济技术条件下，农产品产地环境信息公开最有效、最简便的方式便是附随在农产品包装之上。

首先，在城市尤其是大中型城市，米面粮油等主要种植农产品都是以带包装形式销售。新鲜蔬菜可以在主体部位粘贴标签。除少数鲜活农产品之外，肉蛋奶等大多也是以包装形式出现的。这些以包装形式销售

---

① 吴元元：《信息基础、声誉机制与执法优化——食品安全治理的新视野》，《中国社会科学》2012 年第 6 期，第 115—133 页。

② ［美］哈罗德·J. 伯尔曼：《法律与革命——西方法律传统的形成》，贺卫方、高鸿钧、张志铭、夏勇译，中国大百科全书出版社 1993 年版，第 640 页。

③ 肖卫兵：《论我国政府数据开放的立法模式》，《当代法学》2017 年第 3 期，第 42—49 页。

④ 徐超：《论农业供给侧改革下农产品质量信息失灵的法律规制》，《农村经济》2018 年第 2 期，第 92—98 页。

的农产品，可以在外包装实现对农产品产地及其主要环境要素的标识。

其次，对于没有外包装的农产品，如鲜活的鱼虾蟹、鸡鸭鹅等，因为其鲜活性很难对其进行整体包装，但仍可以在其主体部分附加标签。如在鸡鸭鹅的脚部贴上标签，在鱼虾蟹等水产品的外箱粘贴标签。冷冻农产品附加标识没有技术难题。

最后，农村地区零售的散装农产品、鲜活农产品，如果缺乏现代城市的食品安全监管机制，那么这些农产品的标签化难度较大。然而，由于城市化进程加快、食品安全监管力度加大，农村散装农产品销售活动会减少。再者，农村地区以熟人社会为主，相互之间比较熟稔，对产品的产地状况也很熟悉。因此，虽然没有城市的食品安全监管机制，仍然可以通过社会交往的规则形成对农产品品质和产地的优胜劣汰机制。

因此，在农产品外包装或标签上标明农产品产地环境状况具有技术可行性。按照信息公开的法理，信息公开一般分为主动公开和依申请公开。农产品生产者的产地环境信息主要是主动公开而非依申请公开。除应当主动公开之外，还包括自愿主动公开。

三 农产品产地环境信息公开的原则

"对市场主体而言，市场声誉的好坏会直接影响到其获取交易机会的几率。因此对违法行为信息的公示就能起到传统法律责任所不能起到的功效：一方面能够使获知信息的交易主体用脚投票，放弃与违法者交易；另一方面信息的广泛传播能够普遍降低社会对违法者的评价，从而使该违法者在与他人交易时有障碍，由此使该违法者主动作出合法的行为选择。"[1] 从信息公开的一般原则来看，真实性、及时性、便捷性是主要原则。[2] 上述原则在农产品产地环境信息公开方面同样适用。

---

[1] 应飞虎、涂永前：《公共规制中的信息工具》，《中国社会科学》2010 年第 4 期，第116—131 页。

[2] 《政府信息公开条例》第 5 条："行政机关公开政府信息，应当遵循公正、公平、便民的原则。"第 6 条："行政机关应当及时、准确地公开政府信息。行政机关发现影响或者可能影响社会稳定、扰乱社会管理秩序的虚假或者不完整信息的，应当在其职责范围内发布准确的政府信息予以澄清。"

首先，农产品产地环境信息应当真实。"标识制度与公众知情权紧密相连，标签信息是解决经营者与消费者信息不对称的重要途径，标签信息的完整性与准确性是保障公众知情权的基本要求。"[①]　马克斯·韦伯说："切记，信用就是金钱。"[②]　一是要对公布虚假信息的农产品生产者追究法律责任。二是所公开的信息不应当由农产品生产者自行确定，而应当按照权威机构测定的结果来公布。一般农产品产地环境信息是以产地环境的类别为主，而不是以具体数据的方式呈现，以便于公众直观地了解。呈现的类别主要是土壤、水体、大气等主要产地环境质量信息。

及时性也可以称为新颖性，即所公开的信息应当是新近的，而不是陈旧的。然而，对于农产品产地环境信息公开而言，如对于水稻，其产地环境信息不可能每天都要求在标识上公开，而且产地土壤信息也并非每天都能获取到，因此可以当地政府公开的环境质量数据年度均值为准。

便捷性即公众应当能力便利地获得信息。[③]　对于农产品消费者而言，最为便捷的方式便是利用农产品的外包装标识，获得农产品产地环境的基本信息。现代农产品管理中开发了农产品产地溯源系统，若能充分利用该系统，通过现代大数据等方式，消费者通过扫描二维码，就可以获得产地环境的实景，获得更多更详细的数据。

"由于农产品容易受到不安全因素的干扰，加上准确的标识工作没有跟上，客观上造成了农产品生产者经营者和消费者对于农产品质量优劣信息掌握不对等，很难根据质优价高的原则进行交易，故而生产者和经营者提供优质农产品的积极性不高，相反容易在利益驱使下提供劣质农产品甚至以次充好。这种信息驱动机制最终助推了农产品产地环境的不安全性。"[④]　农产品生产者其公布的产地环境信息不符合上述要求的，应

[①]　孟雁北、何思思：《我国保障农产品质量安全的公众参与制度研究》，《中国社会科学院研究生院学报》2014 年第 5 期，第 69—73 页。

[②]　[德] 马克斯·韦伯：《新教伦理与资本主义精神》，于晓、陈维刚等译，生活·读书·新知三联书店 1987 年版，第 34 页。

[③]　参见向佐群《政府信息公开制度研究》，知识产权出版社 2007 年版，第 198 页。

[④]　章力建：《农产品质量安全要从源头（产地环境）抓起》，《中国农业信息》2010 年第 10 期，第 9—13 页。

当按照产品质量法、广告法等追责法律责任。

四　农产品产地环境信息公开的实施

产地环境信息公开不仅影响农产品消费者的选择，也会增加农产品生产者的成本，涉及环境信息公开的一系列现实规则。首先需要明确应当公开的农产品种类及相应的产地环境信息。

第一，应当区分食用农产品和非食用农产品。对于非食用农产品，产地环境虽然对其质量有所影响，但再通过农产品向农产品消费者造成影响的可能性并不大，因此非食用农产品产地环境信息公开不做强制要求。依据法律、法规要求其公开产地环境信息的除外。

第二，应当区分一般农产品和特殊农产品。特殊农产品除了遵循一般农产品的规则之外，其要求可能更多、更高。例如有机农产品，绿色农产品、无公害农产品等特殊农产品，对产地环境本身就有较高的要求，这些农产品应当公开其产地环境信息。对于一般农产品，则未必全部做强制性的要求。

第三，一般农产品应当再区分大宗农产品和非大宗农产品。因为大宗农产品，如水稻、小麦、玉米等对农产品消费者的影响更大，非大宗农产品如菱角、鹌鹑、鲈鱼等销量不大，不易形成广泛影响。因此，大宗农产品应当在外包装标志上表明产地环境信息，对于非大宗农产品一般不做强制要求。

第四，种植业农产品应当公布产地土壤环境质量、灌溉水质量、大气环境质量。水产养殖业农产品（内水养殖农产品产地、海水养殖农产品产地）应当公布产地水域农产品产地的水质、底土环境质量。畜牧业农产品产地应当公布产地土壤环境质量。

因此，政府应当对需要公开其产地环境信息的农产品及相应的公开信息的类型，通过名单的方式，向社会公开发布。如果是农产品禁止生产区，则不仅应当标识农产品产地环境信息，还应当以较为醒目的方式提醒消费者注意该信息。

"市场经济必须是讲法治和商业道德与信用的经济，必须保障消费者、股民的知情权和市场经济主体之间的情报公开。"[1] 农产品产地环境信息公开的主体应当是农产品标签的贴附义务人,也就是谁应当贴附农产品标签,谁就应当在标签中添加农产品产地环境信息。而添加标签的人,根据《产品质量法》,产品的生产者应当在外包装公开生产者、产地、保质期等信息。[2]

产地环境信息应该以何为准呢?不可能为每一个农产品产地都进行调查产地信息,这样成本过于高昂无法实现。而且为了确保信息的真实可信,农产品产地环境信息应当根据官方公开的数据,而不是由农产品生产者自行检测。即使是官方公布的数据,有些环境要素每天公布,某些环境要素数年才公布,不能任由农产品生产者选择官方数据。农产品生产者应当公布的环境信息,应当以该年度本地县级以上人民政府公布的环境质量信息为准。

第五节 引导机制:农产品产地标志制度

有学者指出:"因为食品安全的外部性以及食品生产经营者与消费者之间关于食品安全风险信息的不对称性,决定了不能完全由市场来规制食品安全风险。比较可行的途径是,通过行政法上权利与义务机制,建立并实施相互合作的食品安全风险规制模式。"[3] 农产品产地标志制度是源头管理思想的落实,产地标志有利于引导农产品生产者保护产地环境。

---

① 郭道晖:《知情权与信息公开制度》,《江海学刊》2003 年第 1 期,第 127—133 页。

② 《产品质量法》第 27 条:"产品或其包装上的标识必须真实,并符合下列要求:(一)有产品质量检验合格证明;(二)有中文标明的产品名称、生产厂厂名和厂址;(三)根据产品的特点和使用要求,需要标明产品规格、等级、所含主要成分的名称和含量的,用中文相应予以标明;需要事先让消费者知晓的,应当在外包装上标明,或者预先向消费者提供有关资料;(四)限期使用的产品,应当在显著位置清晰地标明生产日期和安全使用期或者失效日期;(五)使用不当,容易造成产品本身损坏或者可能危及人身、财产安全的产品,应当有警示标志或者中文警示说明。裸装的食品和其他根据产品的特点难以附加标识的裸装产品,可以不附加产品标识。"

③ 戚建刚:《我国食品安全风险规制模式之转型》,《法学研究》2011 年第 1 期,第 33—49 页。

一　农产品产地标志制度的概念

海德格尔说:"标志这个词称谓着形形色色的东西:不仅各个种类的标志,而且'是某某东西的标志'就可以被形式化为一种普遍的关系方式。"① 农产品标志并非农产品外包装、标识等一般意义上的标志,而是指农产品或者其产地符合特定的标准,由农产品生产者、农产品产地的政府、社会组织申请获得的特定标志,用以表明该农产品的特殊品质。农产品标志是现代标准化管理的产物。农产品标志主要包括三类:一是农产品质量标志,二是农产品地理标志,三是特殊农产品标志,如绿色食品、无公害农产品、有机食品等标志。"地理标志的价值是以地理标志与人的关系作为基础的,地理标志对于人所具有的意义,是地理标志对人的需要的满足。"② 农产品标志在农产品质量安全管理中发挥着越来越重要的作用。德国、加拿大、日本、韩国、美国、新加坡以及中国等均实施了环境标志制度。③

例如美国《食品药品与化妆品法案》§350 第(2)告知消费者(A)总则规定:"免于遵守本节要求的农场必须(i)针对本法中其他条款规定的必须附有食品包装标签的食品,必须在标签的显著位置列明农产品种植农场的名称和地址,或;(ii)针对本法中其他条款中未规定必须附有食品包装标签的食品,在销售地点通过标签、海报、指示牌、标语牌或者销售过程中同步提供给消费者的材料的方式,显著列明农产品种植农场的名称和地址(针对网络购物的情况,采取电子版说明)。"④ 美国还制定了《公平包装和标识法》,确保消费者可以获得食品(包括农

---

① ［德］马丁・海德格尔:《存在与时间》,陈嘉映、王庆节译,熊伟校、陈嘉映修订,生活・读书・新知三联书店 2006 年版,第 90 页。

② 赵小平:《中国农产品地理标志法律制度保护研究》,山西人民出版社 2012 年版,第 6 页。

③ 黄明健:《论生态标志制度对国际贸易的影响》,《福建论坛》(人文社会科学版)2006 年第 9 期,第 37—39 页。

④ 国家质检总局进出口食品安全局、国家质检总局标准法律研究中心编译:《美国联邦食品药品和化妆品法案(中文译本)》。

产品）的产地信息。① 可以说，农产品标志是市场（消费者选择机制）引导农产品生产者、农产品产地政府等加强农产品质量管理、农产品产地管理的有效机制。高品质农产品越来越成为人们的追求，拥有标志认证的农产品获得更高的售价和更好的销量，成为引领地区农业发展乃至于经济社会发展的龙头，或将成为该地区的"名片"。

二　农产品标志对产地环境的保护

《农产品质量安全法》对农产品产地地理标志制度作了原则性规定。② 原国家农业部 2007 年 12 月通过了《农产品地理标志管理办法》，于 2008 年 2 月 1 日起施行。2008 年 8 月 8 日，原国家农业部还制定了《农产品地理标志登记程序》和《农产品地理标志使用规范》。以上三部规章围绕《农产品质量安全法》规定的农产品地理标志制度展开。由于农产品地理标志的申请和使用都涉及产地及其环境问题。农产品标志的申请、使用一般对于产地环境都要做出要求。③ 为了申请农产品地理标志，保护该农产品产地环境就成为必然的要求。因此，农产品地理标志制度发挥着保护名优特农产品产地环境的作用。

据悉，美国农业部于 2009 年实施了"原产地强制标识规则，要求零售业者针对牛肉、猪肉、羊肉、鸡肉等诸多肉类产品和其他生鲜水果等农产品明确标注原产国的信息"。④ 农产品产地标志实现和保护了农产品消费者和公众的知情权，通过农产品产地标志，农产品消费者可以知悉该农产品产地的状况，从而做出有利于自己的选择。这是农产品产地标

① 孙娟娟：《食品安全比较研究——从美、欧、中的食品安全规制到全球协调》，华东理工大学出版社 2017 年版，第 12 页。

② 《农产品质量安全法》第 32 条："销售的农产品必须符合农产品质量安全标准，生产者可以申请使用无公害农产品标志。农产品质量符合国家规定的有关优质农产品标准的，生产者可以申请使用相应的农产品质量标志。禁止冒用前款规定的农产品质量标志。"

③ 如《农产品地理标志管理办法》第 7 条规定："申请地理标志登记的农产品，应当符合下列条件：（一）称谓由地理区域名称和农产品通用名称构成；（二）产品有独特的品质特征或者特定的生产方式；（三）产品品质和特色主要取决于独特的自然生态环境和人文历史因素；（四）产品有限定的生产区域范围；（五）产地环境、产品质量符合国家强制性技术规范要求。"

④ 孙娟娟：《食品安全比较研究——从美、欧、中的食品安全规制到全球协调》，华东理工大学出版社 2017 年版，第 43 页。

志的基础性作用。由此，农产品产地标识能够激励和鞭策农产品生产者和地方政府保护农产品产地环境。一般来说，产地环境较为优越的农产品，销售道畅通，售价也较高。而产地环境恶劣的农产品，销售渠道狭窄，售价也比较低，甚至滞销。因此农产品产地标志可以激励生产者积极保护农产品产地环境，促进政府加大农产品产地环境保护工作力度。

农产品产地环境信息公开、农产品标志等制度，都是为消费者"用脚投票"而设立的基础性制度。庞德认为："法律包含强制力。调整和安排必须最终的依靠强力。"① 没有强制性保障的制度是难以实施下去的。也应当看到，农产品消费者"用脚投票"的机制具有其局限性，一是部分农产品难以附加标识、标志。用脚投票的农产品主要是具有标识、标志的农产品，其发挥机制受到限制。二是农产品消费者用脚投票机制本身并不能直接解决农产品产地环境存在的问题。"政府的必要性最多在于解决社会和文明所不便解决的少量事务，众多的事例表明，凡是政府行之有效的事，社会都无需政府的参与而一致同意地做到了。"② 因此可能需要更多机制让消费者参与到农产品产地环境保护之中。

第六节　保障机制：农产品产地环境保护公益诉讼制度

司法是公平正义的最后一道防线。农产品产地环境公益诉讼制度则为农产品消费者介入农产品产地环境问题提供了有效的渠道。亚里士多德说："凡照顾到公共利益的各种政体都是正当的或正宗的政体，而那些只照顾到统治者们的利益的政体就是错误的政体或正宗政体的变态（偏离）。"③ 农产品消费者对外源性污染、农产品生产者等污染农产品产地的行为，提起损害赔偿诉讼的难度大。然而，消费者与农产品产地环境具有利益关联，消费者是最关心农产品产地环境的群体之一。"说到底，法

---

① ［美］罗斯科·庞德：《法理学》第二卷，封丽霞译，法律出版社2007年版，第43页。
② ［美］潘恩：《潘恩选集》，马清槐等译，商务印书馆1981年版，第230页。
③ ［古希腊］亚里士多德：《政治学》，吴寿彭译，商务印书馆1983年版，第37页。

律活动中更为广泛的公众参与乃是重新赋予法律以活力的重要途径。除非人们觉得那是他们的法律，否则就不会尊重法律。"① 农产品消费者对于产地环境污染，可能采取的方式有二：一是用脚投票，即在知悉农产品产地环境污染之后，对该地域出产的农产品不再购买。二是积极的态度，要求农产品生产者、农产品产地权利人、外源性污染行为人等采取措施，避免和减少向农产品产地排污、对产地环境污染进行治理和修复、暂停或者停止农产品生产等。本节论述农产品消费者参与到农产品产地环境保护的有效机制——农产品消费者公益诉讼。基于研究范围，本书仅讨论农产品消费者对农产品产地环境的公益诉讼制度。

一　农产品消费者对农产品产地环境的公益诉讼总述

除政府执法外，私人执行机制（例如，公民诉讼）和市场力量的作用也很重要。程序上的环境权利（有权获取环境信息，公众参与和诉诸法律的权利等）在世界范围内都受到强烈关注。② 农产品产地环境公益诉讼是推进农产品产地环境保护和农产品产地环境保护法得以实施的重要措施。

（一）农产品消费者对农产品产地环境的公益诉讼的概念

公益诉讼是与私益诉讼、公诉相对应的诉讼形式。一般认为，公益诉讼起源于古罗马。公益诉讼是指为了保护社会公共利益的诉讼，除法律有特别规定外，凡市民均可以提起。③ 农产品消费者对农产品产地环境的公益诉讼，是指农产品消费者因产地环境污染，以向农产品产地排放污染的行为人、农产品生产者为被告提出的，请求停止污染行为，治理被污染的产地环境的诉讼。农产品消费者对农产品产地环境的公益诉讼在我国仍属于理论设想，尚未为立法所确认。农产品消费者对农产品产地环境的公益诉讼的特点如下：

第一，属于公益诉讼。"为了保护自己并不享有所有权，仅仅与他人

---

①　［美］伯尔曼：《法律与宗教》，梁治平译，中国政法大学出版社2003年版，第35页。

②　Ole W. Pedersen, European Environmental Human Rights and Environmental Rights: A Long Time Coming? Georgetown International Environmental Law Review, Vol. 21, No. 1, 2008.

③　参见周枏《罗马法原理》（下册），商务印书馆1996年版，第886页。

分享的环境，任何人都可以提起诉讼，这个观念仍然让人吃惊。"① 农产品消费者起诉的原因，并非自身因为食用问题农产品而向农产品生产者、销售者请求损害赔偿，而是因为产地环境被污染而出产问题农产品，威胁到或者现实地侵害了多数消费者的合法权益。

第二，原告是农产品消费者。我国目前立法并未将公益诉讼的起诉资格赋予任何自然人。这固然可以防范公益诉讼引发滥诉、妨碍正常的社会经济活动，但也导致了公益诉讼从根本上被抽空。农产品消费者对农产品产地环境的公益诉讼回归到公益诉讼理论，主张将原告确定为消费者。当然，社会组织也可以成为原告。

第三，诉讼的种类是民事公益诉讼，包括向农产品产地排放污染的行为人、农产品生产者。农产品消费者对农产品产地所在地政府的行政公益诉讼由于难点过多，阻力较大，短期内不具备可行性，因此本书暂不予讨论。

第四，农产品消费者对农产品产地环境的公益诉讼并非一种单独的公益诉讼类型，而是因为农产品产地环境保护而发生的，两种类型的公益诉讼的组合：一是农产品消费者对外源性污染行为人的环境公益诉讼。二是农产品消费者对农产品生产者的消费者公益诉讼。

（二）农产品消费者对农产品产地环境的公益诉讼的正当性

在法理上，公益诉讼制度成为公众参与和实现民主的重要机制之一。"拥有近代的人格主体性的人，不仅意识到为了对抗侵害权利而主张自己的权利是问心无愧的正当行为，甚至会感到只有主张权利和为权利而斗争才是肩负维护这种秩序的权利人为维护法律秩序所应尽的社会义务。"② 公益诉讼创造了与案件没有直接利害关系的公众得以参与到事件中、具有拘束力的方式。"法院尽力从法律规则和原则中找出正确的答案。行政

---

① ［美］奥利弗·A. 霍克：《夺回伊甸园——改变世界的八大环境法案件》，尤明青译，北京大学出版社 2017 年版，导言第 2 页。

② ［日］川岛武宜：《现代化与法》，王志安等译，中国政法大学出版社 1994 年版，第 56 页。

官尽力根据公共利益找出最有利、最理想的答案。"① 因此，公益诉讼备受推崇，在环境保护、食品药品安全、消费者权益保护等诸多领域有着广泛的运用。

农产品产地环境更加具有公共性。农产品产地环境不仅仅是个环境问题，更是关乎食品安全和农产品安全的问题。如果环境具有公共性是因为环境的无边界性和流动性，那么农产品产地环境所影响的群体不仅仅是暴露在农产品产地环境中的人，而且是不特定的农产品消费者，该群体不仅巨大，而且极难确定。因此，任何一个人都可能会与农产品产地环境发生关系。这就是农产品产地环境的公共性表现。

农产品消费者保护的不足必须以公益诉讼来填补。农产品消费者保护具有滞后性。农产品被出售之前，无所谓消费者之说。一旦被售出之后，农产品产地环境对农产品的作用过程却已经结束。对消费者的保护只能通过追究责任的方式来实现，不能预防。因此，必须建立一种机制予以弥补。农产品产地环境保护公益诉讼制度正好有用武之地。

农产品产地环境保护公益诉讼是落实公众参与原则的要求。公众参与是农产品产地环境保护法的基本原则，也是保护农产品产地环境的重要方法。公众参与的内容包括环境信息公开、公众参与环境决策、公益诉讼。农产品产地环境保护公益诉讼是公众参与原则的重要支撑。

农产品消费者对产地环境的公益诉讼是对私益诉讼救济产地环境之不足的弥补，是农产品消费者参与、监督农产品产地环境保护活动，具有可行性的法律方式。相比于直接暴露型的环境污染，农产品产地环境污染更加贴近公益的危害。直接暴露型污染的受害者有着较为明确的地理边界，因农产品会通过销售等渠道扩散到不特定的人群，因此农产品产地环境污染的受害者具有广泛性和不确定性。还有一个不容忽视的情况是，生产者及近距离的居民，由于知悉农产品产地环境污染状况而不食用自己种出来的农产品，或者在生产过程中区分"留给自己吃的"与

----

① ［英］威廉·韦德：《行政法》，楚建译，中国大百科全书出版社 1997 年版，第 50—51 页。

"卖给别人吃的",① 使得原本在直接暴露型污染中最严重的受害者群体在农产品产地环境污染中被淡化了,剩下的是广大的农产品消费者作为受害者。再次,农产品消费者通过私益诉讼来追究农产品生产者、外源性污染行为人的民事责任,几乎是不可能实现的。如果没有公益诉讼机制,消费者对于农产品产地环境保护几乎没有有效的直接参与机制。基于此,应当确立消费者对农产品产地环境污染的公益诉讼机制。

二 农产品消费者——原告的确定

"每当环保组织或个人提起公民诉讼或诉请司法审查时,法院会问的第一个问题就是原告是否有起诉资格。"② 农产品消费者是确定原告范围的基础。然而正是在农产品消费者这一问题存在难题,消费者维权领域存在大量知假买假的情形,如果不对农产品消费者进行合理限制,可能引发滥诉的情形发生。这种担忧并非全无道理,但是开出的"药方"——对农产品消费者的范围进行限制。其原因是:

第一,从制度设计本身来看,农产品消费者对农产品产地环境的公益诉讼无法为原告产生个人利益,因此不会像消费者权益保护法律实践中出现的知假买假情形。农产品消费者对农产品产地环境的公益诉讼可能还存在着"门可罗雀""等米下锅"③ 的案件量过少的情形,因为农产品消费者可以通过消费者权益保护、生产者产品责任等请求权实现其私益保护。

第二,农产品消费者对农产品产地环境的公益诉讼,是为农产品消费者参与农产品产地环境保护创设的机制,农产品消费者才是真正的公益承担者,而不是消费者协会等社会组织。诉讼实践已经证明,对公益诉讼的原告实施近乎垄断式的限制,极有可能引发道德风险——污染者

---

① 龚刚强:《农产品质量安全治理难题与法律对策》,知识产权出版社2014年版,第44页。

② [美]詹姆斯·萨尔兹曼、巴顿·汤普森:《美国环境法》,徐卓然、胡慕云译,北京大学出版社2016年版,第74页。

③ 胡洪江:《环保公益诉讼 为何"等米下锅"》,载人民网:http://legal.people.com.cn/n/2013/1104/c42510-23417481.html,2019年3月28日。

与原告之间的私下交易。"环境公益诉讼容易遭受道德风险的挑战。环境公共利益是未经组织的不特定多数人的普遍利益，具有广泛性和分散性，其中夹杂着大量的利益冲突。而环保公益组织并不具备民意基础，也缺乏类似于行政监督的机制来对其进行约束。"① 而这一旦发生上述结果，与公益诉讼制度的预期目标便是背道而驰了。

第三，滥诉机制不仅在公益诉讼之中存在，在私益诉讼中也大量存在。私益诉讼却不会因此而对原告的范围作出限制。"人类之所以有理有权可以个别地或集体地对其中任何分子的行动自由进行干涉，唯一的目的只是自我防卫。若说为了那人自己的好处，不论是物质上的或精神上的好处，那不能成为理由。"② 对于滥诉的防范，并不是从原告的资格入手，而是通过其他机制，如对滥诉的处罚，对滥诉结果的不认可，对原告起诉的担保等。③ 在农产品消费者对农产品产地环境的公益诉讼制度中，也可以实施如滥诉处罚、对滥诉结果的不认可、对原告起诉的担保等机制。

"原告考虑到巨额诉讼成本，往往不愿意提起环境公益诉讼，这几乎成为我国潜在原告提起环境公益诉讼所面临的一道无法逾越的鸿沟。"④ 因此，只要能够证明自己曾购买特定农产品，便应当作为农产品消费者，有权对该特定农产品的产地环境提起公益诉讼。

三　农产品产地环境保护公益诉讼的诉讼请求

公众提起农产品产地环境保护公益诉讼，可以提出以下诉讼请求：第一，被告停止向农产品产地排放污染。第二，对已受到污染的农产品产地进行治理和修复。

（一）停止向农产品产地排放污染物的行为

此种诉讼请求针对排污行为目前仍在继续的，且排污不合法的情形。

---

① 王明远：《论我国环境公益诉讼的发展方向：基于行政权与司法权关系理论的分析》，《中国法学》2016 年第 1 期，第 49—68 页。

② ［英］约翰·穆勒：《论自由》，程宗华译，商务印书馆 1959 年版，第 10 页。

③ 参见肖建华《论恶意诉讼及其法律规制》，《中国人民大学学报》2012 年第 4 期，第 13—21 页。

④ 陈亮：《环境公益诉讼"零受案率"之反思》，《法学》2013 年第 7 期，第 129—135 页。

如果被告此前实施的超标排污导致农产品产地环境污染，但当下的排污是合法的，则原告不得请求停止排污。在此情形下，只能请求被告对受到污染的农产品产地环境进行治理和修复。

（二）对受到污染的农产品产地进行治理和修复

对于农产品产地已经受到污染的，原告可以请求被告对受污染的农产品产地进行治理和修复。所获款项应当专门用于该区域的产地污染治理和环境修复，不得挪作他用。

除上述两种请求之外，不得提起其他诉讼请求，更加不得提起私人的损害赔偿请求。

四 农产品消费者对农产品生产者的公益诉讼

对于农产品生产者在被污染的农产品产地从事农产品生产活动，或者在农产品生产过程中有污染农产品产地的行为，农产品消费者有权提起诉讼，请求农产品生产者停止生产行为，修复受损害的环境。农产品消费者对农产品生产者的公益诉讼可分为两个亚种类。

（一）对农产品生产者在被污染的产地上从事农产品生产行为的诉讼

农产品消费者对农产品生产者在被污染的农产品产地上从事生产的行为提起诉讼，请求其停止生产行为。这类诉讼无论导致农产品产地被污染的行为是否由农产品生产者所造成，只需农产品生产者在被污染的产地上从事农产品生产行为即可。对于何谓被污染的农产品产地应当予以明确，主要包括三种类型：（1）被划定为农产品禁止生产区。（2）虽然没有被划定为农产品禁止生产区，但是该地块不符合农产品产地安全标准，且出产的农产品不符合农产品质量安全标准。对此，农产品消费者应当举证证明。（3）"对于环境保护的法律规制而言，最大的障碍在于进行规制的科学根据不够明确。特定的物质或活动会对人类健康或者环境造成恶劣影响的可能也是存在的，但是在缺乏绝对的、确定的证据的情况下，进行法律规制也是必要的吗？……如果一味等待获得严密、科学的证据才采取行动的话，一旦发生不可恢复的损害结果那就迟了。"① 虽然没有被划定为农产品禁止生产区，但该地块不符合农产品产地安全标准，即使在没有出产的农产品的情况下，仍然足以推定如果从事农产品生产其产品将不符合农产品质量安全标准。

因此，此类诉讼的适用情形包括三种：第一种适用于在农产品禁止生产区从事被禁止生产的特定种类农产品生产活动。无须证明产地被污染、出产农产品不符合质量安全标准等事实。第二种适用于虽然并非农产品禁止生产区，但产地不符合产地安全标准，且已出产的农产品不符合质量安全标准。两个条件均须具备。第三种适用于已经下种、下苗尚未出产农产品，无法证明出产的农产品不符合农产品质量安全标准的情况下，但根据科学原理足以推定该种、苗以后出产的农产品将不符合农产品质量安全标准的。"围绕着环境法科学上的不确定性的第三个缘由，源自其保护人类健康免于环境污染损害的立法目的。"② 此类诉讼原告的诉讼请求是：停止正在进行的生产行为（一般表现为销毁幼苗），召回已经出售的问题农产品。但不可以请求农产品生产对被污染的产地进行修复，除非该产地环境被污染是农产品生产者造成的。

（二）对农产品生产者在农产品生产过程中污染农产品产地行为的诉讼

农产品消费者对农产品生产者在农产品生产活动中从事污染农产品产地的行为，可以提起公益诉讼，请求农产品生产停止污染行为，修复被污染的环境。

由于农产品生产活动中一般都会使用农业投入品，尤其是农药、化肥等，这些农业投入品的使用不可避免地会对农产品产地造成污染和破坏。但是由于污染和破坏程度较为轻微，且难以彻底避免，对于农产品生产者使用农业投入品等行为，即使偶尔对产地有污染和破坏，也不宜

---

① ［日］交告尚史、臼杵知史、前田阳一、黑川哲志：《日本环境法概论》，田林、丁倩雯译，中国法制出版社2014年版，第136页。

② ［美］理查德·拉撒路斯：《美国环境法的形成》，庄汉译，中国社会科学出版社2017年版，第21页。

因此而对其提起农产品产地环境的公益诉讼。① 因此，此类诉讼主要的适用情形是农产品生产者违法使用污水灌溉和养殖、污泥肥田的行为，包括：使用未经处理的污水灌溉和养殖、污泥肥田；虽然经过处理，但是不符合农业灌溉标准（农田灌溉用水）、渔业养殖标准（渔业用水）的水，不符合农业用肥标准的污泥等。

农产品生产者使用污水灌溉和养殖、污泥肥田，需要证明污水、污泥不符合农业、渔业标准，但无须证明出产的农产品不符合农产品质量安全标准。因为污水灌溉和养殖、污泥肥田本身就具有很大的风险。

此类诉讼农产品消费者可以提出的诉讼请求是：停止正在进行的污染农产品产地的行为，修复被污染的农产品产地环境。如果符合上述第一类情形的（农产品生产者在被污染的产地从事农产品生产行为）的，还可以按照第一类诉讼的规则提出诉讼请求。

五　农产品消费者对外源性污染行为人的公益诉讼

农产品消费者对外源性污染行为人的公益诉讼，主要理论依据在于环境公益诉讼。外源性污染属于环境法上的排污行为，农产品消费者属于社会公众。"生活在现代的每个人都有义务来面对这个问题。尽管如此，我们也不能强制性地让所有的人都参加环境保护运动，要求每个人都必须实践对环境的友好活动。做与不做，是个人的自由。"② 目前环境保护（尤其是污染防治）公益诉讼作为公益诉讼立法的主要领域，得到了较为普遍的承认。农产品消费者以普通公众的身份对向农产品产地排放污染的行为提起公益诉讼，在公益诉讼理论上并无明显障碍。所存在的乃是实证法对原告资格的限制，尤其是我国禁止自然人作为原告提起公益诉讼。

我国《民事诉讼法》《行政诉讼法》排除了自然人作为公益诉讼原告

---

① 除非另外设计一套农产品消费者公益诉讼制度，其中诉讼事由包括农产品农药残留超标等。

② ［日］鸟越皓之：《环境社会学——站在生活者的角度思考》，宋金文译，中国环境科学出版社 2009 年版，第 168 页。

的可能性，以至于无论是在环境公益诉讼领域，还是消费者公益诉讼领域，自然人都没有可能提起公益诉讼。"从现有法律来看，我国'公民诉讼'的道路还很遥远，但这并不能否认公民作为环境公益诉讼适格主体的正当性。"① 如果《民事诉讼法》《行政诉讼法》放开了对自然人作为原告的限制，则农产品消费者作为原告，提起对外源性污染行为人、农产品生产者的公益诉讼都具有了可能性。

反之，如果固守自然人不能作为原告的立法，则农产品消费者的公益诉讼是无法提起的。而以法律规定的机关、社会组织提起农产品产地环境公益诉讼的可能性不大，因为相比于工业的暴露型污染，农产品产地环境问题所带来的危害，虽然影响范围大，后果却不那么急迫。也就是说，法律规定的机关和社会组织往往不会选择农产品产地环境问题作为公益诉讼的案件。本书无意探讨自然人作为原告提起公益诉讼的一般法理。我国公益诉讼立法对自然人作为原告的禁止，更多的是法律政策的考虑。"权利和义务不是受法律条文规定的约束，而是对共同体的价值的反映。"② 一旦放开公益诉讼中自然人作为原告的资格，并建立有效的滥诉防范机制，农产品消费者对农产品产地环境的公益诉讼制度在我国建立便没有太多障碍了。

顾准说："方法论就是哲学。"③ 农产品产地环境保护法除上述公法规制制度之外，还有农产品产地环境标准制度、农产品产地环境监测制度等。至于其他制度，如农产品产地环境调查制度、农产品产地环境保护规划制度、农产品产地环境应急制度、农产品产地环境影响评价制度等，都与环境保护法中一般性制度差别不大，故不作过多介绍。

农产品产地环境标准制度。"欲知平直，则必准绳；欲知方圆，则必

---

① 李义松、朱强：《新〈环保法〉背景下的环境公益诉讼》，《湖北社会科学》2015 年第 4 期，第 133—139 页。

② ［美］哈罗德·J. 伯尔曼：《法律与革命——西方法律传统的形成》，贺卫方、高鸿钧、张志铭、夏勇译，中国大百科全书出版社 1993 年版，第 93 页。

③ 《顾准文集》，华东师范大学出版社 2014 年版，第 163 页。

规矩。"① 环境标准制度是为人们所普遍承认的环境法的主要制度。"所谓环境标准是一种通过数字、指标、图形、样品、方法等来指导和规范人们行为的具有'普遍性、规范性、导向性和强制性'等法律表征的技术性行为规范。"② 农产品产地环境标准，是指根据农产品质量安全的要求，对农产品产地的环境要求所制定的标准。有学者指出："纵观外域食品安全环境监管立法的经验，国内外纷纷制定各项与食品安全相关的环境标准，将环境保护思想融入食品生产管理理念中，以实现食品生产的可持续性和全球环境保护之目的。"③ 符合农产品产地环境标准的区域，才能进行农产品生产。农产品产地环境标准与环境保护、农产品生产和人体健康都有密切的关系，因此农产品产地环境标准的制定应当由环保、农业、卫生、标准化等部门共同制定。农产品产地环境标准应当考虑农产品质量安全和人体健康对环境的要求。农产品产地环境保护立法的根本目的是维护农产品消费者和公众的人身健康，特别是要保障农产品消费者的人身健康不受威胁。而恶劣的产地环境无疑会对消费者的人身健康造成威胁。制定农产品产地环境标准的目的就是为了通过农产品产地环境标准制度来控制农产品产地中的污染物，从而使其不危害人体健康。所以说农产品产地环境标准的制定应当考虑农产品质量安全和人体健康对环境质量的要求。

农产品产地环境监测制度。农产品产地环境监测是实施农产品产地环境监管，维护农产品生产者和消费者权益的基础。农产品产地环境保护法必须建立和健全农产品产地环境监测制度。首先，农产品产地环境保护法应当建立专门的农产品产地环境监测制度，对监测点的设立、监测机构和监测人员等作出规定。农产品产地环境监测应当按照环境方法标准和农产品产地环境标准来实施。其次，农产品产地环境监测应当由农业部门来主导，环境保护部门配合。因为农产品产地环境监测虽然与

---

① （战国）吕不韦：《吕氏春秋》，关贤柱、廖进碧、钟雪丽译注，贵州人民出版社 1997 年版，第 895 页。

② 杨朝霞：《论环境标准的法律地位——对主流观点的反思与补充》，《行政与法》2008 年第 1 期，第 107 页。

③ 吴汶燕：《论环境标准与食品安全》，《新西部》2009 年第 20 期，第 74—75 页。

环境有关,但在农产品产地开展,属于农业部门的地域范围。再次,农产品产地环境监测机构对于公众的监测请求,应当接受,没有正当理由的不得拒绝。这主要是为了保障公众的知情权,防止农产品产地环境监测垄断。

第 六 章

相得益彰:农产品产地环境
保护的私法干预

　　法律责任是法的基本范畴之一。凯尔森认为，法律责任是指"如果做了与法律规定相反的行为，他就应受到制裁"。① 虽然古代社会将法律责任定位于惩罚、制裁，但是随着法治文明的进步，"法律责任制度有了进一步的发展，已成为保障人权、维护秩序的重要工具。"② 正义的责任机制是有效遏制投机主义的手段。③ 法律责任包括民事责任、行政责任、刑事责任、宪法责任、国际法责任等。"既然立了法，违法者就必须严惩不贷。"④ 农产品产地环境保护法律责任主要包括民事责任、行政责任和刑事责任三种类型。行政责任占据了农产品产地环境保护的实证法对法律责任规定的大多数条文，而民事责任则是立法和学术研究的重点。之所以如此，原因在于：一是行政责任可以按照法律规定的行政义务性条款对应得出。二是农产品产地环境保护刑事责任应当按照刑法的规范来追究，一般不做单独的研究和立法。三是农产品产地环境保护民事责任与农产品消费者权益保护密切相关，体现了农产品产地环境保护法的正

---

　　① ［奥］凯尔森：《法与国家的一般理论》，沈宗灵译，中国大百科全书出版社 1996 年版，第 65 页。

　　② 严存生主编：《法理学》，法律出版社 2007 年版，第 220 页。

　　③ 投机主义是美国经济学家威廉姆森提出的概念，有时也被称为机会主义。参见［美］奥利弗·伊顿·威廉姆森《资本主义经济制度》，殷毅才译，商务印书馆 2002 年版，第 71—72 页。

　　④ 林达：《总统是靠不住的》，生活·读书·新知三联书店 2013 年版，第 334 页。

义、安全价值和农产品产地环境保护立法根本目的——维护农产品消费者和公众的人身健康，且其内容复杂，需要给予重视。

民事责任主要是农产品产地环境侵害所致的损害赔偿责任。对于公众而言，他们最关心其权益能否得到保护。"民事责任应成为农产品质量安全法律责任的核心形式。立法中需增加民事责任的内容。"[1] 司法实践中农产品产地环境保护的多数案件也发生于私法领域。农产品产地环境保护民事责任主要是侵权责任。

第一节　农产品产地环境侵权责任体系

民事赔偿对于农产品消费者、农产品生产者、农产品产地权利人至关重要。向农产品产地排污的人，其排污行为造成农产品产量、质量下降的，农产品生产者有权请求损害赔偿。其排污行为造成农产品产地被污染，地力下降的，农产品产地权利人有权请求损害赔偿。其排污行为造成出产的农产品不符合农产品质量安全标准，给农产品消费者造成损害的，消费者有权请求损害赔偿。农产品生产者在生产过程中造成产地被污染，地力下降的，农产品产地权利人有权请求损害赔偿。其行为造成出产的农产品不符合农产品质量安全标准，给农产品消费者造成损害的，消费者有权请求损害赔偿。[2]

一　外源性污染导致的环境侵权

外源性污染是引发农产品产地环境问题的主要原因，外源性污染也是农产品产地环境法中直接暴露型环境污染损害形成的情形。

外源性污染，私法上可能产生三种结果：一是外源性污染对产地正

---

① 房建恩：《完善农产品质量安全法律责任制度的若干思考——以法律实施机制转型为视角》，《农村经济》2016 年第 7 期，第 106—111 页。

② 民事责任中，要区分是污染行为直接造成出产的农产品不符合质量安全标准（如农药残留等），还是污染行为造成产地环境污染，因为产地被污染，其出产的农产品不符合质量安全标准。后者才是农产品产地环境法上的民事责任（非直接暴露型环境污染损害），前者不属于农产品产地环境法上的民事责任。

在生产的农产品的产量和质量造成影响，如大气污染物导致果树减产、果品个头小、口感差等。这就构成了环境污染侵权，属于上文所述的直接型环境污染损害。二是外源性污染对农产品产地造成损害，导致产地地力下降。这就构成了排污者与农产品产地权利人的财产侵权关系。所不同的是加害人有所差异。三是因为产地污染，导致其出产的农产品质量下降，损害农产品消费者的利益。这就构成非直接暴露型环境污染损害。与上述非直接暴露型环境污染损害类似，所不同的仍然是加害人有所差异，可能还存在农产品生产者作为共同的侵害人的情形。如图6—1所示。

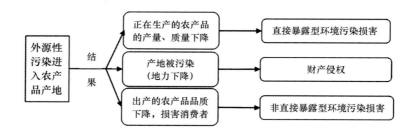

图6—1　外源性污染引发的法律关系图

由此可见，在外源性污染中，所引发的法律后果更加复杂，既有传统的侵权关系（财产侵权），又有直接暴露型环境污染损害（排污者对农产品生产者），还有非直接暴露型环境污染损害（排污者对农产品消费者）。

二　农产品生产过程污染导致的环境侵权

生产者在农产品生产过程中的污染，私法上主要可能导致两种结果：一是农产品产地环境被污染，农产品产地的地力下降。二是因为产地被污染而导致产品产量或者质量下降。前一种结果又可能会发生两种情形：一是如果农产品生产者同时也是农产品产地的权利人，那么其产地环境污染就因为加害人与受害人混同而不再发生法律关系。二是如果农产品生产者并非农产品产地权利人，产地权利人另有其人，那么就可能会构成对财产的侵权关系，按照侵权法来处理。后一种结果则构成前文所述的非直接暴露型环境污染损害。如图6—2所示。

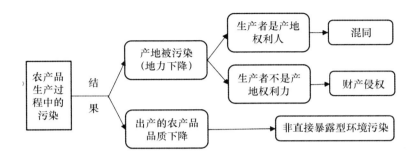

图6—2　农产品生产过程中的污染引发法律关系图

"学习法律的人，首先有必要切实理解这种所有权观念。但是，学习环境法的时候，有时候需要从所有权的束缚中解放出来，对于这种动向必须予以充分关注。"① 农产品产地环境保护法既包括直接型环境污染损害的规则，也包括非直接暴露型环境污染损害的规则，甚至还包括产地被污染所致的地力损害的财产侵权规则。

第二节　外源性污染行为人对农产品
消费者的侵权责任

外源性污染，或者农产品生产过程中的不当行为，导致农产品产地环境被污染，出产于被污染的产地的农产品因之而不符合保障健康的要求，农产品消费者在消费该农产品后遭受人身损害、财产损失。农产品产地非直接暴露型环境污染损害的致害因素，既可能是外源性污染，也可能是农产品生产过程中对产地的污染。因此，本章分两节分别予以讨论。

---

① ［日］交告尚史、臼杵知史、前田阳一、黑川哲志：《日本环境法概论》，田林、丁倩雯译，中国法制出版社2014年版，第3页。

一 外源性污染行为人对农产品消费者承担侵权责任的正当性

(一) 问题的提出

加达默尔说："确切地说，用法律和道德的规则去调理生活是不完善的，这种调理还需要创造性的补充。……我们关于法律和道德的知识总是从个别情况得到补充，也就是创造性地被规定的。"① 从环境污染侵权的机理来看，一般所谓的环境侵权，是被污染的环境直接导致人体受害或者财产受损。经过农产品这一中间环节后，排污者是否应当向农产品消费者承担侵权责任呢？

从实践来看，由于农产品产地污染，导致农产品质量安全问题进而侵害农产品消费者的人身权、财产权的侵权损害赔偿诉讼极少发生，即使是未进入诉讼程序的索赔事件也非常少。值得关注的例证是 20 世纪发生的日本水俣病诉讼。水俣病患者并不是直接暴露在被污染的河水中，而是食用了生长在富含重金属汞的水俣湾的鱼类，而遭受人身损害。水俣病诉讼虽然持续了近半个世纪之久，最终仍然获得了赔偿。因此，即使经过食品转化的污染也被认为是环境污染。

"真正的简单案件以及法律规制的直接适用极少在法庭中发生争议，因此法庭解决的争议并不能真正代表所有法律事件。"② 水俣病的案例及其所形成的规则并不能直接推导出外源性污染行为人承担农产品消费者责任，原因如下：第一，导致水俣病发生中间因素（转媒介），乃是水俣湾的天然生长鱼，而非人工养殖的鱼。虽然有观点认为捕捞业属于农业，但捕捞业缺乏农产品生产这一环节，尤其是与确保农产品质量安全意义上谈论产地环境保护大相径庭。因此，水俣病诉讼案例所确立的规则不宜简单移植。第二，以水俣病为例来证明外源性污染行为人对消费者承担侵权责任的正当性，有偷换概念之嫌。水俣病诉讼的原告虽然是因为食用鱼而遭受的损害，但主要是水俣湾周边居住的人群，而非那些远距

---

① ［德］汉斯—格奥尔格·加达默尔：《真理与方法——哲学诠释学的基本特征》，洪汉鼎译，上海译文出版社 2004 年版，第 49 页。

② ［美］弗里德里克·肖尔：《像法律人那样思考：法律推理新论》，雷磊译，中国法制出版社 2016 年版，第 23 页。

离（不在水俣湾周围居住的）但食用在水俣湾捕捞的鱼而遭受损害的人群（消费者）。水俣湾周围的居民固然是因为食用了含甲基汞的鱼而遭受损害，但同时也属于直接暴露在被污染的水俣湾水域的人群。因此，水俣病诉讼本质上仍然是按照直接暴露型环境污染损害规则进行的。对于那些远距离的消费者，日本氮肥公司（排污者）并没有给予任何的赔偿或者补偿。① 而农产品产地非直接暴露型污染损害的私法调整，其重点恰恰是关注这些远距离消费者。

（二）责任承担的正当性

易经说:"直，其正也。方，其义也。"② 外源性污染的行为人对农产品消费者承担民事责任的正当性并不是天然的。试举一例:日本福岛核事故之后，大量福岛地区的食品、海产品被禁止销售。乃是由于这些食品、海产品由于受到辐射之后，本身就会成为污染源，向周围环境辐射能量。若有人购买了遭受核辐射的食品，食用之后受到损害，是否可以向日本东京电力公司请求损害赔偿呢？暂且不论国际私法方面的法律适用问题，按照侵权法尤其是核损害赔偿法的一般规则，受害者可以向核设施的运营者请求损害赔偿。也就是说，非直接暴露型环境污染损害，虽然因果关系链条加长，但仍符合侵权行为构成要求，应当承担侵权责任。

从责任的法理来看，行为人应当为自己的过错行为承担责任。"古代罗马自公元前287年通过《阿奎利亚法》后，侵权行为适用过错责任原则，行为人只有存在过错，即故意或者过失，才对行为导致的损害事实承担侵权责任。过错责任原则既考虑客观情况，即损害事实和因果关系，又考虑主观情况，即行为人的心理状态，实际上是一种主客观相结合的归责原则。"③ 从行为人的角度来看，行为人的排污行为所造成的损害，包括了因污染产地环境导致出产的农产品不符合安全要求以至于给农产品消费者造成的损害。因此向环境排放污染的人，对于该行为的后果应

---

① 参见日本律师协会主编《日本环境诉讼典型案例与评析》，王灿发监修，皇甫景山译，中国政法大学出版社2011年版，第63—81页。

② 宋祚胤:《白话易经》，岳麓书社2002年版，第18页。

③ 李锡鹤:《民法哲学论稿》（第二版），复旦大学出版社2009年版，第545页。

当承担责任。

从因果关系来看，行为人向环境排污，污染进入农产品产地导致农产品产地污染，进而引发农产品质量安全问题，农产品消费者因此而受害，即使因果关系的链条很长，也不能否认此种因果关系的存在。

从受害者的角度来看，农产品消费者因为产地环境问题而遭受损害，其受到的损害虽然可以向农产品销售者、农产品生产者请求，但其原始肇事者是外源性污染行为人。将外源性污染行为人作为责任人，为受害者获得赔偿增加了一重保障。因此，外源性污染行为人对农产品消费者的侵权责任不仅在法理上能够成立，在伦理上也获得认同。

二 外源性污染行为人对农产品消费者承担侵权责任的可行性

现实不尚空谈。虽然农产品产地环境污染的爆料很多，但很少发生农产品消费者起诉外源性污染行为人的案例。究其原因，主要是农产品消费者举证方面的巨大困难。

（一）农产品消费者证明自己长期食用某特定农产品难度大

农产品消费者要证明外源性污染行为人的排污行为对自己构成侵权责任，需要证明损害事实。而要证明损害事实，则需证明农产品消费者长期食用特定农产品的事实。一般而言，即使偶尔食用有害农产品（剧毒除外），一般不会发生人身损害或者财产损失的后果。但是要证明自己长期食用某特定农产品，在现实中难度很大。

首先，该事实全部依赖于自己举证。与直接暴露型环境污染损害可以通过公共的外观发现有所不同，食用某种特定农产品遭受损害具有私人性，行为人要举证证明自己长期食用某一特定农产品，只能依靠自己能力举证。

其次，难以证明长期食用。与直接暴露型污染不同，如果不是长期食用某种特定的问题农产品，农产品消费者很难遭受损害。以镉米为例，偶尔食用镉米并不会发生损害，短期食用镉米也不会发生严重的损害，只有长期食用镉米才会导致骨病。对于近距离消费者（被污染的农产品产地周边居民），法官比较容易相信其长期食用的事实。但是对于远距离消费者，就必须有足够的证据证明自己长期食用该农产品。而事实是，农产品一旦被食用很难再保留证据，百姓通常也不会去刻意保留证据，尤其是长期保存证据。

（二）农产品消费者难以证明是食用特定问题农产品导致的损害

从损害后果来看，农产品消费者很难确切地证明自己因为食用特定问题农产品遭受的损害。仍以镉米为例，如果受害者要证明自己因为食用问题镉米而遭受的损害，一般需要人身损害鉴定，但大多数的损害鉴定并不会确切地说是由于食用镉米造成的，其至多得出是由于人体镉超标所致的意见①，因此还需要排除很多因素，如：在生活中未遭受其他形式的镉污染、并未食用其他含镉的农产品、造成损害的镉米是被索赔对象污染的特定地区生产的镉米，而不是其他地区出产的镉米。

（三）外源性污染行为人的确定殊为不易

受害者要确定外源性污染行为人存在很大的困难。首先，大量的农产品并没有形成完善的溯源机制，农产品消费者不知其明确的生产者和产地，更无从确定是谁向该产地排放了污染。其次，即使通过溯源可以确定其生产者和产地的农产品，确定外源性污染的行为人也存在诸多困难。具体而言：

第一，农产品消费者不是农产品产地的周边居民，信息获取的难度加大、成本提高。距离的增加提高了信息获取成本。"河北宁晋县农灌井水质变红引起了公众的关注，当地村民说，用污染的'红水'浇灌出的小麦被卖给了面粉厂后去向不知……"②农产品消费者并不居住在农产品产地周围，外源性污染行为人是否进行了排污行为，是否污染了农产品产地，农产品消费者难以判定。这与直接暴露型损害的受害者有所不同，直接暴露型污染的受害者由于暴露在被污染的环境中，容易获得排污者排污的证据。

第二，由于造成农产品产地环境污染的原因不仅有外源性污染进入，还可能是农产品生产过程污染。因此还需要农产品消费者辨识造成农产

---

① 即使是该意见，在目前的情况下，医院或者司法鉴定机构基于科学的复杂性和不确定性，也未必会明确给出。

② 李禾：《"红水浇地"曝光了，用红水浇灌出的小麦却去向不知》，《科技日报》2018年4月24日第6版。

品产地环境污染，并由此导致出产问题农产品的原因，究竟是外源性污染，还是农产品生产者在生产过程中导致的产地污染。

第三，由于农产品消费者遭受损害与外源性污染行为人的因果关系链条过长，导致损害结果的发生与排污行为相比具有显著的滞后性。外源性污染，造成农产品消费者遭受人身损害的，其排污行为乃是历史上的排污行为而非正在进行的排污行为。这也就是说，受害者需要证明过去某个排污者曾经排放特定污染到农产品产地。时间的消逝会大大增加举证的难度，证明过去的事实比证明正在发生的事实要困难得多。

第四，如果排污企业一直存续，确定其为行为人相对较容易。但既然是历史上的排污行为所致，就可能会有外源性污染行为人不存在、转产、被兼并等情形。

第五，导致农产品产地环境污染的外来排污行为，往往是区域性的产业（矿山、有色金属、化工等），数量众多。要从这数量众多的企业中确定谁是向农产品产地排污的行为人并不容易。如果将这些企业一并作为被告起诉，原被告方的强弱势对比更加悬殊，原告方必将面临更加强大的政治、经济和社会压力，维权成本大幅提升。

（四）排污行为与致害之间的因果关系证明近乎不可能

从外源性污染与损害后果的因果关系来看，这种证明的现实难度更大。要证明外源性污染行为人的排污行为与农产品消费者之间的因果关系，以下几个方面必不可少。

一是证明外源性污染行为人实施了排污行为。

二是证明其所排放的污染到达了农产品产地，并且给农产品产地造成了环境污染。

三是证明农产品生产者在被污染的农产品产地进行了农产品的生产活动，并且出产了农产品。

四是证明已出产的农产品不符合农产品质量安全标准，或者不符合保障健康的要求。

五是证明农产品消费者通过正当途径（主要是购买）获得了该特定的问题农产品，并进行了消费行为（主要是食用）。

六是证明农产品消费者遭受了人身损害、财产损失。

七是证明农产品消费者遭受的损失是因为消费了该特定的问题农产品。

八是证明致害因素是因为农产品产地被污染，致使该问题农产品的某种污染物超标。

事实上，诚如有学者所说："有时候要证明某些事实是非常困难的，比如：过错、损害与行为的因果关系等。"[①] 上述每个环节的实现都具有很大的困难，使得要证明因果关系的成立几乎不可能。

（五）从"收益—成本"角度的考量

从收益来看，因产地环境污染，导致农产品质量安全问题，消费者因为消费问题农产品而遭受损害的，除非是产地周围的人，大多不会有特别严重的损害。因为他一般不会长期、大量使用。农产品消费者的损害正是其索赔的收益。

从成本角度来看，农产品消费者需要耗费巨大的成本才可能证明外源性污染行为人的侵权责任的成立。而且这仅是一种可能性，因为侵权责任最终是否成立，需要法院认定。

因此，从成本与收益的角度来看，农产品消费者对外源性污染行为人的排污行为要求损害赔偿，不符合经济学上理性人的假设。这也可以解释实践中没有一例由远距离农产品消费者因为食用农产品遭受损害而起诉外源性污染行为人的诉讼的现象。

基于以上分析，是否意味着农产品消费者无法获得救济呢？答案是否定的。因为除了环境污染侵权损害赔偿向排污者请求之外，农产品消费者可以根据消费者权益保护法、产品质量法等法律，凭借其消费者身份向问题农产品的销售者、生产者索赔。"人都是理性的。所谓理性指的是一个决策者在做决策时，在他可作的选择中，总会选择他认为最好的选择。"[②] 一般而言，向销售者请求损害赔偿无疑是最为便捷的方式，因为：第一，消费者从谁的手中购得问题农产品，他再清楚不过。第二，

---

① 国家法官学院、德国国际合作机构：《法律适用方法——侵权法案例分析方法》，中国法制出版社 2015 年版，第 62 页。

② 林毅夫：《论经济学研究方法》，北京大学出版社 2005 年版，第 9 页。

以消费者权益保护法、产品质量法为规范依据，向问题农产品的销售者、生产者提出权利请求，无须复杂的因果关系证明，一般只需证明其购买的农产品不符合农产品质量安全标准即可，当然若遭受了人身损害和财产损失而提出赔偿请求，还需证明确切的损失和问题农产品与损害发生之间的因果关系。

三　周边消费者与远距离消费者之区分

目光再次转回日本水俣病案例。从排污者对农产品消费者的侵权责任视角来研究水俣病案例，不可忽视的是：应当对农产品消费者进行区分，分为周边消费者与远距离消费者。与直接暴露型环境污染一致的是，农产品消费者因问题农产品而受害的程度与污染中心点（污染源）的距离呈负相关关系。被污染农产品产地的周围人群，长期、大量地食用问题农产品，容易成为受害最严重的群体。而远距离消费者往往只是偶尔、零星食用问题农产品，不会发生严重的损害后果。因此前者主张环境污染侵权并不理性，但后者因为遭受严重损害，请求环境污染侵权往往具有迫切性。此外，如果允许非附近居民以农产品消费者的名义起诉排污者，并请求损害赔偿的话，可能引发道德风险，对污染者的生产经营造成不正当干扰。

对于农产品产地及其周围的农产品消费者，外源性污染行为人对农产品消费者的损害赔偿机制是有价值的。但是对于远距离消费者，这种机制的意义不大。因此，前提性问题是周边消费者和远距离消费者的确定标准。如前所述，周边消费者其实直接暴露在被污染的农产品产地环境之下，虽则不是由于直接暴露而遭受损害。因此，应按照所居住的地方其相应环境要素是否达标作为判断标准。如果不达标，就应当认定为暴露在被污染的农产品产地环境之下。例外的是，如果居住在农产品禁止生产区的范围内，则无须提供不达标的证据，直接认定为居住在被污染的农产品产地。

附近居民因为食用了问题农产品而遭受损害，只需证明自己曾经食用过问题农产品，就推定其长期食用。与直接暴露性的污染类似，需证明：（1）由于长期食用问题农产品而遭受的人身损害或者财产损失；

（2）行为人排放了污染；（3）行为人排放的污染污染了农产品产地；（4）被污染的农产品产地是造成问题农产品的原因。也就是说，周边居民无须证明自己长期食用问题农产品。由于此类诉讼往往受害者人数众多，容易形成多数人诉讼。如果某一附近居民因为食用问题农产品而向排污者的损害赔偿诉讼得以成功，与之具有相同情形的人（同为附近居民因食用问题农产品而遭受损害）可以按照集团诉讼的规则，直接援引前例获得赔偿，所不同的乃是遭受损害的程度，反映在诉讼上就是赔偿额度。

外源性污染引发的非直接暴露型环境污染损害，不仅存在排放外源性污染行为人的责任，还可能存在农产品生产者的责任，因为农产品生产者对于该损害结果的发生可能有主观过错，从而可能形成共同侵权。对此，本书暂不作深入研究。对于农产品生产者的责任以及环境共同侵权的问题，按照侵权法和环境共同侵权的规则处理。

案例：湖南问题大米流向广东餐桌

1. 2009 年深粮集团从湖南采购上万吨大米，经深圳质监部门质量标准检验，该批大米质量不合格，重金属含量超标。

2. 东莞道滘多家米粉厂证实，当年从深粮集团购买了数百吨大米，用来加工米粉。

3. 《南方日报》记者在广州市场随机抽取多批次湖南大米，结果均显示镉超标，属于不合格产品。

4. 从金斯奇取得的米样和排粉样送检结果显示，湘潭直属库生产的"蓉城"牌大米的镉含量是 0.3mg/kg，超标 50%；金斯奇排粉的镉含量是 0.2mg/kg，超标一倍。

5. 湖南省政协的一份议案显示，近年来，湖南省出口（外销）农产品因有毒有害物质超标，被拒的次数逐渐增多。

6. 大米中的镉污染主要跟农作物的种植地污染有关，长期食用超标镉米会对人体健康造成伤害。

湖南省多家国家粮库相关人士投诉称，2009 年深圳市粮食集团有限公司（以下简称"深粮集团"）在湖南购买了上万吨食用大米，经深圳质监部门质量标准检验，该批大米质量不合格，重金属含量超标，质检部门的意见是不能储备，只能用于工业用途。但随着大米市场价格的上升，深粮集团又将这批问题大米向外销售，流入口粮市场，严重危害消费者的身体。

《南方日报》记者经过多月调查发现，该批次问题大米为早籼米，来自中央储备粮长沙直属库、湘潭直属库、常德直属库、益阳直属库以及湖南省粮食局直属的湖南粮食中心批发市场等中央直属库和地方粮库。该批次问题大米被发现后，深粮集团只返退了一百余吨湘潭大米，其他的都被降价处理，并没有用于工业用途。这些问题大米辗转抵达珠三角的无数张餐桌上，对广东人民的身体健康构成严重危害。

近日，《南方日报》记者在广州市场随机抽取多批次湖南大米，结果均显示镉超标，属于不合格产品。广东省最大米面公司之一的金斯奇公司也"中招"：记者抽检其湖南大米原料和生产出来的排粉，结果均显示不合格。

在问题大米面前，广东省食品检验机制为何失灵？其中是否存在体制的缺陷和漏洞？记者展开调查后发现，湖南多数粮库没有严格的检验管理制度，在收购和销售粮食时，它们既是生产者又是检验者，粮食的质量监督往往有失公正。同时，农药残留和重金属两个项目均未纳入粮库的检验范围。

（资料来源：成希：《湖南问题大米流向广东餐桌》，《南方日报》2013 年 2 月 27 日，第 A13 版。）

第三节　农产品生产者对农产品消费者的侵权责任

农产品生产者在农产品生产过程中实施了污染农产品产地的行为，导致农产品产地环境污染，以至于其所出产的农产品不符合质量安全标准或者保障健康的要求，农产品消费者因此而遭受损害的，受害者是否可以向农产品生产者主张环境污染侵权行为责任呢？从侵权的法理上讲，农产品生产者在生产过程中，不合理使用农业投入品，或者采用污水灌溉等生产措施，导致农产品产地环境污染，进而出产问题农产品的，构成环境污染侵权，应当承担对农产品消费者的环境污染侵权责任。

结合农产品禁止生产区制度，农产品生产者的侵权责任可以分为四种情形讨论：第一，农产品生产者在农产品禁止生产区域从事农产品生产的，由此给农产品消费者造成损害的责任。第二，农产品生产者明知或应当知道某区域被严重污染，仍然在该区域从事农产品生产，由此给农产品消费者造成损害的责任。第三，农产品生产者不知且无义务知道该区域被严重污染，在该区域从事农产品生产，由此给农产品消费者造成损害的责任。第四，农产品生产者在非严重污染区域从事农产品生产，但仍给农产品消费者造成损害的责任。

一　在农产品禁止生产区生产农产品致害的责任

农产品产地被严重污染，不符合农产品产地环境标准的，应当被划定为农产品禁止生产区。被划定为农产品禁止生产区后，不得从事规定的农产品生产。对于在农产品禁止生产区从事被禁止的农产品生产，并给农产品消费者造成损害的，农产品生产者应当承担责任。

之所以如此，原因在于：第一，在农产品禁止生产区，禁止生产农产品，具有法律强制性。因此，违反规定从事农产品生产的，行为本身就具有违法性和可责性。第二，被划定为农产品禁止生产区的，有明显围界和标志，表明该区域是农产品禁止生产区。农产品生产者在农产品禁止生产区从事被禁止的农产品生产，由此给农产品消费者带来人身损害和财产损失的，可以推定具有故意。而此种故意一般表现为间接故意，即放任其所生产的农产品对农产品消费者造成损害。

（一）责任构成

在农产品禁止生产区从事农产品生产，给消费者造成损害的，其责任承担要件如下：

第一，违法行为。在农产品禁止生产区从事农产品生产，其行为本身就具有违法性。

第二，损害后果。农产品消费者因为消费了在农产品禁止生产区生产的农产品而遭受人身损害和财产损失。

第三，因果关系。"在法律规范原理上使遭受损害之权益，与促进损害发生之原因者结合，将损害因而转嫁由原因承担之法律价值判断因素，即为'归责'意义之核心。"[①] 在农产品禁止生产区域生产农产品的责任的因果关系表现为：农产品禁止生产区生产的农产品因为产地环境污染和生态破坏而给消费者造成损害。唯需注意，并非只要是在农产品产地生产的农产品给消费者造成损害，农产品生产者就承担责任，而是造成损害的原因必须是农产品产地环境污染和生态破坏，进言之，就是产地环境污染和生态破坏以农产品为媒介，给消费者造成损害。

第四，主观过错。前文已述，农产品生产者在农产品禁止生产区域从事农产品生产的，推定具有主观过错。

（二）举证责任

在农产品禁止生产区从事农产品生产致农产品消费者损害的，仍然应当按照民事诉讼证据的一般原则——谁主张、谁举证来实施。农产品消费者向农产品生产者主张赔偿的，其举证责任如下：

第一，农产品生产者在农产品禁止生产区从事被禁止的农产品生产。

第二，农产品消费者遭受人身损害或者财产损失。

第三，导致消费者遭受损失的农产品是农产品生产者在农产品禁止生产区生产的。

第四，致害原因是由于产地环境污染导致农产品不符合质量安全标准，从而导致农产品消费者受害。至于行为的违法性和农产品生产的主观过错无须举证证明。

（三）免责事由

农产品生产者在农产品禁止生产区从事农产品生产的，其所生产的农产品因为产地环境污染而给他人造成损害的，即使受害者自我致害的，或者第三人导致损害，农产品生产者仍不免责。之所以如此，原因在于在禁止生产区域是严格禁止从事规定的农产品生产的。对于自我致害的情形，应当按照受害者过错的大小，适当减轻生产者的责任。对于第三

---

① 邱聪智：《庞德民事归责理论之评价》，《台大法学论丛》第 11 卷，第 227 页。

人致害的情形，受害者可以向生产者请求赔偿，也可向第三人请求赔偿。生产者承担赔偿责任之后，不得向第三人追偿。①

二　明知为严重污染区域生产农产品致害的责任

某些区域虽然未被划定为农产品禁止生产区，但是农产品生产者明知或应当知道其为严重污染的区域，仍在该区域从事农产品生产，其所生产的农产品给消费者造成损害的，应当承担赔偿责任。

（一）明知或应知是严重污染区域

严重污染区域必须符合客观标准。即根据监测结果，该区域的环境状况达到了农产品禁止生产区域的划定标准。如果该区域尚未达到该严重污染的标准，即使农产品生产者明知或应当知道该区域污染，也不应当承担责任。

明知或应知的判定。刑法上的"明知"是指"行为人主观上对构成犯罪的事实有明确的认识"。② 明知为严重污染区域的情形比较容易判定，如政府机构或排污单位已公开通知等。从广义的角度来说，明知包括应知。③ 然而，实践中应知为严重污染区域却不易把握，可结合以下要素综合认定：第一，是否有该区域被污染的外观。严重污染的区域一般有明显的外观，如污水横流、河流和土壤呈现异种颜色和气味等。第二，本区域内一般人的认知。"我说法律的对象永远是普遍性的，我的意思是指法律只考虑臣民的共同体以及抽象的行为，而绝不考虑个别的人以及个别的行为。"④ 该区域内一般人对于该区域是否严重污染的知悉程度、范围等可以作为判定应知的参考标准之一。如同村居民都知道该区域为严重污染的区域，一般也可认定该农产品生产者应知是严重污染区域。第三，与污染源的距离及污染源走向。第四，农产品生产者对在该区域生产的农产品的态度。例如，如果该生产者对其生产的农产品自己都不愿

---

① 并不否认农产品生产者承担责任之后向排污者追偿的权利。

② 孙腾杰、吴振兴主编：《刑事法学大辞典》，延边大学出版社1989年版，第672页。

③ 张少林、刘源：《刑法中的"明知"、"应知"与"怀疑"探析》，《政治与法律》2009年第3期，第147页。

④ ［法］卢梭：《社会契约论》，何兆武译，商务印书馆2003年版，第46—47页。

意食用，一般可认定为应知是严重污染区域。

（二）责任构成

农产品生产者明知或者应当知道为严重污染区域，仍然从事农产品生产的，由此导致其所生产的农产品不符合质量安全标准，并给消费者造成损害的，承担责任的要件如下：

第一，农产品生产者在严重污染区域从事农产品生产。

第二，其所生产的农产品因为产地环境污染，导致了消费者遭受人身损害或者财产损失。

第三，消费者遭受损害是由于农产品产地环境污染导致该农产品不符合质量安全要求。

第四，农产品生产者明知或者应当知道该区域为严重污染的区域。

（三）免责事由

明知或应知情形下，农产品生产者的免责事由是：第一，消费者自我致害。第二，第三人致害。在第三人致害的情形下，生产者并不完全免责。消费者可以向生产者主张权利，也可以向第三人主张权利。消费者向生产者主张权利的，生产者承担责任后，可以向第三者追偿。

三　不知为严重污染区域生产农产品致害的责任

某一区域虽然被严重污染，但是农产品生产者不知且无义务知道，在该区域从事农产品生产，即使其所生产的农产品因为产地环境污染导致消费者遭受损害的，农产品生产者也不承担责任。在农产品生产者不知且无义务知悉的情形下，农产品生产者不存在主观故意或者过失，不具有可责性，因此农产品生产者不承担民事责任。实践中，这种情形主要存在于：历史污染所导致的农产品产地环境遭受严重污染，或者隐蔽型污染物所导致的产地环境污染，难以从外观上发觉产地被污染。

四　在非严重污染区域生产农产品致害的责任

由于科学不确定性，在非严重污染区域从事农产品生产的，其生产的农产品也可能会导致消费者受害。然而，在此种情况下，农产品生产者不承担民事责任。原因在于：导致农产品产地环境污染和生态破坏的主要因素来自于农产品生产之外，农产品生产者既难以知晓外源性污染的严重程度，也难以阻止外源性污染的进入。而且，在非严重污染区域从事农产品生产，既符合国家的法律规定，也没有道德上的可责难性，合情合法。因此，不应当承担责任。但是有以下几种情形除外：第一，农产品生产者在从事农产品生产过程中，使用了法律禁止使用的农业投入品，导致农产品产地环境污染，进而使出产的农产品不符合质量安全标准的，致消费者损害的，农产品生产者应当承担民事责任。第二，使用污水灌溉。农产品生产者明知为不符合灌溉标准的污水，仍然引入农产品生产区进行灌溉，导致农产品质量不符合安全标准的，农产品生产者应当承担责任。

五　农产品消费者的请求权竞合

"哪些赋予民事法庭为了其他公民的利益，而命令或实施针对某个公民的强制的权利的法律规定，被称为请求权基础（Anspruchsgrundlagen）。它们对于律师及法官以及所有法律使用者来说，都是任何按键的轴心和关键。"① 除环境污染侵权损害赔偿请求权之外，农产品消费者可以消费者的身份，依据消费者权益保护法、产品质量法，要求农产品生产者承担产品质量责任。② 由此构成请求权竞合。"请求权竞合所描述的情形是，同一法律事实可为不同的请求权规范所涵射，此不同规范生成的请求权

---

① ［德］本德·吕特斯、阿斯特丽德·施塔德勒：《德国民法总论》（第十八版），于鑫淼、张姝译，法律出版社 2017 年版，第 87 页。

② 我国《农产品质量安全法》第 54 条规定："生产、销售本法第三十三条所列农产品，给消费者造成损害的，依法承担赔偿责任。农产品批发市场中销售的农产品有前款规定情形的，消费者可以向农产品批发市场要求赔偿；属于生产者、销售者责任的，农产品批发市场有权追偿。消费者也可以直接向农产品生产者、销售者要求赔偿。"而《农产品质量安全法》第 33 条规定是："有下列情形之一的农产品，不得销售：（一）含有国家禁止使用的农药、兽药或者其他化学物质的；（二）农药、兽药等化学物质残留或者含有的重金属等有毒有害物质不符合农产品质量安全标准的；（三）含有的致病性寄生虫、微生物或者生物毒素不符合农产品质量安全标准的；（四）使用的保鲜剂、防腐剂、添加剂等材料不符合国家有关强制性的技术规范的；（五）其他不符合农产品质量安全标准的。"很显然，因产地遭受环境污染，以至于所出产的农产品不符合质量安全标准，属于《农产品质量安全法》第 33 条第 2 项规定的情形，按照第 54 条的规定，农产品生产问题农产品，给消费者造成损害的，应当承担赔偿责任。而且产品责任请求权的获赔难度要远低于主张环境污染侵权的获赔难度，而且还可以请求惩罚性赔偿。

内容相同，有着相同的保护目标。"① 农产品消费者对于上述请求权，可以择一主张。但是由于以消费者身份主张产品责任的举证难度更低，因此往往会选择之。一个特殊情况是，若问题农产品的生产者与造成农产品产地环境被污染的"农产品生产者"不是同一个人，是否会有所不同呢？

　　首先证明此问题乃是真问题。某一农产品产地，先后由不同的人从事生产。先前的生产者污染了该产地，后续的生产者在被污染的产地上从事农产品生产，其所出产的农产品因为产地被污染而不符合质量安全标准，农产品消费者食用之后遭受损害。例如：某一土地先前由甲耕种，其采用污水灌溉的方式污染了该土地。此后甲不再继续耕种，而由乙耕种。乙在该土地上种植大白菜，由于该土地已经被甲污染，因此乙种植的大白菜不符合质量安全标准，消费者丙食用大白菜后遭受损害。此时，丙应当向甲主张权利，还是向乙主张权利？

　　如果甲和乙合为一人，即：造成产地污染的人也是出产问题农产品的人，受害者丙可以向他主张产品质量请求权，亦可以主张环境污染侵权请求权，构成请求权竞合，择一主张。从实现的难易程度来说，丙一般会选择主张产品质量请求权。

　　回到上述设问，若甲和乙并不是一个人。此时，丙可以对乙主张产品质量请求权，亦可以对甲主张环境污染侵权请求权，择一主张。从实现的难易程度来说，丙一般会选择向乙主张产品质量请求权，乙可以向甲追偿。②

　　由此可见，即使出产问题农产品的生产者与造成产地环境污染的生产者并非同一人，对于农产品消费者而言，对其现实结果的影响并不大。农产品消费者以农产品生产者（出产问题农产品的生产者）为债务人，提出产品质量请求。

---

① 朱庆育：《民法总论》（第二版），北京大学出版社 2016 年版，第 567—568 页。
② 乙可能也有过错，此时应当相应地减轻甲的责任。

第 七 章

落地生根：制定"农产品产地
环境保护法"研究

德沃金说："法律是一种不断完善的实践，而非一种荒唐的玩笑。"①
虽然目前我国农产品产地环境保护法取得了一定的成绩，但是仍然无法
满足人民群众对于食品安全和农产品安全的迫切需求。为此，必须更新
观念，进一步认识农产品产地环境保护的重要性，完善农产品产地环境
保护法。故在深入分析农产品产地环境保护立法基本原理之后，本章再
将眼光转回我国，以期用基础理论来指导立法实践，从而完善我国农产
品产地环境保护法。本章提出，应当制定"中华人民共和国农产品产地
环境保护法"，这是坚持"法治是治国之重器，立法乃法治之龙头"精
神，完善我国农产品产地环境保护法律体系的关键举措。本章围绕"中
华人民共和国农产品产地环境保护法"，重点阐述其正当性、宏观构想、
具体内容等。

第一节　逻辑起点：制定"农产品产地
环境保护法"的正当性

"我们的命运掌握在自己手里。我们不断塑造自己，完善自己。我

---

① 〔美〕罗纳德·德沃金：《法律帝国》，李常青译，中国大百科全书出版社 1996 年版，
第 52 页。

们是'自己灵魂的主人'。"① 立法是法制最重要的环节和先导。完善我国农产品产地环境保护法的关键是推进农产品产地环境保护专门立法，系统规定我国农产品产地环境保护的目的、原则、管理体制、主要制度和法律责任，从根本上改变我国农产品产地环境保护立法不足的局面。

一　制定"农产品产地环境保护法"的必要性

（一）完善我国农产品产地环境保护立法

"立法权是享有权力来知道如何运用国家的力量以保障这个社会及其成员的权力。"② 本书第一章、第二章已经阐述完善我国农产品产地环境保护立法的必要性，诸如：（1）我国突出的农产品产地环境问题以及严峻的农产品产地环境保护形势。（2）农产品产地环境与农产品质量、农产品消费者权益之间的密切关系，因此需要实施"源头管理"，保护农产品产地环境，维护农产品质量安全。（3）保护农产品产地环境，是"以人为本"的人本主义伦理观的要求，也是在食品安全领域贯彻正义、安全等基本价值观的体现。（4）立法对于保护农产品产地环境有着独特功能，立法具有民主性、稳定性、规范性、可预测性、国家强制性、权威性等优势，它与道德措施、经济措施、教育措施、行政措施相结合，可以更好地保护农产品产地环境。（5）既有立法如综合性环境法、土壤污染防治法等污染防治法、涉农法（农业环境保护、农村环境保护、农地资源保护等）、食品安全法等预防和应对农产品产地环境问题有所不足。在本书的行文过程中，对农产品产地环境保护法的价值、目的、原则、制度的阐述之余，对我国农产品产地环境保护立法中相应主题存在的问题进行了阐述，此亦构成完善我国农产品产地环境保护立法的必要性。

与上述必要性论证稍有不同的是，本部分主要论述制定"中华人民共和国农产品产地环境保护法"的必要性。这一必要性主要通过对分散

---

① ［美］本杰明·卡多佐：《演讲录 法律与文学》，董炯、彭冰译，中国法制出版社2005年版，第204页。

② ［法］洛克：《政府论》（下篇），叶启芳译，商务印书馆1964年版，第91页。

立法的阐述而得出的。从专门立法的必要性上来讲,专门立法能统合现有规范,构建农产品产地环境保护法的规则、原则和制度,形成完善的农产品产地环境保护法体系,使农产品产地环境保护法有法可依。专门立法还能为农产品产地环境保护执法提供法律依据,提高执法效能。专门立法还能为农产品产地环境司法提供有力的依据,减少法的不确定性。总之,我国农产品产地环境保护专门立法具有必要性。

(二)农产品产地环境保护专门立法的理论逻辑

完备的法律体系是保障农产品产地环境保护有法可依的前提。完善我国农产品产地环境保护立法,基本思路主要有二:一是沿用目前分散的农产品产地环境保法律体系,修改完善《农产品质量安全法》《环境保护法》《土壤污染防治法》《食品安全法》等法律。尤其是根据《农产品质量安全法》第三章,完善农产品产地环境保护的内容。借鉴日本的立法例,推进出台"农用地土壤污染防治法"或者"农用地土壤污染防治条例"。二是制定"农产品产地环境保护法"或者"农产品产地环境保护条例"①。亦即,前者是继续采用分散立法的模式,后者则是采用专门立法的模式。本书以为,完善我国农产品产地环境保护立法,应当采用专门立法模式。其理论依据主要是分散立法的不足。

在法理上,分散立法存在以下不足:(1)加大法律适用成本。分散立法会增加法官、检察官、律师等法律人在法律检索方面的成本,也会增加法律学习者学习法律的成本。从农产品产地环境保护立法来看,若非专门关注此领域,法律人从事本领域的法律检索极容易遗漏,乃是由于相关规范过于分散。(2)容易导致不同规范之间的冲突与漏洞,引发法律适用危机。冲突乃是因为对于同一主题/对象的规范,在不同的规范性法律文件之中出现,而这些规范性法律文件之间又可能存在时间上的先与后、位阶上的高与低、主题上的特殊与一般等复杂的关系,所以极易发生规范之间的冲突。"或许法律会有很多病灶,但有三种病灶,却是任何时代、任何国家的法律所共有的,这就是法律的模糊、法律的冲突

① 对于该二者的选择,请参见本章第二节。

和法律的漏洞。"① 分散立法更是如此。如《农产品质量安全法》与《农产品产地安全管理办法》在农产品禁止生产区的划定条件、划定主体、划定程序等等方面均存在明显的冲突。若严格依照《立法法》规定的法律效力位阶原则，那么《农产品产地安全管理办法》的法律效力是应当被质疑的。但实践中，该部门规章比《农产品质量安全法》第三章的规定更具有可操作性。漏洞乃是由于不同法律规范有意回避或者无意疏漏了某一主题/对象，从而造成"无法可用"。无论是法律冲突还是法律漏洞，都会进一步引发法律适用危机。诸如污水灌溉的法律监管，如此重要的事项在《农产品质量安全法》中只字未提。到了 2014 年《环境保护法》、2018 年《土壤污染防治法》，污水灌溉才偶有涉及。（3）规范之间的重复，浪费立法资源。对于同一主题/对象的重复规定，浪费立法资源。诸如《环境保护法》《农产品质量安全法》《农业法》等诸多法律对于农业投入品监管、农业面源污染的规定，大同小异，而且主要是倡导性、原则性条文。

分散立法的不足还体现在：难以形成制度合力，导致农产品产地环境保护的多头管理，扯皮推诿。虽然我国农产品产地环境保护的立法差强人意，但这些规范的执行更加难以令人满意。事实上，由于缺乏明确的执行主体和严格的责任主体，我国农产品产地环境保护法的很多规范沦为"僵尸条款"。

二 制定"农产品产地环境保护法"的可行性

卢梭说："人的智慧是有限的；一个人不仅不能知道所有一切的事物，甚至连别人已知的那一点点事物他也不可能完全知道。"② 制定"中华人民共和国农产品产地环境保护法"具有可行性。

（一）制定"农产品产地环境保护法"的社会需求

"你对那个问题的现实情况和历史情况既然没有调查，不知底里，对

---

① 谢晖：《法律哲学》，湖南人民出版社 2009 年版，第 29 页。

② ［法］卢梭：《爱弥儿：论教育》上卷，李平沤译，商务印书馆 2010 年版，第 214 页。

于那个问题的发言便一定是瞎说一顿。"[①] 从群众基础来讲,农产品产地环境保护专门立法是顺应严峻的食品安全和农产品安全形势的,社会呼声高,群众基础好。全国人大常委会对《农产品质量安全法》的执法检查发现:"一些群众反映:现在人们对吃的问题、喝的问题不放心,吃米要多淘,不是一遍两遍,而是三遍五遍甚至更多,把米油都冲洗掉了,米的香味和筋道也就没有多少了;吃菜要多泡,即从市场上买回来的蔬菜,心里没底,总担心有农药残留,就先放在水池里或水盆里泡,也不是泡三五分钟、十来分钟,而是一两个小时,甚至更长,已经成了一种心理障碍。"[②] 群众还认为:"有毒有害农药残留、重金属含量超标、大气污染物沉降、水污染灌溉侵蚀是造成农产品质量安全问题的主要原因,认为确保农产品质量安全需要综合施策,要治土、治水、治污,科学使用化肥,严格控制农药,并要依靠科学技术来支撑;要解决好土的问题、水的问题、肥的问题和治虫的问题。"[③] 群众还认为:"农业投入品使用不当(32.56%)和政府部门监管力度不够(31.47%)是造成农产品质量安全问题的主要原因,认为强化产地环境保护加强投入品管理(30.9%)和严格市场准入(25.44%)是监管部门最需加强的工作。"[④] 随着人民群众生活水平的提高,对于农产品产地环境保护的需要也越来越显著,通过专门立法加强农产品产地环境保护,预防和解决农产品产地环境问题,符合社会需求,回应公众需要。

(二)制定"农产品产地环境保护法"的政策铺垫

国家对于制定"农产品产地环境保护法"做了大量的政策准备。本书现列举 2015—2020 年中共中央、国务院有关农产品产地环境保护的重要文件及其相关内容,列表如下:

---

① 《毛泽东选集》第 1 卷,人民出版社 1991 年版,第 109 页。

② 吉炳轩:《全国人民代表大会常务委员会执法检查组关于检查〈中华人民共和国农产品质量安全法〉实施情况的报告——2018 年 10 月 24 日在第十三届全国人民代表大会常务委员会第六次会议上》,《全国人民代表大会公报》2018 年第 21 期,第 10—18 页。

③ 同上。

④ 同上。

表7—1　　　　　2015—2020 年农产品产地环境保护相关重要政策表

年份	文件名	相关内容
2020	中共中央、国务院关于抓好"三农"领域重点工作确保如期实现全面小康的意见	1. 扎实搞好农村人居环境整治 2. 治理农村生态环境突出问题
2020	中共中央 国务院关于抓好"三农"领域重点工作 确保如期实现全面小康的意见	1. 治理农村生态环境突出问题 2. 发展富民乡村产业。……强化全过程农产品质量安全和食品安全监管，建立健全追溯体系，确保人民群众"舌尖上的安全"
2019	中共中央关于坚持和完善中国特色社会主义制度 推进国家治理体系和治理能力现代化若干重大问题的决定	坚持和完善生态文明制度体系，促进人与自然和谐共生
2019	中共中央办公厅 国务院办公厅印发《关于在国土空间规划中统筹划定落实三条控制线的指导意见》	按照保质保量要求划定永久基本农田
2019	中共中央 国务院关于坚持农业农村优先发展做好"三农"工作的若干意见	1. 抓好农村人居环境整治三年行动 2. 加强农村污染治理和生态环境保护
2018	中共中央 国务院关于打赢脱贫攻坚战三年行动的指导意见	1. 加强生态扶贫 2. 大力推进贫困地区农村人居环境整治
2018	中共中央 国务院关于实施乡村振兴战略的意见	1. 推进乡村绿色发展，打造人与自然和谐共生发展新格局 2. 持续改善农村人居环境
2018	中共中央 国务院关于全面加强生态环境保护坚决打好污染防治攻坚战的意见	1. 打好农业农村污染治理攻坚战 2. 强化土壤污染管控和修复
2018	中共中央办公厅 国务院办公厅印发《农村人居环境整治三年行动方案》	全文
2017	中共中央办公厅 国务院办公厅印发《关于创新体制机制推进农业绿色发展的意见》	全文
2017	中共中央 国务院关于深入推进农业供给侧结构性改革 加快培育农业农村发展新动能的若干意见	1. 全面提升农产品质量和食品安全水平 2. 推进农业清洁生产 3. 集中治理农业环境突出问题 4. 持续加强农田基本建设 5. 深入开展农村人居环境治理和美丽宜居乡村建设

续表

年份	文件名	相关内容
2016	中共中央 国务院关于落实发展新理念加快农业现代化 实现全面小康目标的若干意见	1. 加强资源保护和生态修复,推动农业绿色发展 2. 开展农村人居环境整治行动和美丽宜居乡村建设
2015	中共中央　国务院关于打赢脱贫攻坚战的决定	1. 结合生态保护脱贫 2. 加快农村危房改造和人居环境整治
2015	中共中央 国务院关于加快推进生态文明建设的意见	1. 加快美丽乡村建设 2. 保护和修复自然生态系统 3. 全面推进污染防治
2015	中共中央　国务院关于加大改革创新力度加快农业现代化建设的若干意见	1. 提升农产品质量和食品安全水平 2. 加强农业生态治理 3. 全面推进农村人居环境整治 4. 健全"三农"支持保护法律制度

除上述文件之外,还有大量中央政策文件与农业、农村、环保、食品安全等相关,本书不再一一列举。总之,中共中央、国务院的诸多政策文件已经表明,农产品产地环境保护不仅重要,而且早就已受到最高决策层的关注。由此不难看出,制定"中华人民共和国农产品产地环境保护法"具备坚实的政策铺垫。

（三）制定"农产品产地环境保护法"的立法基础

从立法基础来看,我国《农产品质量安全法》和《农产品产地安全管理办法》为农产品产地环境保护专门立法提供了前期基础。除此之外,《环境保护法》《土壤污染防治法》《水污染防治法》《大气污染防治法》《放射性污染防治法》《海洋环境保护法》《固体废物污染环境防治法》《环境噪声污染防治法》《环境影响评价法》《环境保护税法》《农业法》《食品安全法》《土地管理法》《渔业法》《畜牧法》《森林法》和《建设项目环境保护管理条例》《基本农田保护条例》《土地复垦条例》《生猪屠宰管理条例》《食品安全法实施条例》《农药管理条例》《兽药管理条例》《乳品质量安全监督管理条例》《畜禽规模养殖污染防治条例》《饲料和饲料添加剂管理条例》《农田水利条例》《政府信息公开条例》《全国污染源普查条例》《全国农业普查条列》《退耕还林条例》以及《农产品产地安全管理办法》《无公害农产品管理办法》《绿色食品标志管理办法》《有机产品认证管理办法》《农产品地理标志管理办法》等法律、法规、部门规章为我国农产品产地环境保护法提供基础。此外，《土壤环境质量 农用地土壤污染风险管控标准（试行）》《土壤环境质量 建设用地土壤污染风险管控标准（试行）》等技术标准也为制定"农产品产地环境保护法"提供了支持。

（四）制定"农产品产地环境保护法"的技术条件和理论准备

"科技成果为执法、司法和法律监督工作提供新的装备、手段和技能。"① 从技术条件来看，农产品产地环境保护专门立法的技术条件已经具备，尤其是卫星遥感、大数据、云计算、人工智能等技术的成熟与运用，使农产品产地环境监测、农产品产地环境标志、农产品产地环境责任评估等制度所依赖的技术条件已经具备，技术成本可以接受。故我国制定"农产品产地环境保护立法"具有技术可行性。

从理论研究来看，农产品产地环境保护立法的研究早已开展。除了对农业法、农产品质量安全法、土壤污染防治法、农村环境保护法、农业资源保护法的研究之外，即使是农产品产地环境保护法的专门、系统研究也已经开展。对此，请参考本书序言部分的文献综述，在此不赘。既有研究为制定"中华人民共和国农产品产地环境保护法"进行了理论准备。

因此，本书以为，农产品产地环境保护专门立法在总结、反思、借鉴、提炼和升华的基础上，可以做到青出于蓝而胜于蓝。

三　我国农产品产地环境保护立法的历史逻辑

胡适在谈及哲学史的目的时说："哲学史有三个目的：（一）明变哲学史的第一要务，在于使学者知道古今思想沿革变迁的线索。……

---

① 沈宗灵主编：《法理学》（第四版），北京大学出版社 2014 年版，第 213 页。

(二)求因 哲学史目的,不但要指出哲学思想沿革变迁的线索,还须要寻出这些沿革变迁的原因。……(三)评判 既知道思想的变迁和所以变迁的原因了,哲学史的责任还没有完,还须要使学者知道各家学说的价值,这便叫做评判。"① 胡适的这段话虽然是讲述哲学史,但是对于历史梳理的目的和价值同样适用。事实上,我国农产品产地环境保护立法一直在探索,虽然这一探索的路径并不像"民事立法(民法法典化)""环境保护立法"等受到学术界的高度关注。

最早时候,农产品污染问题就受到了 1973 年国务院批准的《关于保护和改善环境的若干规定(试行草案)》的关注。② 《环境保护法(试行)》对农业环境保护进行了原则性规定。③ 《环境保护法》也对农业环境保护进行了规定。也就是说,在早期,农产品产地环境保护立法是由《环境保护法》之中的农业环境保护来承担的。

然而,由于我国环境保护工作尤其是污染防治工作仍然以城市为中心,环保工作的力量很难向农村地区延伸,因此关于农产品产地环境问题,逐步从依附于环境保护法体系,转变为依附于农业法体系。1993 年制定的《农业法》就专门设置"第七章 农业资源与农业环境保护"。农业环境保护工作明确归属于农业部门。《农产品质量安全法》其实仍然延续该思路,只是该法明确提出了"农产品产地环境保护"这一概念并设置了相关条文,其基本思路仍然是依附于农业法体系。

不过,这一做法仍然有其问题。因为农业部门虽然在地域上管理农业环境适宜,但是环境保护并非农业部门的业务擅长,也不是其首要的

① 胡适:《中国哲学史大纲》(上),北京理工大学出版社 2016 年版,第 4—5 页。
② 《关于保护和改善环境的若干规定(试行草案)》五,"注意改良土壤,防止有害物质、放射性物质的污染和积累。要多使用有机肥料。植物保护要贯彻'预防为主'的方针,要采取生物的、物理的综合性防治措施,保护和繁殖益虫,以虫治虫,消灭害虫。努力发展新化学农药,努力做到效果高,对人畜毒害低,对农作物,水源和土壤残留少。逐步减少滴滴涕、六六六等农药的使用。加强使用农药的宣传教育,使农民掌握使用农药的科学知识,避免对人畜和农作物的危害。"六,"农业灌溉、养殖鱼类和其他水生生物的水源,必须保证动植物生存的基本条件,并使有害物质在动植物体内的积累,不超过食用标准。……农林部要制订污水灌溉农田的管理办法。"
③ 《环境保护法(试行)》第 21 条:"积极发展高效、低毒、低残留农药。推广综合防治和生物防治,合理利用污水灌溉,防止土壤和作物的污染。"

关注点，而且农产品产地环境保护除了农业投入品与农业污染防治之外，缺乏必要的抓手，农业环境资源保护在农业工作体系中被边缘化，农产品产地环境问题也沦为环保、农业互不关注的领域。为了抓好农产品产地环境保护，《农产品质量安全法》第三章特意设计了"国务院农业行政主管部门商国务院环境保护部门"的协作机制。可能是协商未成，最终由农业部单独出台了《农产品产地安全管理办法》，执行和细化《农产品质量安全法》第三章的规定。然而，由于缺乏环境保护部门的参与，该办法也未能取得预期成效，其细化的"农产品禁止生产区"制度在实践中运用得极少。

应当看到，《农产品产地安全管理办法》虽然是部门规章，但是其实质乃是采用农产品产地环境保护的专门立法思路。这部规章的不理想，其教训一是不能撇开环境保护和环境保护部门来谈农产品产地环境保护，二是位阶过低会阻碍立法效果的发挥。

正是基于对农业环境与资源保护的疲软的反思，农产品产地环境保护立法走上了"土壤污染防治法"的路径。《土壤污染防治法》具有保障农产品安全的重要功能，这也是立法者虽未在法条中明确表达出来，但是在立法之时所赋予的该法的任务之一。[①] 将土壤区分为农用地和建设用地通过农用地土壤污染防治，保障农产品质量。《土壤污染防治法》使得农产品产地环境保护有了具体的制度抓手，不再停留于泛泛的农业投入品管制、农业污染防治等措施。

还应当看到，《土壤污染防治法》等污染防治法在预防和应对农产品产地环境问题上的不足。虽然本书曾在多处阐述此问题，但本部分似乎仍有此必要性。农产品产地环境保护法包括前端的污染防治，而此污染防治按其污染源又可以分为外源性污染环境的防范、农产品生产过程污染的防治。土壤污染防治法仅仅是防范外源性污染环境的一个方面，虽然这个方面极其重要。

黑格尔阐述了历史和逻辑的一致性。他说："哲学用以观察历史的唯

---

① 参见生态环境部法规与标准司《〈中华人民共和国土壤污染防治法〉解读与适用手册》，法律出版社 2018 年版，第 3 页。

一的'思想'便是理性这个简单的概念;'理性'是世界的主宰,世界历史因此也是一个合理的过程。"① 我国农产品产地环境保护的立法史,也是农产品产地环境保护立法的理性检验和验证史。"所以要明白一件事,必须追溯到既往;现在是绝不能解释现在的。"② 通过以上梳理不难发现,我国农产品产地环境保护立法以往的路径,都存在一定的问题。农产品产地环境保护专门立法的趋势也在显现。归纳整理农产品产地环境保护法的规范,形成一部专门的"农产品产地环境保护法",是符合历史演进脉络的。

四　完善我国农产品产地环境保护法律体系

伯尔曼说:"在法律中,形式合理表示通过逻辑概括和解释的过程对抽象规则的系统阐释和使用;它强调的是通过逻辑的方法搜集全部法律上具有效力的规则并使之合理化,再把它们铸造成内部一致的复杂的法律命题。相比之下,实质合理突出的方面不是符合逻辑的一直性,而是符合道德考虑、功效、便利和公众政策。"③ 应当从推进专门立法和完善法律体系两方面着手,推进我国农产品产地环境保护立法进程。本章详细分析制定"农产品产地环境保护法",以下简要阐述完善我国农产品产地环境保护法律体系的其他方面。

(一)修改《农产品质量安全法》,完善配套法规、规章

《农产品质量安全法》是我国农产品产地环境保护的重要立法,但其对农产品产地环境保护的规定过于简单,且操作性有待提高,特别是有关农产品产地保护方面更是抽象。《全国人民代表大会常务委员会执法检查组关于检查〈中华人民共和国农产品质量安全法〉实施情况的报告》指出:"(五)需要适时修订和完善农产品质量安全法律法规。要加快农产品质量安全法律法规体系建设,依靠法治保护农产品质量安全。建议启动农产品质量安全法的修订工作,在修订中突出质量导向和全程监管,

---

① [德]黑格尔:《历史哲学》,王造时译,上海书店出版社2006年版,绪论。
② 吕思勉:《中国通史》,江苏人民出版社2014年版,第3页。
③ [美]哈罗德·J.伯尔曼:《法律与革命》,贺卫方等译,中国大百科全书出版社1993年版,第653、654页。

拓宽法律调整范围，明确部门职责，健全监管制度，加大处罚力度，解决违法成本低等问题；与食品安全法及相关法律法规做好衔接，保证法律的系统性和完整性。要加快完善配套法律法规。建议加快修改动物防疫法等相关法律，加快制定和完善污染防治、资源综合利用、质量追溯等方面的法律法规，加快修订《兽药管理条例》《饲料和饲料添加剂管理条例》等行政法规，研究制定肥料、农膜管理条例。要推动完善地方性法规。各省级人大及其常委会要结合本地实际进一步细化上位法的规定，制定或修改农产品质量安全相关条例，增强法律的操作性、规范性、约束性。"[1] 这一表述可视为我国最高立法机关对《农产品质量安全法》的态度。为推进农产品产地环境保护，应当在修改《农产品质量安全法》之时，细化其第三章"关于农产品产地环境保护"的规定。还应当尽快出台《农产品质量安全法》实施细则及配套法规，增强农产品产地环境保护的操作性。

（二）探索制定"农用地土壤污染防治条例"

2018 年我国制定了《土壤污染防治法》，在土壤污染防治的统一规则之下，还区分农用地和建设用地，分别制定了不同的规则。如前所述，农用地土壤污染防治对于保护农产品产地环境方面发挥着重要作用，但是我国《土壤污染防治法》对农用地土壤污染防治的规定仍显得较为原则，建议进一步突出农用地土壤污染防治中对于农产品安全的理念，由国务院制定"农用地土壤污染防治条例"，[2] 作为"农产品产地环境保护法"的卫星法规。

---

① 吉炳轩：《全国人民代表大会常务委员会执法检查组关于检查〈中华人民共和国农产品质量安全法〉实施情况的报告——2018 年 10 月 24 日在第十三届全国人民代表大会常务委员会第六次会议上》，《全国人民代表大会公报》2018 年第 21 期，第 10—18 页。

② 日本既有《土壤污染防治法》，又有《农用地土壤污染防治法》。之所以如此，其原因是农用地土壤污染防治与城市土壤污染防治存在较大区别，农用地对于农产品安全有着强烈影响，而且随着日本土壤污染防治法治实践的开展，对土壤污染防治立法的认识和研究也更加深刻，农用地土壤污染防治立法的重要性和意义更加凸显。我国《土壤污染防治法》已经设计了统一土壤污染防治规则之下的农用地和建设用地土壤污染防治的适当区分，如再制定"农用地土壤污染防治法"，可能会造成土壤污染防治立法体系的"母子同位"。因此在立法形式上，本书倾向于由国务院制定"农用地土壤污染防治条例"。

（三）将"从农田到餐桌"理念融入《食品安全法》

我国实行农产品、食品区分立法思路。《农产品质量安全法》适用于初级农产品。《食品安全法》适用于食品，但不包括初级农产品。①虽然这种区分具有合理性，但是也容易造成农产品产地环境问题与食品安全问题的人为割裂。建议将"从农田到餐桌"的理念纳入《食品安全法》体系，使《食品安全法》的规制工具可以进一步向农产品产地延伸，创造"大食品安全"的法律体系。

（四）推进农产品产地环境保护的地方立法

地方环境立法是我国环境立法体制的重要组成部分。②环境保护立法不是中央立法机关或行政机关的法律保留领域，同时环境问题固有的区域性是地方环境立法的前提，而环境法的制定和实施也具有很强的区域针对性。鉴于我国各地方在经济发展水平和环境条件方面存在的差异性，中央的环境立法也只能作原则性的规定，具体的则必须由各个地方人大和政府机关根据实际情况制定相应的实施方案。

由于国家农产品产地环境保护立法只能解决农产品产地环境保护领域最基本和最普遍的问题，期望中央立法特别详尽和具体是不现实的，通过地方环境立法则可以把中央法律法规具体化和地方化，可以填补中央环境立法的空白，解决地方特有的环境问题，并为国家立法积累经验，在适当的时候上升为中央立法。

农产品产地环境保护的法律制度尤其如此。我国各地的农业生产能力差异很大，农业生产环境也各不相同。农产品产地环境保护要根据各地的实际情况，制定地方法规、规章。

---

①　《农产品质量安全法》第 2 条第 1 款："本法所称农产品，是指来源于农业的初级产品，即在农业活动中获得的植物、动物、微生物及其产品。"《食品安全法》第 2 条第 2 款："供食用的源于农业的初级产品（以下称食用农产品）的质量安全管理，遵守《中华人民共和国农产品质量安全法》的规定。但是，食用农产品的市场销售、有关质量安全标准的制定、有关安全信息的公布和本法对农业投入品作出规定的，应当遵守本法的规定。"

②　李广兵：《可持续发展与地方环境立法》，载吕忠梅、徐祥民主编《环境资源法论丛》第 3 卷，法律出版社 2003 年版，第 108 页。

第二节　蓝图擎画："农产品产地环境保护法"的宏观构想

亚里士多德说："知识和行动是人类活动的两大领域，理论和实践是万古常新的哲学课题。"① 在研究制定"中华人民共和国农产品产地环境保护法"的合理性之后，本节和下一节阐述对该法的构建。其中，本节乃是宏观设计方面，下一节则是具体内容方面。

一　"农产品产地环境保护法"的立法政策定位

习近平总书记说："我国革命、建设、改革的历史反复证明，只有制定符合实际的政策措施，采取符合实际的工作方法，党和人民的事业才能走上正确轨道，才能取得人民满意的成效。"② 制定"中华人民共和国农产品产地环境保护法"，应当遵循宪法的基本原则和规定，应当从国家的整体利益出发，维护社会主义法制的统一，应当发挥社会主义民主，坚持科学立法、民主立法，应当坚持从实际出发，应当遵守立法的权限和程序。③ 除此之外，针对"农产品产地环境保护法"本身的属性和特点，本书特别强调"守成之下的超越"之定位。

（一）"农产品产地环境保护法"之守成

马克思说："立法者应该把自己看作一个自然科学家。他不是在创造法律，也不是在发明法律，而仅仅是在表述法律，他用有意识的实在法把精神关系的内在规律表现出来。如果一个立法者用自己的臆想来代替事情的本质，那么人们就应该责备他极端任性。同样，当私人想违反事物的本质任意妄为时，立法者也有权利把这种情况看作是极端任性。"④

---

① ［古希腊］亚里士多德：《尼各马科伦理学（修订本）》，苗力田译，中国社会科学出版社 1999 年版，第 1 页。

② 习近平：《习近平谈治国理政》第 2 卷，外文出版社 2017 年版，第 7 页。

③ 参见沈宗灵主编《法理学》（第四版），北京大学出版社 2014 年版，第 240—247 页。

④ ［德］马克思：《论离婚法草案〔1842 年 12 月 18 日〕》，载《马克思恩格斯全集》第 1 卷，人民出版社 2006 年版，第 182—185 页。

这段话告诉我们，立法必须以社会生活的现实为前提，要反对立法的恣意。人的理性是有限的，立法者的理性更加是有限的。"吾生也有涯，而知也无涯。以有涯随无涯，殆已!"① 农产品产地环境保护专门立法在世界范围内尚未见到，无已有经验可供借鉴。在我国立法史上也没有直接的经验可以参考。农产品产地环境保护法涉及的领域众多、事务广泛，其主体庞杂，利益多元，牵涉广泛。正是如此，制定"农产品产地环境保护法"的立法政策是立足于现有资源，整合既有的规范，以形成综合性、专门性的法律。"法律通常具有保守性。多数情况下政策制定关心的是一项提案的未来效果，与此不同，法律决策则专注于回头看。"② 这部立法既不能无视我国农业、农村、农民的实际情况，也不能超越我国环境保护、农产品质量安全、食品安全等相关立法的基本框架，更不能标新立异，盲目追求所谓"创新"，否则就会导致该法不符合我国国情，违背社会需要，从而使之难以通过，或者即使勉强通过也无法有效执行。

制定"农产品产地环境保护法"立足于现有资源，具体而言包括以下方面：（1）尊重我国农业、农村、农民的基本国情、社情、民情。我国农业仍然是分散性家庭经营为主，在广大地区，劳动力人口流失严重，农村"空心化"问题明显，由此导致农业仍然脆弱，农地抛荒撂荒现象普遍存在。农民仍然是弱势群体。为此，"农产品产地环境保护法"不宜对农产品生产者施加过重的义务。（2）立足于我国环境保护、污染防治的现实情况。外源性污染是造成农产品产地环境问题的主要原因，尤其是大中型工业企业（其中又以矿山、金属冶炼、化工、制药、电力、能源、印染、纺织、皮革、造纸等企业最为突出）、工业园区、科技园区、企业连片区等对农产品产地环境影响较大，而且现实中上述企业也容易受到地方保护而成为环保工作的难点。"农产品产地环境保护法"应当重点防控外源性污染，特别是对农产品产地周边特定类型企业实施监管，

---

① 《庄子》，孙通海译，中华书局 2014 年版，第 28 页。
② ［美］弗里德里克·肖尔：《像法律人那样思考：法律推理新论》，雷磊译，中国法制出版社 2016 年版，第 39 页。

在禁限行业和企业类型、选址要求、环境影响评价、排污许可、排污监测、污染处置、应急等事项做出规范。（3）立足于我国现有的立法、执法等资源。我国已有《环境保护法》《农产品质量安全法》《土壤污染防治法》《食品安全法》等诸多法律、法规适用于农产品产地环境保护，应当对已有的立法和规范进行整理、完善和挖掘，创新制度应当坚持审慎的态度，必须经过严格论证和认真试点试验。应当充分利用现有的执法人员、手段、设备等，借助既有的执法体制资源。

制定"农产品产地环境保护法"整合现有的规范，具体而言包括以下方面：（1）利用《环境保护法》《土壤污染防治法》《水污染防治法》《放射性污染防治法》等环境法律、法规，设计外源性污染的防范，尤其是农产品产地周边重点企业管控制度。（2）利用《农产品质量安全法》《农业法》《土地管理法》《渔业法》《畜牧法》《森林法》《草原法》等涉农和农业资源保护法律、法规，设计农业投入品管理规范。（3）利用《农产品质量安全法》《土壤污染防治法》，设计农产品产地环境干预规范，尤其是农产品禁止生产区规范、农产品产地环境风险管理规范、农产品产地环境修复规范。（4）利用《食品安全法》等法律，设计农产品出产后的产地环境延伸管理规则，如农产品产地环境信息公开、农产品产地溯源管理、农产品产地标识等。（5）利用《无公害农产品管理办法》《农产品地理标志管理办法》等规章，设计特殊农产品产地环境保护的法律规则。（6）利用《民事诉讼法》《行政诉讼法》《环境保护法》《消费者权益保护法》等设计农产品产地环境公益诉讼等规则。

（二）"农产品产地环境保护法"之创新

"创新是一个民族进步的灵魂，是一个国家兴旺发达的不竭动力，也是中华民族最深沉的民族禀赋。在激烈的国际竞争中，惟创新者进，惟创新者强，惟创新者胜。"① 制定"农产品产地环境保护法"，若无创新精神便丧失了其价值。本书强调"农产品产地环境保护法"的守成，并

---

① 习近平：《在欧美同学会成立一百周年庆祝大会上的讲话》，《人民日报》2013年10月22日第2版。

不是否定或者放弃创新，而是反对标新立异或者过分超前。"社会的需要和社会的意见常常是或多或少地走在'法律'的前面。我们可能非常接近地到达它们之间缺口的结合处，但永远存在的趋向是要把这缺口重新打开来。"① 制定"农产品产地环境保护法"的创新主要体现在以下方面，或者从以下角度进行创新：

一是制定"农产品产地环境保护法"这项立法活动本身就是创新。如前所述，在既无域外立法，又无我国直接经验的前提下，开展"农产品产地环境保护法"的立法活动，制定农产品产地环境保护的专门、综合立法，本身就是一项创新。

二是"农产品产地环境保护法"需要打通、协调目前分散于污染防治、农业资源保护、农业环境保护、农产品安全、食品安全、特殊农产品、质量认证、动植物检验检疫等各领域的规则，而综合本身就是创新。

三是"农产品产地环境保护法"需要根据法理和现实，补充、完善、修正既有的农产品产地环境保护规则。以农产品禁止生产区为例，该制度虽经《农产品质量安全法》创立，并由《农产品产地安全管理办法》细化，但是仍然存在若干不足，需要进一步完善。这就为"农产品产地环境保护法"的创新提供了空间。也就说，既有制度绝大多数仅仅只是"农产品产地环境保护法"的"原材料"，还需要加工才能作为"成品"。而加工便是创新的过程。

四是"农产品产地环境保护法"需要创新一定的规则。本书反对毫无基础或者基础较为薄弱的规则创新，但是对于具备较为成熟基础的规则创新是可以接受的，如农产品产地环境公益诉讼。《民事诉讼法》《环境保护法》《消费者权益保护法》和《行政诉讼法》确立了公益诉讼制度，而且公益诉讼适用的案件范围也呈现不断扩大的趋势。"农产品产地环境保护法"可以在此基础上创立农产品产地环境公益诉讼制度。

总之，制定"农产品产地环境保护法"要辩证地看待"守成"与"创新"。"虽然乍看起来守旧思想似乎是同进步直接对立的，但它却是使

---

① ［英］梅因:《古代法》，深景一译，商务印书馆 1996 年版，第 17 页。

进步变得稳妥有效的一个必要因素。守旧思想的审慎态度必须控制追求进步的热情，否则就会招致祸害。人们在整个进步过程中的一个首要的、虽然不是唯一的问题，就是如何以正确的比例来调和这两种倾向，既不至于过分大胆或轻率，也不至于过分慎重或迟延。"① 对于农产品产地环境保护专门立法整体上已经定位于超越。如果畏首畏尾，农产品产地环境保护专门立法可能都不能进入立法程序，何来下一步的工作。农产品产地环境保护立法过分保守，就很可能沦为抄袭既有的制度和规范，没有价值可言。对于不合理的规定，要大胆摒弃，对于合理可行的制度，要勇敢接受。

二　农产品产地环境保护专门立法的位阶

立法位阶是指立法的效力位阶。对于农产品产地环境保护专门立法，究竟是制定法律，还是制定行政法规，抑或是行政规章?② 虽然前文已经使用"农产品产地环境保护法"这一称谓，表明了本书的观点，即应当由全国人大常委会制定法律。但是这并不意味着它不需要论证。冯友兰说："欲成立道理，必以论证证明其所成立。"③ 诚如是也！

在我国，具有制定规范性法律文件中央国家机关的机构及其形式如下：（1）全国人民代表大会修改宪法④、制定和修改基本法律，解释宪法。（2）全国人民代表大会常务委员会制定和修改其他法律，解释法律；（3）国务院制定行政法规；（4）中央军事委员制定军事法规；（5）国务院各部委制定部门规章。除上述机构和规范性法律文件之外，另有两类法律渊源，一般认为也具有普遍约束力。（6）最高人民法院、最高人民

---

① ［英］休·塞西尔：《保守主义》，杜汝楫译，商务印书馆 1986 年版，第 8—9 页。

② 立法位阶与立法主体是密切相关，不同主体制定的规范性文件就具有不同的性质，其效力等级也有所不同。具体参见《立法法》的有关规定。

③ 冯友兰：《中国哲学史》（上），重庆出版社 2009 年版，第 6 页。

④ 《宪法》并未明确宪法的制定主体，其 58 条规定"全国人民代表大会修改宪法"。由于"农产品产地环境保护法"不可能采用宪法形式，故本书对于宪法的制定主体问题不做研究。

检察院做出司法解释。① （7）中国共产党的中央组织，中央纪律检查委员会以及党中央工作机关根据《中国共产党章程》《中国共产党党内法规制定条例》制定党内法规。

　　"立法权限的设置，和人们对立法内容的价值认识有密切联系。"② 对于上述七类形式，可以做逐步排除。首先，可以排除宪法。"农产品产地环境保护法"不是宪法性内容，不太可能进入宪法，而且也不必作为宪法条文。我国《宪法》第26条"国家保护生活环境和生态环境，防治污染和其他公害"的表述完全可以成为农产品产地环境保护法的宪法依据。其次，可以排除党内法规。党内法规乃是针对规范党组织的工作、活动和党员行为的党内规范。③ "农产品产地环境保护法"乃是规范社会生活的法律，不具有党内法规的对象和内容属性。再次，可以排除军事法规。农产品产地环境保护主要是地方生活，而非军队事务，因此不宜制定军事法规。再其次，可以排除法律解释（包括立法解释、司法解释）。因为法律解释主要是针对法律本身的适用问题（冲突、遗漏、模糊）等作出的有权解释。目前"农产品产地环境保护法"的法律体系缺憾在于立法层面，而非法律适用层面。复次，部门规章位阶过低，在立法法上的定位主要是执行性的、操作性的，而不是制度设计性。部门规章的立法权限受到较多限制。对于需要综合性、系统性、基础性的农产品产地环境保护法而言，部门规章也不适合。最后，由全国人大制定基本法律，也不具有可行性。全国人民代表大会一般每年举行一次，且会期较短，会议期间很少专门讨论立法事项。因此全国人大立法仅仅是基本法律，如

---

　　① 对最高人民法院、最高人民检察院的司法解释作为法律渊源的正当性不乏质疑之声，如有学者认为："奉行权力分立与制衡的国家，司法机关拥有立法权力，既无权主张个案裁判得到当然的反复适用，更无权以抽象条款的方式发布一般规范。"（朱庆育：《民法总论》（第二版），北京大学出版社2016年版，第39页。）但是在事实上，最高人民法院、最高人民检察院不仅可以发布抽象的规则，而且这些规则可以反复适用，甚至可以在一定程度上弥补制定法的不足，事实上改变制定法。更早地可以追溯到法国的启蒙运动时期。孟德斯鸠曾说："如果司法权同立法权合而为一，则将对公民的生命和自由施行专断的权力，因为法官就是立法者。"（［法］孟德斯鸠：《论法的精神》（上），许明龙译，商务印书馆2012年版，第156页。）

　　② 刘星：《法理学导论：实践的思维演绎（修订本）》，中国法制出版社2016年版，第334页。

　　③ 参见宋功德《党规之治》，法律出版社2015年版，第3页。

民法典、刑法、刑事诉讼法、民事诉讼法等。农产品产地环境保护法并非基本法律，不太可能由全国人大制定。

因此，争议的焦点就是究竟是全国人大常委会制定法律抑或是由国务院制定行政法规。本书以为：首先，既有的《环境保护法》《土壤污染防治法》《农产品质量安全法》《土壤污染防治法》《食品安全法》等法律分散，需要一部规范性法律文件将其中的农产品产地环境保护法律规范予以综合、协调、统领。既如此，就不能比需要被综合、协调、统领的对象的位阶更低。其次，农产品产地环境保护专门立法涉及事项众多，需要多个部门配合监管。如果位阶过低，势必难以统摄众多部门，也难以创立新的规则、原则和制度。如农产品产地环境保护法律责任制度属于立法保留的范畴，非法律不得规定。再次，鉴于严峻的农产品安全形势，唯有国家立法才能体现出权威性和重要性，从这个方面考虑，也应当由全国人大常委会出台农产品产地环境保护专门立法。综上所述，由全国人大常委会制定法律相比于由国务院制定行政法规，是更好的选择。

三　农产品产地环境保护专门法的命名

所谓"名不正则言不顺，言不顺则事不成"。[①] 虽然前文已经使用了"中华人民共和国农产品产地环境保护法"这一名称，但是亦需论证何以此名是最可取的。对于这一立法事项，主要可供选择的名称有：农产品产地环境法、农产品原产地环境保护法、产地环境保护法、初级农产品产地环境保护法、农产品产地环境保护法。

首先，《农产品质量安全法》使用了"农产品产地"这一术语。在我国，"农产品"就是指称初级农产品。因此，不必使用"初级农产品产地"。至于"原产地"主要在国际贸易中使用，国内法较少使用这一词语，原产地更多的强调地理标志保护问题。因此，亦可排除"农产品原产地"。

其次，"农产品产地环境法"抑或"农产品产地环境保护法"？对此可以参考《环境保护法》的命名。虽然学术界有人主张以"环境法"取

---

① 《论语》，程昌明译注，远方出版社 2006 年版，第 126—127 页。

代"环境保护法",但是不仅在我国,即使在世界范围内,立法仍然以"环境保护法"之名称更为普遍,采用"环境法"一语并不多。之所以如此,不仅在于人们对于"环境保护"一词长期、广泛使用而形成的表达习惯,而且也与法律调整人的行为的旨趣密切相关——环境保护法调整人们保护环境的行为。环境法本身容易使人误解为是环境的法律。"农产品产地环境法"更像是学术用语而非立法名称。

综上所述,我国农产品产地环境保护专门立法应当以"中华人民共和国农产品产地环境保护法"命名,以贴切表达立法的内容。

四　"农产品产地环境保护法"的框架结构

框架结构乃是立法研究的重要内容。孟德斯鸠说:"法律的体裁要质朴平易,直接的说法总是比深沉迂远的词句容易懂些。"①"农产品产地环境保护法"的框架结构是指"农产品产地环境保护法"的内容由哪些主要部分组成,各部分之间的逻辑顺序如何。根据本书前述理论研究的成果和我国相关立法的框架结构安排,对"农产品产地环境保护法"的框架结构做如下安排:

第一章　总则

第二章　农产品产地环境监督管理

第三章　防范外源性污染

第四章　防治农产品生产过程污染

第五章　对被污染农产品产地的环境干预

第六章　农产品产地环境信息公开与公众参与

第七章　特殊农产品产地环境保护

第八章　法律责任

第九章　附则

之所以做上述结构安排,理由如下:

（一）总则、法律责任、附则

"总则—分则—附则"乃是全国人大常委会立法的最常见结构,也是

---

① ［法］孟德斯鸠:《论法的精神》（上）,许明龙译,商务印书馆 2012 年版,第 296 页。

受大陆法系民法立法"提取公因式"思维影响的结果。总则乃是对分则的共通规则的提取，附则则主要是生效时间、名词解释、适用范围等。"农产品产地环境保护法"作为一部社会公共事务立法，在没有特殊情形下，也应当参考《环境保护法》《农产品质量安全法》《食品安全法》等公共事务立法，采用上述通行结构。

法律责任也是公共事务立法最常见的内容，往往置于整个法律文本的倒数第二章，附则之前。法律责任的内容是对法律文本前面的条款所对应的责任，其主要内容是行政责任，尤其是行政相对人的行政违法。民事责任、刑事责任以及行政机关及其公务人员的行政违法行为也属于必要内容，一般都会涉及。

"农产品产地环境保护法"的总则主要规定以下内容：立法依据与目的、适用范围、管理体制、相关科学技术、宣传教育、资金安排、奖励等。

"农产品产地环境保护法"的附则主要规定本法的生效时间、名词解释。

（二）监督管理

"监督管理"乃是对农产品产地环境保护监督管理的规定。在有些立法中，监督管理被置于"法律责任"之前。如《农产品质量安全法》"第六章 监督检查"。在另一些立法中，监督管理则被置于总则之后，分则之前。如《环境保护法》"第二章 监督管理"。"农产品产地环境保护法"之所以选择后者，乃是由于有若干条款，是具体监管措施的前提，但是根据立法习惯，不宜置于总则之中，如规划、标准、监测、调查等。

农产品产地环境监督管理主要包括农产品产地环境规划、农产品产地环境标准、农产品产地环境监测、农产品产地环境调查等。

（三）防范外源性污染

农产品产地环境保护法包括一般农产品产地环境保护法和特殊农产品产地环境保护法。作为基础性、统领性的专门立法，"农产品产地环境保护法"的重点乃是一般农产品产地环境保护法。特殊农产品产地环境保护法的规则仅仅是原则性的设计，具体还需行政法规、部门规章予以细化。因此，"农产品产地环境保护法"在监督检查之前，专门设计一章

"特殊农产品产地环境保护"。而在此章之前，"监督检管理"之后，为"一般农产品产地环境保护法"的分则。

"农产品产地环境保护法"逻辑过程包括农产品产地环境污染源防治、对被污染农产品产地的环境干预、农产品出产后的产地环境管理。而农产品产地环境污染源防治又可分为两个方面：防范外源性污染、农产品生产过程污染防治。因此，"农产品产地环境保护法"的分则就可以按照上述四个章节展开。

防范外源性污染可以分为一般性的污染防治措施，以及农产品产地周围重点排污单位管制制度。其中，后者乃是重点。

（四）防治农产品生产过程污染

农产品生产过程污染是导致农产品产地环境问题的重要原因。防治农产品生产过程污染可以分为两个大的方面：农业投入品的管理、污水灌溉与污泥肥田的规范。其中农业投入品管理在我国是难点，但非立法重点。对于农业投入品，仍然应当从农业投入品生产环节予以规制。对于农业企业化生产单位，也应当强化其农业投入品使用的管理。

污水灌溉乃是防治农产品生产过程污染立法的重要内容。污水灌溉技术在我国仍然大量采用。2014 年环境保护部、国土资源部发布的调查显示，55 个污水灌溉区中，有 39 个存在土壤污染。[①] 目前，《环境保护法》《土壤污染防治法》《水污染防治法》等法律已经涉及污水灌溉问题，但是都比较原则。"农产品产地环境保护法"需要对污水灌溉的监管进行较为详细的制度设计。

（五）对被污染农产品产地的环境干预

对被污染或者可能被污染的农产品产地，需要进行风险管理。一方面，应当以列举的方式明确需要实施风险管理的农产品产地；另一方面，对于如何进行农产品产地环境风险调查、风险评估、风险控制需要明确。

对于被污染的农产品产地，需要采取有针对性的修复措施。对被严

---

① 环境保护部、国土资源部：《全国土壤污染状况调查公报》，《中国环境报》2014 年 4 月 18 日第 1 版。该报告显示："在调查的 55 个污水灌溉区中，有 39 个存在土壤污染。在 1378 个土壤点位中，超标点位占 26.4%，主要污染物为镉、砷和多环芳烃。"

重污染区域需要进行专门的环境修复，此类环境修复一般应当由专业的环境修复机构实施，由责任人承担费用。对于轻污染的农产品产地，则需要由产地权利人或者农产品生产者根据要求实施修复，费用亦应当由责任人承担。

以上关于农产品产地环境风险管理，环境修复等内容，需要与《土壤污染防治法》关于土壤环境风险管理、土壤环境修复相衔接。

对于被严重污染，不宜再生产农产品的，应当划定为农产品禁止生产区。原则上，农产品禁止生产区不得生产食用农产品。对于非食用农产品生产，则应当以正面列举的方式予以明示。这一做法与《农产品质量安全法》的规定有所不同。

（六）农产品产地环境信息公开与公众参与

"我们在这方面使用的方法，是民主的即说服的方法，而不是强迫的方法。"① 农产品产地环境信息公开与公众参与，主要是针对农产品出产之后的产地环境规制。其中主要包括三个方面：农产品产地环境信息公开、农产品产地标识、农产品产地环境公益诉讼。

（七）特殊农产品产地环境保护

特殊农产品产地环境保护乃是针对"三品一标"农产品和名优特农产品。事实上，绝大多数名优特农产品都申请了农产品地理标志。因此，大部分内容乃是重合的。"农产品产地环境保护法"仅对特殊农产品产地环境保护进行原则上的设计，具体仍需要由国务院制定行政法规，各地方需要根据本地实际制定特殊农产品产地环境保护的地方性法规。

第三节　科学践履："农产品产地环境保护法"的具体内容

由于篇幅所限，本书无法就"农产品产地环境保护法"每个具体内容予以阐述，现仅对立法目的、基本原则、管理体制、公法规制、私法

---

① 《毛泽东选集》第 4 卷，人民出版社 1991 年版，第 1476 页。

干预等内容做一番构想。由于本书前述内容已对上述理论问题进行研讨,本节所阐述的主要是"中华人民共和国农产品产地环境保护法"的具体设计,既是对前文理论研究的应用,也是结合立法必要性、可行性、现实性条件等做出的有针对性的方案。

一　"农产品产地环境保护法"的立法目的

"农产品产地环境保护法"以一元论确定其立法目的。结合我国的实际,一般情况下会先入为主地认为,我国的农业总体水平不高,农产品生产者的生活水平还很低下,农民的权益需要保障,进而得出农产品生产者是弱者的结论,再进一步就倾斜为对农产品生产者的保护了。上述结论的得出是不恰当的。虽然在我国农业还很不发达,农民的权益还需要保障,但是在农产品生产上却存在严重的信息不对称问题。农产品生产者掌握着农产品生产的全过程,对农产品产地环境非常熟悉,对于农产品产地环境的影响也很大。因此,在农产品生产上农产品生产者处于优势地位,在农产品产地环境保护上亦是如此,不能单纯地将农产品生产者作为弱者。相反,农产品消费者不能掌控农产品生产过程,处于弱者地位,应当予以保护。"农产品产地环境保护法"正是基于一元目的论,将农产品消费者的权益保障作为最终目的。

对于保护农产品产地环境,防治农产品产地环境污染和生态破坏,与一元目的论并不矛盾。首先,保护农产品产地环境,防治农产品产地环境污染和生态破坏是"农产品产地环境保护法"的直接目的,而保障农产品消费者和公众的权益则是"农产品产地环境保护法"的根本目的,二者在目的体系中处于不同位置,不存在矛盾的空间。其次,保护农产品产地环境、防治农产品产地环境污染和生态破坏是实现保障农产品消费者权益的必要条件,它们是一贯的。如果农产品产地环境遭到污染或者破坏,那么农产品消费者的权益就很难得以保障。反之,只有农产品产地环境保护工作做好了,农产品产地环境污染和破坏得以遏制,农产品消费者的权益才能得以保障。

因此,"农产品产地环境保护法"的目的包括以下四个要点:第一,保护农产品产地环境,防治农产品产地环境污染和生态破坏是农产地环境保护法的直接目的。第二，保障农产品质量安全是农产品产地环境保护法的基本目的。第三，维护农产品消费者和公众的人身健康是农产品产地环境保护法的最终目的。第四，促进农业的发展和保障农产品生产者的权益，则不应当成为农产品产地环境保护法的目的。

二　"农产品产地环境保护法"的基本原则

"农产品产地环境保护法"应当确立预防、综合协调、公众参与等三项基本原则。

（一）预防原则

"最后一个目的，在于不管所防止的损害是什么，以尽可能小的代价防止之。"① 预防原则是我国《环境保护法》的基本原则之一，我国环境法的起步即确立了该原则。"从中国看，早在《关于保护和改善环境的若干规定（试行草案）》（1973）就已提到贯彻'预防为主'的方针。"② 随着《环境影响评价法》《清洁生产促进法》《循环经济促进法》等法律文件的出台，特别是2014年《环境保护法》的修订，预防原则被确立为我国环境法的基本原则之一。然而，"农产品产地环境保护法"确立和实施预防原则还是有很长的路要走。首先，我国农产品产地环境保护立法还很不成熟，农产品产地环境保护预防原则本身也可能存在一些瑕疵。其次，从历史上来看，我国环境保护工作虽然提倡预防为主、防治结合和综合治理原则，但是这项原则在实践中被异化了，并未得以贯彻实施，而是演变为环境保护不重视预防，反而在出事之后才抓。因此，农产品产地环境保护预防原则还有很长的路要走。在农产品产地环境保护立法中实施预防原则，从工作方法上必须要做到以下几点：

第一，思想上提高对农产品产地环境保护预防原则的认识。所以无论是农产品生产者，还是农产品产地环境管理者，再或者是农产品产地的排污者或者潜在排污者，都应当引起重视，树立预防观念。一旦发生了农产品质量安全问题，不仅农产品生产者责任难逃，农产品产地环境

---

① 　[英]边沁：《道德与立法原理导论》，时殷弘译，商务印书馆2000年版，第229页。

② 　蔡守秋主编：《环境资源法教程》，高等教育出版社2010年版，第125页。

监管者也应当承担责任。

第二，制度上保障农产品产地环境保护预防原则的落实。预防原则的制度保障主要体现在农产品产地环境保护立法的重点应当置于预防前端，如农产品产地环境监测、农产品产地环境影响评价、防范外源性污染、防范农产品生产过程污染等。农产品产地环境调查与监测是基本前提。必须建立统一的农产品产地环境监测制度，定期或者不定期开展农产品产地环境普查。必须制定严格的产地环境标准，结合农产品本身的特点和农产品生产的特点，出台农产品产地主要环境要素标准。还应当严格做好产地环境质量分级，特别是农产品禁止生产区要严格监管，一旦发现有从事被禁止的农产品生产活动，要立即取缔。

第三，方法上借鉴风险管理的方法。风险管理是为应对现代风险社会而产生的一种管理方法，其主要内容是风险分析、风险评估、风险管理。风险管理在现代公共事务立法中广泛采用，如《核安全法》《土壤污染防治法》《航空法》等。"农产品产地环境保护法"可以借鉴上述法律尤其是《土壤污染防治法》的土壤分级分类和风险管理方法，建立农产品产地环境风险管理制度。

（二）综合协调原则

综合治理是《环境保护法》的基本原则之一。"农产品产地环境保护法"应当在该原则的基础上升华确立综合协调的原则，在内容上包括三个方面：一是对我国农产品产地环境实施全面、综合的保护。二是以综合性为指导，确立我国农产品产地环境保护管理体制。三是综合协调各利益主体之间的关系。

对于第一方面，应当尤其避免以农用地保护、土壤污染防治替代农产品产地环境保护。对于第二方面，应当建立综合高效的管理体制。对于第三方面，我国农产品产地环境保护法必须防止过度抑制农产品生产者的权益，主要通过补贴和补偿制度、追偿制度等来实现。

（三）公众参与原则

公众参与是《环境保护法》的基本原则之一。1973 年 8 月第一次全国环境保护会议审议通过的《关于保护和改善环境的若干规定》所确立的环境保护 32 字方针就有"依靠群众、大家动手"的表述。①《环境保护法》也将公众参与作为基本原则。"农产品产地环境保护法"应当确立公众参与原则,不仅在总则中要对公众参与农产品产地环境保护作出原则性规定,还需在公众参与农产品产地环境决策、环境信息公开、公益诉讼等具体制度中予以落实。

三　农产品产地环境保护管理体制

"知者行之始、行者知之成:圣学只一个功夫,知行不可分作两事。"② 管理体制乃是法律中最突出的实践,最重要的"行"。应当以公共利益原则、集中统一原则、效率原则和科学原则为标准,构建生态环境部门、农业农村部门分工负责,其他相关部门配合的管理体制。

(一)管理体制的基本原则

所谓监管体制,是指行使监督管理职权的机构的设置及其相互关系。农产品产地环境保护监督管理体制是指行使农产品产地环境保护监督管理职权的行政部门的设置、职权及相互关系。如果说在农产品产地环境保护法中,行政机关与相对人的关系是一个方面,那么管理体制则是行政机关之间的关系,成为另一方面。合理的监督管理体制是保障监督管理效率的必备条件,监督管理体制不合理就很可能导致管理的遗漏、重叠和纠纷,导致管理效率低下和成本高昂。农产品产地环境保护监督管理体制是"农产品产地环境保护法"的重点之一。为保障农产品产地环境保护监督管理体制合理、高效、合法运行,应当遵循以下原则:

第一,公共利益原则。实现公共利益是国家责无旁贷的绝对任务,③ 构建农产品产地环境保护监督管理体制应当以公共利益保护为出发点,如何能够最大限度地保护公共利益,就应当采取此种形式来构建农产品产地环境保护监督管理体制。"法律制度的任务,不仅是保护个

---

① 该 32 字方针是:全面规划、合理布局、综合利用、化害为利、依靠群众、大家动手、保护环境、造福人民。该 32 字方针在 1979 年《环境保护法(试行)》中得以沿用。
② (明)王守仁:《王阳明全集》(一),线装书局 2014 年版,第 41 页。
③ 陈新民:《德国公法学基础理论》上册,山东人民出版社 2001 年版,第 189 页。

体的权利样态,而且还要保护法律共同体成员为达成共同而进行合作的组织。"① 实践中,一些政府部门和官员行使职权不是基于公共利益保护,不是为民众服务,而是为了谋取本部门、本集团甚至个人利益,以至于扯皮推诿。"至明无偏照,至公无私亲。"② 为此,必须以公共利益保护为标杆构建农产品产地环境保护管理体制。

第二,统一原则。在公共管理中,一般而言,职能越分散,监管的成本就越高,监管效率就越低下。农产品产地环境是一项综合性的公共资源,涉及多个部门。如果将监管权限分割得过于零散,更会加剧上述恶劣情况。此外,农产品产地环境形势十分严峻,若没有相对统一管理体制,就难以做好农产品产地环境保护工作。因此,应当以统一为原则构建农产品产地环境保护监督管理体制。

第三,效率原则。效率是现代行政管理的基本价值。一般认为,管理的专门化和权力的集中化是提高效率的有效方式。管理的专门化是指由专业化的管理部门实施专门管理。权力的集中化是指行使监督管理职权应当由某一部门集中行使,从而避免部门之间的掣肘和拖沓。农产品产地环境保护监督管理既要保护农产品产地环境、保障农产品消费者和公众的人身健康不受威胁,也要提高管理效能,防止管理漏洞。因此,应当以效率为原则构建农产品产地环境监督管理体制。

第四,科学原则。农产品产地环境保护是建立在生态环境科学基础之上的,相关的管理和执法工作也应当体现科学的规律和要求。科学性为原则要求建立专门化、技术化的管理部门和合理分权的管理体制。

（二）农业农村部门主要负责防治农产品生产过程污染,对被污染农产品产地的环境干预

农产品产地环境保护是涉农事项,不可能绕开农业行政部门。广义的农业行政部门包括林业、渔业部门,狭义的农业部门仅仅是种植农业部门。因此,在农产品产地环境保护中,农业农村部门的主要职责是防

---

① 〔德〕迪特尔·梅迪库斯:《德国民法总论》,邵建东译,法律出版社2001年版,第64页。

② 〔唐〕吴兢:《贞观政要》,叶光大、李万寿、黄涤明、袁华忠译注,贵州人民出版社1991年版,第438页。

治农产品生产过程污染，对被污染的农产品产地环境的干预。基于我国目前农产品产地环境保护监督管理现状，"农产品产地环境保护法"仍然应当确立农业农村部门作为主要监管者。

我国的农业环境保护工作已经起步。对于农业环境保护工作的业务属性，目前有争议。首先，农业农村部门设置有农业环境监测系统，该系统的设立是为了监测农业环境数据，为农业农村部门系统提供技术支持。从这个意义上说，农业环境保护应当由农业农村部门来负责实施。其次，根据《环境保护法》的规定，环境保护行政主管部门负责我国的环境保护工作，虽然农业环境保护具有较强的业务属性，但也归属于环境保护问题，环境保护部门也有监管职权。根据实际情况来看，农业环境保护工作主要还是由农业部门负责，除非发生重大的农业环境污染事故时，环境保护部门才介入。法律应当明确农业行政部门在农产品产地环境保护中的职能。

国家农业农村部门一般以实施抽象行政行为，行使全国性的统筹职权。其主要职责是：（1）根据国家立法机关和行政机关的部署和委托，制定或者联合其他部门制定有关全国性的农产品产地环境保护规范性文件和政策。（2）负责重大农产品产地环境保护问题的统筹协调和监督管理。农产品产地环境保护监督管理体制涉及多个部门，一旦发生重大农产品环境问题或者遇有重要情况，一般是由农业农村部门联合其他部门，或者牵头其他部门来处理。（3）负责国家性的农产品产地环境监测，发布全国性的农产品产地环境监测信息。（4）制定或者联合有关部门制定农产品产地环境保护标准。（5）实施农产品产地环境保护主要制度。上述列举是不完全列举，在具体实施中可能会有其他职权。

（三）生态环境部门主要负责外源性污染防治

生态环境部门是外源性污染防治监督管理权限的主要行使者。包括国家生态环境部门和地方生态环境部门。总体来说，中央生态环境行政部门统一行使我国农产品产地外源性污染防治的监督管理职权，而地方生态环境部门则在本区域内行使农产品产地外源性污染防治的监督管理职权。

环境保护行政部门应当统一行使农产品产地环境外源性污染防治的管理职权。从科学性原则来讲，环境保护行政部门是环境保护行政管理职权的专业部门、专门部门。外源性污染防治虽然与农产品有关，但归根结底仍然是环境保护的核心内容，因此，环境保护行政主管部门应当就外源性污染防治行使监督管理职权，而且是主要的监管者。

其他与农产品产地环境保护有关的行政部门，如食品安全部门、海洋行政部门、质量检疫部门、工业和信息化部门等，在各自的职权范围内行使农产品产地环境保护监督管理职能。

四　农产品产地环境保护公法规制

"如今，法律领域中所使用的许多现有的概念、规则和方法，都是具有创新思维的法学家们过去的工作成果。这种关于法律乃是人类创造之物的观念，应当在法学教育中多加强调。"① "农产品产地环境保护法"中建立农产品产地环境信息公开制度、农产品产地标志制度、农产品禁止生产区制度、农产品产地环境保护公益诉讼制度等主要公法规制制度。农产品产地环境标准制度、农产品产地环境监测制度也应当在"农产品产地环境保护法"规定。至于本书第五章所述的"农产品产地确定制度"不宜在"农产品产地环境保护法"中确定，而应当在《农产品质量安全法》中予以明确。

（一）农产品产地环境信息公开制度

对于主要类型的初级农产品，应当公开其产地环境信息。需要公开的产地主要环境信息包括：土壤环境质量、水环境质量、大气环境质量、辐射环境质量。有外包装的，应当在外包装上公布。对于鲜活农产品无法添加外包装的，应当通过农产品产地溯源机制实现产地环境信息公开。需要公开产地环境信息的农产品类型，应当由国家农业农村部门和环境保护部门联合发布名录。

---

① ［荷］扬·斯密茨：《法学的观念与方法》，魏磊杰、吴雅婷译，法律出版社 2017 年版，第 117 页。

（二）农产品产地标志制度

我国目前的农产品标志主要有两个方面：一是农产品地理标志，其使用范围相当广泛。二是无公害农产品标志。此外，还有绿色食品、有机食品等标志。上述农产品标志制度需要"农产品产地环境保护法"予以整合。建议在"特殊农产品产地环境保护"一章中规定。

（三）农产品禁止生产区制度

农产品禁止生产区制度已经在我国有了相当的基础，应当整合相关法律规定，在"农产品产地环境保护法"中予以系统规定。对于农产品禁止生产区应当予以细化，完善农产品产地权利人、农产品生产者、公众对农产品禁止生产区划定和调整的参与权，补充禁止生产区域后对土地所有权人或者土地使用权人的补偿程序、禁止生产区域设立错误的救济程序、禁止生产区域生态修复等制度，进一步明确禁止生产区域的法律效力及相关法律责任。在禁止生产区设立条件方面，应当以违反农产品产地环境标准为条件。

（四）农产品产地环境保护公益诉讼制度

近年来，我国公益诉讼立法和司法实践活动取得了突破性进展。2012 年《民事诉讼法》修改确立了民事公益诉讼制度。① 2013 年《消费者权益保护法》修改增加了消费者公益诉讼制度。② 2014 年《环境保护法》修改明确了社会组织提起环境公益诉讼的资格条件。③ 2017 年全国人大常委会修改《民事诉讼法》《行政诉讼法》的决定，确立了检察机关

---

① 《民事诉讼法》第 55 条："对污染环境、侵害众多消费者合法权益等损害社会公共利益的行为，法律规定的机关和有关组织可以向人民法院提起诉讼。"

② 《消费者权益保护法》第 47 条："对侵害众多消费者合法权益的行为，中国消费者协会以及在省、自治区、直辖市设立的消费者协会，可以向人民法院提起诉讼。"

③ 《环境保护法》第 58 条："对污染环境、破坏生态，损害社会公共利益的行为，符合下列条件的社会组织可以向人民法院提起诉讼：（一）依法在设区的市级以上人民政府民政部门登记；（二）专门从事环境保护公益活动连续五年以上且无违法记录。符合前款规定的社会组织向人民法院提起诉讼，人民法院应当依法受理。提起诉讼的社会组织不得通过诉讼牟取经济利益。"

提起公益诉讼制度。[①] 2018 年通过了《英雄烈士保护法》规定了英雄烈士名誉保护公益诉讼制度。[②] 最高人民法院、最高人民检察院还制定了若干关于公益诉讼的司法解释,公布了公益诉讼的指导性案例。公益诉讼是公众参与的最重要形式。

农产品产地环境保护既是环境污染问题,也是关于众多消费者权益的问题,符合我国民事诉讼法对公益诉讼的要求。我国农产品产地环境保护专门立法应当建立公益诉讼制度,既可以保护农产品产地环境,又可以为我国公益诉讼制度的全面铺开做先导。"农产品产地环境保护法"应当规定农产品产地环境公益诉讼制度,即赋予农产品消费者起诉农产品生产者、销售者、外源性污染的行为人的权利。

五　农产品产地环境保护私法干预

"农产品产地环境保护法"应当将农产品产地环境民事责任作为立法的重点。首先,向农产品产地排放污染物或者在农产品产地从事生态破坏行为,给农产品生产者、农产品产地权利人造成损害的,可以按照环境法和侵权法对于环境侵权的一般规则来追究责任,但是可以提起公益诉讼。其次,农产品生产者的民事责任应当分情形立法:第一,农产品生产者在禁止生产区域从事农产品生产,导致其所生产的农产品不符合

---

① 对《中华人民共和国民事诉讼法》作出修改第五十五条增加一款,作为第二款:"人民检察院在履行职责中发现破坏生态环境和资源保护、食品药品安全领域侵害众多消费者合法权益等损害社会公共利益的行为,在没有前款规定的机关和组织或者前款规定的机关和组织不提起诉讼的情况下,可以向人民法院提起诉讼。前款规定的机关或者组织提起诉讼的,人民检察院可以支持起诉。"对《中华人民共和国行政诉讼法》作出修改第二十五条增加一款,作为第四款:"人民检察院在履行职责中发现生态环境和资源保护、食品药品安全、国有财产保护、国有土地使用权出让等领域负有监督管理职责的行政机关违法行使职权或者不作为,致使国家利益或者社会公共利益受到侵害的,应当向行政机关提出检察建议,督促其依法履行职责。行政机关不依法履行职责的,人民检察院依法向人民法院提起诉讼。"

② 《英雄烈士保护法》第 25 条:"对侵害英雄烈士的姓名、肖像、名誉、荣誉的行为,英雄烈士的近亲属可以依法向人民法院提起诉讼。英雄烈士没有近亲属或者近亲属不提起诉讼的,检察机关依法对侵害英雄烈士的姓名、肖像、名誉、荣誉,损害社会公共利益的行为向人民法院提起诉讼。负责英雄烈士保护工作的部门和其他有关部门在履行职责过程中发现第一款规定的行为,需要检察机关提起诉讼的,应当向检察机关报告。英雄烈士近亲属依照第一款规定提起诉讼的,法律援助机构应当依法提供法律援助服务。"

质量安全标准，由此给农产品消费者造成损害的，农产品生产者应当承担赔偿责任。第二，农产品生产者明知或应当知道某区域被严重污染，仍然在该区域从事农产品生产，导致其所生产的农产品不符合质量安全标准，由此给农产品消费者造成损害的，农产品生产者应当承担赔偿责任。除上述两种情形之外，农产品生产者一般不对消费者承担民事责任。再次，外源性污染的行为人对消费者的责任。外源性污染与农产品消费者受害者之间存在直接的因果关系的，排污者应当承担对农产品消费者的民事责任。

第 八 章

结构补强:特殊农产品产地
环境保护立法

亚里士多德说:"解除一国的内忧应该依靠良好的立法,不能依靠偶然的机会。"① 故在农产品产地环境保护的立法设计中,要进行全面审度,优化立法方案。而黑格尔说"法律应当依据具体情况和时运而发生变化,并为每种情况提供相应的制度",② 故在农产品产地环境保护立法的完善中,应该给予特殊农产品产地环境保护以更多的关注和考量,以期实现立法的完整性、科学性、合理性和立体性。农产品产地环境法包括一般农产品产地环境法和特殊农产品产地环境法。特殊农产品产地不仅应当符合农产品产地环境保护的一般规则,还须满足特殊的环境保护要求。

第一节 制度回应:特殊农产品产地
环境保护立法的规则

"'三品一标'是无公害农产品、绿色食品、有机食品和农产品地理标志的统称,它是政府主导的安全优质农产品公共品牌也是农业发展

---

① [古希腊] 亚里士多德:《形而上学》,吴寿彭译,商务印书馆 1997 年版,第 126 页。
② [德] 黑格尔:《法哲学原理》,张企泰、范扬译,商务印书馆 1997 年版,第 68 页。

进入现阶段的战略选择，是触动农业向现代农业转变的重要标志。"① 地理标志、特殊农产品标志等在保护特殊农产品产地环境方面发挥着重要作用，但是仅仅依靠标志是不够的，标志制度对产地环境的关注重视结果而轻视过程，还需要构建一整套特殊农产品产地环境保护法的制度体系。

一 特殊农产品产地环境保护立法的基本范畴

（一）特殊农产品产地环境保护法与特殊农产品

"我们可以把理论约定大体分为普遍的约定和特殊的约定。"② 所谓特殊农产品产地环境法，是指调整名优特农产品产地环境保护的规则。一般农产品产地环境法适用于普通农产品，特殊的农产品产地环境法适用于特殊农产品。

特殊农产品可以分为两类：一类是诸如无公害农产品、绿色农产品、有机农产品等特殊种类农产品，此类农产品施行特殊的产地标志管理，其产地环境保护有着更严格的要求。另一类是名优特农产品，也就是出产于特定地域的农产品，如西湖龙井茶、武夷山大红袍、阳澄湖大闸蟹此类的国内外著名农产品。名优特农产品往往是一个地方的"名片"，与该地特殊的地理环境有着密切的关系。名优特农产品施行农产品产地地理标志制度，该地理标志的申请获得与使用，一般都有比普通农产品更为严格的产地环境要求。

（二）一般农产品产地环境法与特殊农产品产地环境法的关系

一般农产品产地环境保护可以从两个角度去理解：第一，一般农产品产地环境保护法是农产品产地环境保护法的一般性规则、原则和制度，对于所有农产品产地环境保护均具有适用的意义。第二，一般农产品产地环境保护法是指人们日常生活必需的农产品，不具有特殊性质，如一般的茶叶、稻米等，这是与特殊农产品相对的。按此思路，农产品产地

---

① 农业部农产品质量安全监管局、农业部管理干部学院：《农产品质量安全监管创新与实践》，法律出版社 2013 年版，第 1 页。

② 舒国滢：《法哲学沉思录》，北京大学出版社 2010 年版，第 13 页。

环境保护法就可以分为一般农产品产地环境保护法和特殊农产品产地环境保护法。

一般农产品（如稻米、小麦、玉米等）具有较强的公共性，是人民群众生产生活必不可少的，因此，一般农产品产地环境保护具有较强的公益性，农产品产地环境保护的主要目的是保护公众的人身健康。特殊农产品与之有所不同。这种不同表现在：（1）特殊农产品的生产面积并不大，而是某一特定区域。这有利于实施专门地域保护。（2）特殊农产品的消费者不太多。特殊农产品一般不是人们生活中的必需品，而且产量也比较小。特殊农产品并非人们生活所必需，且售价较高，消费人群并不具有广泛性。因此，特殊农产品产地环境保护的主要受益者是特殊农产品生产者，其次才是消费者。特殊农产品产地环境法制的推动者也主要是地方政府和生产者。（3）特殊农产品的售价一般也较高，一些甚至成为价格昂贵的农产品。一些特殊农产品成为地方农民收入和财政收入的支柱。综合上述因素，特殊农产品产地环境法不局限于消费者权益保护方面，还要将特殊农产品质量保障、特殊农产品生产者权益作为重要内容。

特殊农产品产地环境保护应当遵循农产品产地环境法的一般规则、原则和制度。也就是说，特殊农产品产地环境必须满足保障人身健康的要求，首先符合农产品产地环境法的一般规则、原则和制度。在此基础上才能追求更高的产地环境品质。特殊农产品产地环境保护法比农产品产地环境保护法的一般性规则、原则和制度更加严格，而不能比农产品产地环境保护法低。因此在农产品产地环境立法实践中，必须要避免特殊农产品产地环境保护地方立法照搬照抄国家立法，导致其失去应有的作用。

二 特殊农产品产地环境污染的立法控制

特殊农产品产地应当实施更加严格的污染控制制度，主要表现在：

第一，申请农产品标志等的特殊农产品，其产地环境质量应当符合一定的标准。申请农产品标志的应当在许可中增加对产地环境要求，并设置相应的管理制度。对于申请绿色农产品、无公害农产品、生态农产品以及产地地理标志的，应当由国家统一设定产地环境质量标准，并将其作为批准申请的必要条件。

第二，向特殊农产品产地及其附近排放污染物的，应当遵循更加严格的排放标准。更加严格的排放标准有两重含义：一是向特殊农产品产地排放污染物的，应当比向一般的农产品产地排放污染物的标准更加严格。二是向特殊农产品产地排放污染物的，可能适用专门的农产品产地环境标准。

第三，严格在特殊农产品产地及其周边的建设项目环境影响评价制度。在农产品产地的建设项目应当实施严格的环境影响评价，更何况特殊农产品产地。如何才能体现出更加严格的环境影响评价呢？一是提高相应的环境影响评价等级。二是公众参与。在特殊农产品产地的建设项目，必须听取公众的意见，尤其是特殊农产品生产者的意见。三是提高审批单位的级别。在特殊农产品产地及其附近的建设项目，应当由较高级别的行政部门审批，防止较低级别的审批部门滥批或者乱批环境影响评价文件，给特殊农产品产地环境造成不良影响。四是加大对弄虚作假的惩罚力度。环境影响评价弄虚作假必须在法律上严厉打击，遏制在特殊农产品产地环境影响评价弄虚作假的行为。

第四，严格限制在特殊农产品产地建设排污口。严格限制在特殊农产品产地及其附近新建、扩建和改建排污口，已经存在的排污口应当严格按照该特殊农产品产地污染物排放标准进行核查，不符合该标准的，应当立即限期整改。限期未完成整改任务的，应当关停。

第五，严格的环境监测。应当对特殊农产品产地实施更加严格的环境监测。一是加大监测力度，一般应当建立专门监测站，用以专门监测该特殊农产品产地环境状况。对于特殊农产品产地比较狭小，没有必要建立专门监测站的，应当设立监测点，采集监测数据。二是加大监测频度。应当加大特殊农产品产地环境监测的频率，更加科学地采集监测数据。

第六，严格的农业投入品监管要求。在特殊农产品产地不得使用国家禁止使用的农药和其他化学药品，鼓励使用低毒、低残留的农药和化学药品。如果仅仅只是字面上写鼓励，而没有具体的鼓励措施，很难实现鼓励的效果。① 实践中，农药和化学物品主要是通过农药残留检测来实现的，特别是在对外贸易中，绿色贸易壁垒的重要内容之一就是农药和其他有毒有害物质残留。"贸易与环境之间存在潜在冲突，我们应该寻求这两者的平衡。"② 通过农药和有毒有害物质残留检测能够有效促进农产品生产者使用低毒、低残留的农药和化学物品。为此应当根据国家和国际社会的要求，结合本农产品的特性，出台相应的特殊农产品农药和化学物品残留标准，并制定指导性的施用农药和化学物品的方案。

第七，特殊农产品产地环境法律责任。特殊农产品产地环境法律责任与一般的农产品产地环境法律责任相比，具有以下特殊性：特殊农产品产地环境保护民事责任的重点是向产地排放污染，导致该特殊农产品产地环境受到污染、生产能力下降和农产品绝收、减产、品质下降所遭受的损失，即直接暴露型环境污染损失。特殊农产品产地具有特殊的自然地理条件，一般而言，其产地的地域面积比较小。特殊农产品的品质较高、产量较小、售价较高，可能是生产者的主要经济来源，也是地方税收的重要来源。特殊农产品生产者与地方政府对于农产品产地环境都有切实的利益关系，不能眼看外源性污染对名优特农产品产地造成损害而置之不理。因此，特殊农产品生产者有很大的积极性追究外源性污染的行为人的民事责任。

第八，防止特殊农产品产地环境质量下降。该产地的环境质量下降，不能达到特殊农产品产地环境要求的，应当视其严重程度采取不同的措施：首先，虽然产地环境质量不能达到特殊农产品产地环境标准的，但其环境质量仍然较好的，应当进行整改，限期完成目标。整改期限届满，环境质量达到特殊农产品产地环境要求的，该区域可以继续生产特殊农

---

① 2013年5月5日中国中央电视台焦点访谈节目报道，山东潍坊市峡山区有农户使用剧毒农药"神农丹"进行大姜种植。该报道引起了社会的广泛关注，随后，记者调查发现，姜农称，违禁农药不仅效果好，而且价低。参见《潍坊有农户种姜用剧毒农药 媒体报道后当地展开调查并进行收缴门店经理被刑拘》，载《京华时报》2013年5月6日，第A23版。可见，农药的价格是重要因素之一。要鼓励使用低毒低残留农药，就必须有硬性的机制。

② ［美］帕特莎·波尼、埃伦·波义尔：《国际法与环境》（下），那力、王彦志、王小钢译，高等教育出版社2007年版，第666页。

产品，地理标志应当延续。限期没有完成目标，即环境质量仍未达到特殊农产品产地环境要求的，该区域不得继续生产该特殊农产品，应当注销其地理标志。其次，产地环境质量不仅不能达到特殊农产品产地环境要求，而且严重恶化的，应当立即撤销其地理标志。符合农产品禁止生产区划定标准的，应当将该区域划定为农产品禁止生产区域。

三　地方立法与特殊农产品产地保护

特殊农产品与该地的地理环境有着密切的联系，如杭州西湖龙井、福建武夷大红袍、阳澄湖大闸蟹等。之所以能够生产出这些农产品，与该地的水、土壤、光照等自然条件密不可分，一旦缺乏这些条件，就难以获得如前的产品品质。这也是这些农产品能够成为特殊农产品的奥秘所在。特殊农产品产地特殊的地理环境是一笔宝贵的天然财富，如果保护得好，可以持续地为本地提供无尽的财富。因此，特殊农产品产地往往需要划定保护区域进行专门保护。首先，特殊农产品产地一般地理区域面积不大，划定保护区域具有可行性。其次，特殊农产品产地具有强烈的自然地理特征，需要加以特殊保护。特殊保护的区域可以是陆地区域，也可以是水域。

如果说一般农产品产地环境保护具有更强的统一性、普遍性和公益性，那么特殊农产品产地环境保护则具有较强的特殊性、地域性和经济性。"中央政府一直是自上而下地发号施令，通过监管体系严格控制着生产集团的活动。但是，在'建制''分配'和'再分配'多种政策模式并存的复杂局面下，实际上政策的执行是以协商而不是命令的形式进行的。"[①] 一般农产品产地环境保护的法制可以由国家统合进行，自上而下地推进。但是特殊农产品产地环境保护的法制很难由国家统合，特殊农产品产地环境法应当由地方来推进，而且地方推进也有其动力。"学习环境法，也有必要缩小视野、专注到某个具体时空进行研究。自然空间各

---

① ［英］约瑟夫·绍尔卡：《法国环境政策的形成》，韩宇等译，中国环境科学出版社2012年版，第163页。

个地域各有不同特色，实行全国'一刀切'的办法不能很好地保护环境。"① 特殊农产品产地环境法应当将重点置于地方推进之上。

第二节　样本解读：特殊农产品产地环境保护立法实证分析：以《杭州市西湖龙井茶基地保护条例》为对象

"一花一世界，一树一菩提。"② 基于上文对特殊农产品产地环境法理论的一般分析，本节以《杭州市西湖龙井茶基地保护条例》为例，对特殊农产品产地环境法进行"解剖麻雀"式的研究。"如果一种方法乃是实现某个预定目标的方法，那么一种研究方法便是为如何开展研究提供规则的方法：它指明如何获取知识以便解答某个问题。"③ 本节采用的便是实证研究的方法，以获得关于特殊农产品产地环境保护立法的知识。

"西湖周边山势连绵、林木茂密、翠竹婆娑，依湖（西湖）临江（钱塘江）。西湖龙井茶区镶嵌于群山山峦峰谷之间，与森林为伴，上承天地四时之气，下凭钟毓地利之优，得天独厚的生长环境是西湖龙井茶优异品质形成的基础，保护茶园环境和基地是西湖龙井保护的基础。"④ 然而，由于大气、土壤和水质的污染变化，逐渐影响茶叶生产基地的外环境，同时由于茶农一家一户分散防治病虫害，存在的用药多、乱、杂问题，

---

① ［日］交告尚史、臼杵知史、前田阳一、黑川哲志：《日本环境法概论》，田林、丁倩雯译，中国法制出版社2014年版，第3页。

② 语出唐蜗《奇题庐山东林寺三笑庭联》，全文是：桥跨虎溪，三教三源流，三人三笑语；莲开僧舍，一花一世界，一叶一如来。

③ ［荷］扬·斯密茨：《法学的观念与方法》，魏磊杰、吴雅婷译，法律出版社2017年版，第127页。

④ 商建农：《"后世遗时代"西湖龙井茶如何发展》，《杭州日报》2011年7月4日，第B8版。该文还指出，必须要大力推广茶树病虫绿色防控技术与测土配方施肥技术，减少农药和肥料的用量，保护茶园生态环境。当前应大力推广以太阳能杀虫灯和信息素色板为主的物理防治，以生物农药和矿物农药为主的生物防治，以统防统治为模式的科学的化学防治，保护茶树害虫天敌，达到茶树病虫的绿色防控。通过测土配方，科学选用肥料和用量，既能保障茶树的生长，又能降低对环境的影响。

也在逐步破坏基地的生态平衡。① 新华网刊登《谁"伤"了西湖龙井的品质?》一文,指出西湖龙井生产环境恶化,致使西湖龙井春茶铅超标的情况。②《今日早报》刊登《"垃圾山"上种的西湖龙井啥味道?》一文,提出了公众对于位于杭州天子岭垃圾填埋场的 500 棵西湖龙井茶树的品质的担忧。③ 对于西湖龙井的污染源,有学者总结道:"造成西湖龙井污染的原因主要有:第一,西湖龙井茶保护区域的旅游项目的开发项目带来的污染。第二,茶农毁林种茶,造成水土流失。第三,茶叶生产过程中的化肥、农药的影响。"④ 早在 2001 年,杭州市人民政府就公布了《杭州市西湖龙井茶基地保护条例》,该条例要求划定杭州西湖龙井茶基地和后备基地,并实施分级保护。该条例还规定了对杭州西湖龙井茶基地和后备基地实施的生态破坏和环境污染的监管。

一 条例对产地环境保护的规定

"理论的建构很大程度上依赖于诸如地方文化、社会期望、社会和制度变化的速度和规模、当地解决纠纷的方法以及资源本身的禀赋等迥然不同的因素。"⑤《杭州市西湖龙井茶基地保护条例》是我国第一个专门保护农产品产地的地方性法规,率先建立了西湖龙井茶基地和后备基地制度,对西湖龙井茶基地实施分级保护,规定了西湖龙井茶基地的若干保护措施,包括基础设施保护、土壤保护、环境污染防治、农药和化肥的使用。

---

① 杭州市人民政府:《关于〈杭州市西湖龙井茶基地保护条例〉执行情况的报告》,载杭州人大网:http://www.hzrd.gov.cn/rdhy/cwhhy/d22c/hbbg/201004/t20100428_204350.html,2013 年 4 月 16 日。

② 盛岚:《谁"伤"了西湖龙井的品质?》,载新华网:http://www.zj.xinhuanet.com/newscenter/2012-04/13/content_25064057.htm,2012 年 4 月 16 日。

③ 章高航、黄轶涵:《"垃圾山"上种的西湖龙井啥味道?》,《今日早报》2012 年 4 月 6 日,第 A05 版。

④ 金建公:《保护龙井茶产地生态环境 为西湖申遗添彩》,《茶叶》2011 年第 3 期,第 182 页。

⑤ [美] 丹尼尔·H.科尔:《污染与财产权——环境保护的所有权制度比较研究》,严厚福、王社坤译,北京大学出版社 2009 年版,第 132 页。

（一）西湖龙井茶基地土壤保护

《杭州市西湖龙井茶基地保护条例》第 13 条规定了西湖龙井茶基地的三项禁止行为：禁止闲置、荒芜西湖龙井茶基地，禁止将西湖龙井茶基地改种其他作物或挖塘养殖，禁止在西湖龙井茶基地建坟、采矿、挖沙、取土等行为。[①]

该条文与《土地管理法》第 36、37 条类似，[②] 主要内容是西湖龙井茶土壤的充分合理利用，而禁止在西湖龙井茶基地建坟、采矿、挖沙、取土等行为则是保护杭州西湖龙井茶基地土壤生态的。

（二）禁止向西湖龙井茶基地排放废弃物

杭州西湖龙井茶基地环境保护的重要方面是防治污染物进入西湖龙井茶基地。采取预防性措施的最重要方式是阻断污染物进入西湖龙井茶基地。因此，禁止向杭州西湖龙井茶基地排放污染物是维护西湖龙井茶基地环境的重要措施，主要表现在第 13 条第 1 款[③]，但该条文也比较原则。与之相对应的责任条款是《杭州市西湖龙井茶基地保护条例》第 23 条，[④] 该条对于具体按照何种法规处理并未明确说明。与之关系最为密切当属《固体废物污染环境防治法》。然而，即使按照《固体废物污染环境防治法》的处罚标准，最高处罚标准是 10 万元人民币，也很难遏制严峻的犯罪行为。

（三）禁止在西湖龙井茶基地建设有污染的建设项目

《杭州市西湖龙井茶基地保护条例》禁止在西湖龙井茶基地和后备基

---

① 《杭州市西湖龙井茶基地保护条例》第 12 条："禁止任何单位和个人闲置、荒芜西湖龙井茶基地。禁止任何单位和个人将西湖龙井茶基地改种其他作物或挖塘养殖。禁止在西湖龙井茶基地建坟、采矿、挖沙、取土等行为。"

② 《土地管理法》第 36 条第 2、3 款："禁止占用耕地建窑、建坟或者擅自在耕地上建房、挖砂、采石、采矿、取土等。禁止占用基本农田发展林果业和挖塘养鱼。"《土地管理法》第 38 条："禁止任何单位和个人闲置、荒芜耕地。……"承包经营耕地的单位或者个人连续两年弃耕抛荒的，原发包单位应当终止承包合同，收回发包的耕地。

③ 《杭州市西湖龙井茶基地保护条例》第 13 条第 1 款："禁止向西湖龙井茶基地和西湖龙井茶后备基地倾倒、堆放和处置废弃物。"

④ 《杭州市西湖龙井茶基地保护条例》第 23 条："违反本条例规定，在西湖龙井茶基地和西湖龙井茶后备基地内倾倒、堆放和处置废弃物的，由环境保护或市容环卫行政执法部门按照有关法律和法规规定进行处罚。……"

地从事污染环境的建设项目，主要表现在第13条第2款。① 该规定较为严格，它禁止了一切排放污染的建设项目，也存在以下问题：

第一，法条中只讲到附近禁止建设污染项目，对基地之内是否禁止没有明确，只能根据"举轻以明重、举重以明轻"的解释方法，认为在西湖龙井茶基地及后备基地之内也禁止有污染的建设项目。

第二，何谓附近？是一个不明确的概念，《杭州市西湖龙井茶基地保护条例》并未指出何种范围内是附近。这是该条例的盲点，会导致立法成效大打折扣。因此，附近的地理范围亟待明确。

第三，何谓"有污染的项目"？从文意上解释，所谓有污染就是向环境排放污染。事实上任何活动都会向环境排放污染。因此该条的字面含义是在西湖龙井茶基地和后备基地，任何向环境排放污染物的项目均属被禁止之列。如此的话范围过宽。

第四，限期治理。② 限期治理的规定与前半段的禁止在理念上不符合。既然禁止有污染环境的项目，那么已经建成的就应当拆除或者搬迁。

此外，在限期治理的决定权上，《杭州市西湖龙井茶基地保护条例》第13条没有明确规定应当由谁做出限期治理决定，但其第23条规定："对限期治理逾期未完成治理任务的企业，由作出限期治理决定的人民政府责令停业、关闭。"因此可以推断，限期治理的决定应当由相关人民政府作出，而不是环境保护行政主管部门。根据《固体废物污染环境防治法》和《水污染防治法》③，环境保护行政主管部门就有权做出限期治理

---

① 《杭州市西湖龙井茶基地保护条例》第13条第2款："禁止在西湖龙井茶基地和西湖龙井茶后备基地附近建设有污染环境、损害西湖龙井茶生产的项目。已经建设的有污染的项目，应采取措施限期治理；无法治理的，必须予以搬迁。"与之相似的条文是《水污染防治法》第59条，该条规定："禁止在饮用水水源二级保护区内新建、改建、扩建排放污染物的建设项目；已建成的排放污染物的建设项目，由县级以上人民政府责令拆除或者关闭。"

② 关于限期治理，首先需要指出的是，国家环境保护部已于2009年审议通过《限期治理管理办法（试行）》，对环境保护中的限期治理作出了系统规定。但是该办法仅仅适用于水污染领域，颇有名不副实之嫌。

③ 《固体废物污染环境防治法》第81条："违反本法规定，造成固体废物严重污染环境的，由县级以上人民政府环境保护行政主管部门按照国务院规定的权限决定限期治理；逾期未完成治理任务的，由本级人民政府决定停业或者关闭。"《水污染防治法》第85条："有下列行为之一的，由县级以上地方人民政府环境保护主管部门责令停止违法行为，限期采取治理措施，消除污染，处以罚款；逾期不采取治理措施的，环境保护主管部门可以指定有治理能力的单位代为治理，所需费用由违法者承担：……"

决定，无须再由人民政府作出决定。

（四）西湖龙井茶基地农业投入品监管

《杭州市西湖龙井茶基地保护条例》对农业投入品（主要是茶生产投入品）的禁止和限制性规定。

一是对国家禁止使用的农药和化学品的规定，体现在第 15 条第 1 款。① 然而，该条规定的意义不大。根据《农业法》第 25 条第 2 款的规定，② 农业生产过程中，农业生产者不得使用国家禁止使用的农药和其他化学物品。杭州西湖龙井茶基地作为特殊的农产品基地，对于农药和化学物品的使用应当具有更加严格和高标准的规定，方能更加有效地保护西湖龙井茶基地，保障杭州西湖龙井茶的品质。

二是肥料施用应当符合国家有关标准，体现在第 15 条第 2 款。③ 该规定没有体现出杭州西湖龙井茶基地保护的特殊性，意义不大。

（五）杭州西湖龙井茶基地环境监测和评价

《杭州市西湖龙井茶基地保护条例》第 15 条第 3 款对杭州西湖龙井茶基地的环境监测和评价进行了规定。④ 从语义解释的角度来看，实施西湖龙井茶基地监测和评价的主体包括农业行政主管部门和环境保护行政主管部门。首要责任单位是农业行政主管部门，环境行政主管部门发挥配合和辅助作用。

《杭州市西湖龙井茶基地保护条例》第 15 条第 3 款规定的环境评价，与《环境保护法》《环境影响评价法》规定的环境影响评价有所不同。其所谓的环境评价是为政府提供报告之用，并不是监控杭州西湖龙井茶基

---

① 《杭州西湖龙井茶基地保护条例》第15条第1款："不得在西湖龙井茶基地和西湖龙井茶后备基地内使用国家禁止使用的农药和其他化学物品。"

② 《农业法》第25条第2款："各级人民政府应当建立健全农业生产资料的安全使用制度，农民和农业生产经营组织不得使用国家明令淘汰和禁止使用的农药、兽药、饲料添加剂等农业生产资料和其他禁止使用的产品。"

③ 《杭州市西湖龙井茶基地保护条例》第15条第2款："在西湖龙井茶基地和西湖龙井茶后备基地使用肥料和作为肥料的城市垃圾、污泥的，应当符合国家有关标准。"

④ 《杭州市西湖龙井茶基地保护条例》第15条第3款："市、区农业行政主管部门应当会同同级环境保护行政主管部门对西湖龙井茶基地地力、施肥效应和环境污染进行监测和评价，并定期向本级人民政府提出地力变化状况报告和环境质量与发展趋势的报告。"

地环境的措施。因此，是附属于杭州西湖龙井茶基地环境监测的。

此外，语言表述上一般不使用"环境污染监测"。监测对象并非环境污染而是环境状况，故多数使用"环境监测"或者"环境状况监测"。

二 对条例环境保护规定的检讨

加达默尔说："正是这种经验在历史研究中导致了这样一种观念，即只有从某种历史距离出发，才可能达到客观的认识。的确，一件事情所包含的东西，即居于事情本身中的内容，只有当它脱离了那种由当时环境而产生的现实性时才显现出来。"[①]《杭州市西湖龙井茶基地保护条例》对杭州西湖龙井产地划定特定范围并进行保护具有进步性，它顺应了杭州西湖龙井茶品质保障的要求，体现了杭州西湖龙井茶产地保护的规律，沿袭和整合了当时既有的国家相关规定，在推进西湖龙井茶基地环境保护方面发挥了作用，是特殊农产品产地保护地方立法的有益尝试。

《杭州市西湖龙井茶基地保护条例》也存在很多不足，本书重点论述其环境保护方面的内容，主要表现如下：

第一，从立法技术看，《杭州市西湖龙井茶基地保护条例》不够精细，一是大部分条文与国家立法相仿，内容抽象，可操作性不足，这与其作为地方立法的秉性不相吻合。二是结构单一，内容简单。虽然立法的条文多少并不代表立法质量，但是《杭州市西湖龙井茶基地保护条例》条文过少，没有分章分节。三是立法语言不够科学，一些语词使用不严谨。

第二，从立法内容看，《杭州市西湖龙井茶基地保护条例》的制定说明立法者已经认识到了需要通过立法（地方立法）加强对杭州西湖龙井茶基地的保护的必要性，在制度设计方面却未能确立更加严格保护特殊农产品产地环境的原则。"'文本'是指不要从传统或个人的角度

---

① ［德］汉斯—格奥尔格·加达默尔：《真理与方法——哲学诠释学的基本特征》，洪汉鼎译，上海译文出版社 2004 年版，第 385 页。

阅读，而是要看文章本身写作的方式。"①　条例缺乏切实可行的环境保护方案，环境保护措施多沿袭既有的立法，或者对既有条文稍作修改形成的内容，甚至连环境保护法领域环境保护和污染防治的一些主要制度都没有在条例中体现，如环境保护规划、"三同时"、环境影响评价、排污许可等。

第三，从运行效果看，《杭州市西湖龙井茶基地保护条例》颁布于2001 年，从当时的情况来看虽具有进步性，但时过境迁，不仅杭州西湖龙井茶生产情况发生了不少变化，法律制度体系也发生了重大变化。"城市法律体系的第四个特征是它的发展能力，即它不仅趋向于变化，而且自觉地趋向于连续而有组织地发展。"②《环境影响评价法》《农产品质量安全法》《土壤污染防治法》《农产品产地安全管理办法》等规范性文件的出台，《环境保护法》《农业法》《水污染防治法》《大气污染防治法》《固体废物污染环境防治法》等法律的修改对农产品产地环境保护（包括特殊农产品产地环境保护）的法制背景作出了很大的改变，一些制度得以建立，曾作为重点的制度被淡化甚至剔除。因此，跟踪农产品产地环境法制的形势，对《杭州市西湖龙井茶基地保护条例》作出修改完善是非常必要的。然而，自 2001 年该条例颁布至今，未曾作出修改，也未有其他的文件对《杭州市西湖龙井茶基地保护条例》作出实质性修改。

保护杭州西湖龙井茶产地仅仅依靠《杭州市西湖龙井茶基地保护条例》是远远不够的，还需要地方政府出台一系列的配套措施和政策。从目前情况看，杭州西湖龙井茶基地保护的力量仍然比较单薄，政策措施保障力度不够，需要加强。特殊农产品产地环境需要特别的法律保护，需要专门的制度。推进特殊农产品产地环境保护法，中央应当规定带有共同性的一般规则，地方应根据本地需求制定地方名优特农产品产地环境保护的法规、规章。

---

① 傅佩荣：《哲学与人生》，东方出版社 2005 年版，第 57 页。

② ［美］哈罗德·J. 伯尔曼：《法律与革命——西方法律传统的形成》，贺卫方、高鸿钧、张志铭、夏勇译，中国大百科全书出版社 1993 年版，第 481 页。

余音绕梁:结论

"真理仿佛带了它的结论而来;而那结论却产生了它的第二个。"① 在严峻的食品安全形势下,必须将农产品安全监管之手延伸至农产品生产环节。而产地环境状况直接影响着农产品质量,农产品产地环境保护理所当然地成为食品安全和农产品安全的基础性环节。"法律作为各种社会目的的一种手段,而非目的本身的观念。"② 法律调整农产品产地环境保护问题形成了一个新的领域,即农产品产地环境保护法。

虽然环境法自诞生之日起就与农产品密切相关,但是作为一个专门领域,即使在世界范围内,农产品产地环境保护立法都还属于新兴事物。传统的法律对农产品产地的调整无论在目的、范围还是方法上,都难以实现对农产品消费者和公众的保护。农产品产地环境保护立法就应运而生了!

"其实,无论是规范法学所研究的制度,还是社科法学所讨论的实践,都只是'法制'的表现形式,也都仅仅属于法学研究的对象而已。法学研究的根本目的应当是发现法律运行的规律,提出富有解释力的法学理论。"③ 农产品产地环境保护立法维护农产品消费者和公众的人身健康,而传统的环境法主要保护暴露在被污染环境中的人,此为农产品产地环境保护法最突出的特征。进言之:

---

① [印度]泰戈尔:《飞鸟集》,郑振铎译,中国画报出版社 2011 年版,第 153 页。
② [英]雷蒙德·瓦克斯:《读懂法理学》,杨天江译,广西师范大学出版社 2016 年版,第 250 页。
③ 陈瑞华:《论法学研究方法》,法律出版社 2017 年版,第 276 页。

第一,在法的目的方面,农产品产地环境保护法以维护农产品消费者和公众健康为根本目的,这正如柏拉图借苏格拉底之口说出的:"不论任何什么别的人,也不论这是哪一种职能、管辖或统治,只要就他是一个主管人或者说一个统治者来说,他都既不是去考虑,也不是去安排那属于他自己本身的,而是去考虑和安排那被统治者,亦即,他自己作为匠师而对之施展技艺的那个对象的利益;并且正是对于这个对象,以及对于这个对象的利益和本分之所在的不断的审视和关怀,这是他的一切言论和行动的出发点。"① 环境保护法以维护污染受害者和公众健康为根本目的。

第二,在保护对象与环境的关系方面,环境法的保护对象——受害者和公众与环境之间一般是直接联系的,农产品产地环境保护法的保护对象——农产品消费者和公众与农产品产地环境之间要通过农产品连接起来。

第三,在法律关系方面,环境法律关系主要表现为:排污者与受害者之间的关系。排污者是义务主体,受害者是权利主体。农产品产地环境保护法律关系主要包括以下三对:排污者与农产品生产者之间的关系、排污者与农产品消费者之间的关系、农产品生产者与农产品消费者之间的关系。其中排污者是义务主体,农产品消费者是权利主体,农产品生产者既可能是权利主体,也可能是义务主体。

第四,在权利义务定位方面,环境法将暴露在环境中的人作为保护对象和权利主体,农产品产地环境保护法却并非如此。暴露在农产品产地环境中的人一般也是农产品生产者,但农产品生产者不是农产品产地环境保护法的主要保护对象。为保护农产品产地环境,防治农产品生产过程中的污染和破坏,农产品生产者应当承担相当的义务。因此,农产品生产者在农产品产地环境保护法中主要充当义务主体的角色。

第五,在调整机制方面,环境法的调整机制主要表现在对排污者的规制,而农产品产地环境保护法的调整机制分为两条线索:一是对排污者的规制,二是对农产品生产者的监督。"逻辑错误人所难免,但明显的

① [古希腊] 柏拉图:《理想国》,顾寿观译,吴天岳校,岳麓书社2018年版,第32页。

逻辑错误应该是可以避免的。形式逻辑是思维的规律，不能违反，企图摆脱形式逻辑进行思维，正如企图拉着自己的头发离开地球一样。"① 理清上述关系尤为重要！

评判不应当是一种个人的意见，而应当是基于一种被普遍接受的价值或者理念，或者是基于逻辑和方法。② 在形而上的理念层面（价值、目的和基本原则），农产品产地环境保护法的价值包括正义、安全和效益。其中安全价值尤为突出，农产品产地环境保护法要实现三个维度的安全——农产品产地环境安全、农产品质量安全和消费者人身财产安全。农产品产地环境保护法以保护农产品产地环境为直接目的，保障农产品质量安全为中间目的，维护农产品消费者和公众健康为最终目的。该三重目的本质上是一贯的，保护农产品产地环境是为了保障农产品质量安全，而保障农产品质量安全则是为了维护农产品消费者和公众的健康。应当避免将促进农业发展、保障农产品生产者的权益等作为农产品产地环境保护法的目的。之所以如此，原因在于：促进农业发展、保障农产品生产者权益与维护消费者和公众健康之间存在内在矛盾，如都被确立为农产品产地环境保护法的目的，很可能会造成目的上的首鼠两端，最终导致目的的异化。农产品产地环境保护法的基本原则包括预防原则、综合协调原则和公众参与原则。尤其要强调公众参与原则。农产品消费者的权益保障具有滞后性和末端性，公众是潜在的农产品消费者，公众参与是弥补农产品消费者保障缺陷的有效方式。

在形而下的层面，农产品产地环境保护法的公法规制制度主要包括农产品生产区确定制度、农产品产地环境公开制度、农产品产地标志制度、农产品禁止生产区制度、农产品产地环境保护公益诉讼制度。除此之外，还包括农产品产地环境标准制度、农产品产地环境监测制度等。确立主要制度是要以此为抓手，将农产品产地环境保护管起来、推下去、处理好。上述制度各自承担不同的职能。农产品产地环境信息公开、产

---

① 李锡鹤：《民法哲学论稿》（第二版），复旦大学出版社2009年版，第598页。

② 参见张千帆《宪法学导论——原理与应用》（第三版），法律出版社2014年版，第37—38页。

地标志制度是激励性制度，激励农产品生产者保护农产品产地环境。农产品禁止生产区制度既是预防又是激励，农产品禁止生产区要求在严重污染区不得生产农产品，切断了产地环境与消费者之间的关系。

农产品产地环境保护的私法干预亦不可忽视。私法干预体现为侵权法（民事责任）。农产品产地环境民事责任制度建立了农产品生产者与消费者之间的责任联系，从反面鞭策生产者保护农产品产地环境。农产品产地环境保护公益诉讼制度是公众参与的程序机制，是公众对排污者的监督。上述机制互相配合，共同构筑农产品产地环境保护的防火墙。

为了保障食品安全和农产品安全，让人民群众吃得放心，必须完善我国农产品产地环境保护法。"规则的主要长处在于限制官员的裁量权（但限制的是实施规则的官员的裁量权，而不是制定规则的官员的裁量权），在于减少有关法定权利义务的不确定性。"① 应当由全国人大常委会制定"农产品产地环境保护法"。在该法中建立农业农村部门、生态环境部门分工负责、相关部门配合的监督管理体制，以农产品消费者和公众健康为目的导向，确立预防、综合协调、公众参与的基本原则，构建农产品产地环境信息公开、农产品产地标志、农产品禁止生产区、农产品产地环境保护公益诉讼等公法规制制度体系，辅之以农产品产地环境保护私法干预机制，明确外源性污染行为人、农产品生产者对农产品消费者的侵权责任。

---

① ［美］理查德·A.波斯纳:《法理学问题》，苏力译，中国政法大学出版社2002年版，第61页。

参考文献

一 外文译著

〔古希腊〕柏拉图：《理想国》，顾寿观译，吴天岳校，岳麓书社 2018 年版。

〔古希腊〕柏拉图：《法律篇》，张智仁、何勤华译，上海人民出版社 2001 年版。

〔古希腊〕柏拉图：《柏拉图对话集》，王太庆译，商务印书馆 2006 年版。

〔古希腊〕亚里士多德：《政治学》，吴寿彭译，商务印书馆 1965 年版。

〔古希腊〕亚里士多德：《尼各马科伦理学（修订本）》，苗力田译，中国社会科学出版社 1999 年版。

〔古罗马〕查士丁尼：《学说汇纂》第 1 卷，纪蔚民、罗智敏译，中国政法大学出版社 2008 年版。

《马克思恩格斯全集》第 1 卷，中共中央马克思恩格斯列宁斯大林著作编译局编译，人民出版社 1995 年版。

《马克思恩格斯选集》第 3 卷，中共中央马克思恩格斯列宁斯大林著作编译局编译，人民出版社 1995 年版。

〔德〕恩格斯：《费尔巴哈与德国古典哲学的终结》，张仲实译，人民出版社 1957 年版。

〔荷兰〕斯宾诺莎：《神学政治论》，温锡增译，商务印书馆 1963 年版。

〔德〕康德：《纯粹理性批判》，邓晓芒译，杨祖陶校，人民出版社 2004 年版。

〔德〕康德：《实践理性批判》，韩水法译，商务印书馆 2003 年版。

［德］康德：《法的形而上学原理》，沈叔平译，商务印书馆 1991 年版。

［德］黑格尔：《法哲学原理》，范扬、张企泰译，商务印书馆 1961 年版。

［德］黑格尔：《小逻辑》，贺麟译，商务印书馆 1980 年版。

［德］黑格尔：《历史哲学》，王造时译，上海书店出版社 2006 年版。

［美］汉密尔顿、杰伊、麦迪逊：《联邦党人文集》，程逢如等译，商务印书馆 1980 年版。

［美］E. 博登海默：《法理学：法律哲学与法律方法》，邓正来译，中国政法大学出版社 2004 年修订版。

［法］卢梭：《社会契约论》，何兆武译，商务印书馆 1980 年版。

［法］卢梭：《爱弥儿：论教育》上卷，李平沤译，商务印书馆 2010 年版。

［德］费尔巴哈：《费尔巴哈哲学著作选集》上卷，荣震华、李金山等译，商务印书馆 1984 年版。

［德］萨维尼：《论当代立法和法理学的使命》，载《西方法律思想史资料选编》，北京大学出版社 1983 年版。

［法］摩莱里：《自然法典》，黄建华、姜亚洲译，商务印书馆 1982 年版。

［俄］M. H. 马尔琴科：《国家与法的理论》，徐晓晴译，中国政法大学出版社 2010 年版。

［美］罗斯科·庞德：《通过法律的社会控制：法律的任务》，沈宗灵、董世忠译，商务印书馆 1984 年版。

［德］迪特尔·梅迪库斯：《德国民法总论》，邵建东译，法律出版社 2001 年版。

［德］卡尔·拉伦茨：《德国民法通论》，王晓晔等译，法律出版社 2003 年版。

［德］胡塞尔：《逻辑研究》，倪梁康译，商务印书馆 2015 年版。

［德］拉德布鲁赫：《法哲学》，王朴译，法律出版社 2005 年版。

［德］阿图尔·考夫曼：《法律哲学》（第二版），刘幸义等译，法律出版社 2011 年版。

［英］休谟：《人性论》，关文运译，商务印书馆 1980 年版。

［德］N. 霍恩：《法律科学与法哲学导论》，萝莉译，法律出版社 2005

年版。

［美］弗兰克·G. 戈布尔：《第三思潮——马斯洛心理学》，吕明等译，上海译文出版社 2001 年版。

［美］约翰·塔巴克：《核能与安全——智慧与非理性的对抗》，王辉、胡云志译，商务印书馆 2011 年版。

［美］罗尔斯：《正义论》，何怀宏、何包钢、廖申白译，中国社会科学出版社。

［德］魏德士：《法理学》，丁晓春、吴越译，中国政法大学出版社 2005 年版。

［德］汉斯—格奥尔格·加达默尔：《真理与方法——哲学诠释学的基本特征》，洪汉鼎译，上海译文出版社 2004 年版。

［美］德沃金：《认真对待权利》，信春鹰、吴玉章译，中国大百科全书出版社 1998 年版。

［德］乌尔里希·贝克：《风险社会》，何博闻译，译林出版社 2004 年版。

［美］戴斯·贾丁斯：《环境伦理学——环境哲学导论》第三版，林官民、杨爱民译，北京大学出版社 2002 年版。

世界环境与发展委员会：《我们的共同未来》，王之佐等译，吉林人民出版社 1997 年版。

［英］费雷得里希·奥古斯特·哈耶克：《自由宪章》，杨玉生、冯兴元、陈茅等译，中国社会科学出版社 1999 年版。

［美］罗斯科·庞德：《法理学》第 3 卷，封丽霞译，法律出版社 2007 年版。

［奥］凯尔森：《法与国家的一般理论》，沈宗灵译，中国大百科全书出版社 1996 年版。

［美］彼得·辛格：《一个世界——全球化伦理》，应奇、杨立峰译，东方出版社 2005 年版。

［英］休·塞西尔：《保守主义》，杜汝楫译，商务印书馆 1986 年版。

［英］梅因：《古代法》，深景一译，商务印书馆 1996 年版。

［美］帕特莎·波尼、埃伦·波义尔：《国际法与环境》第二版，那力、王彦志、王小刚译，高等教育出版社 2007 年版。

［法］亚历山大·基斯：《国际环境法》，张若思译，法律出版社 2000 年版。

［德］卡尔·拉伦茨：《法学方法论》，陈爱娥译，商务印书馆 2003 年版。

［英］马克·史密斯、皮亚·庞萨帕：《环境与公民权——整合正义、责任与公民参与》，侯艳芳、杨晓燕译，山东大学出版社 2012 年版。

［美］汤姆·蒂滕伯格：《环境与自然资源经济学》，金志农、余发新译，中国人民大学出版社 2011 年版。

［日］原田尚彦：《环境法》，于敏译，马骧聪校，法律出版社 1999 年版。

［美］霍尔姆斯·罗尔斯顿：《环境伦理学——大自然的价值以及人对大自然的义务》，杨通进译，中国社会科学出版社 2000 年版。

［日］大须贺明：《生存权论》，林浩译，法律出版社 2001 年版。

［日］交告尚史、臼杵知史、前田阳一、黑川哲志：《日本环境法概论》，田林、丁倩雯译，中国法制出版社 2014 年版。

［英］边沁：《政府片论》，沈叔平等译，商务印书馆 1995 年版。

［英］边沁：《道德与立法原理导论》时殷弘译，商务印书馆 2000 年版。

［法］亚历山大·基斯：《国际环境法》，张若思译，法律出版社 2002 年版。

［日］宫本宪一：《环境经济学》，朴玉译，生活·读书·新知三联书店 2004 年版。

［日］美浓部达吉：《宪法学原理》，何作霖等译，中国政法大学出版社 2003 年版。

［德］马克斯·韦伯：《新教伦理与资本主义精神》，于晓、程维纲译，生活·读书·新知三联书店 1997 年版。

［美］哈罗德·J. 伯尔曼：《法律与革命》，贺卫方等译，中国大百科全书出版社 1993 年版。

［法］米歇尔·福柯：《知识考古学》，谢强、马月译，生活·读书·新知三联书店 2003 年版。

［英］席勒：《人本主义研究》，麻乔志等译，上海人民出版社 1986 年版。

［德］胡塞尔：《逻辑研究》，倪梁康译，商务印书馆 2015 年版。

［美］本杰明·卡多佐：《演讲录 法律与文学》，董炯、彭冰译，中国法

制出版社 2005 年版。

［德］尤尔根·哈贝马斯、米夏埃尔·哈勒:《作为未来的过去——与著名哲学家哈贝马斯对话》，章国锋译，浙江人民出版社 2001 年版。

［美］伯纳德·施瓦茨:《美国法律史》，王军等译，中国政法大学出版社 1990 年版。

［奥］凯尔森:《法与国家的一般理论》，沈宗灵译，中国大百科全书出版社 1996 年版。

［德］阿多尔诺:《否定的辩证法》，张峰译，重庆出版社 1993 年版。

［美］保罗·罗宾逊:《正义的直觉》，谢杰、金翼翔、祖琼译，上海人民出版社 2018 年版。

［荷］扬·斯密茨:《法学的观念与方法》，魏磊杰、吴雅婷译，法律出版社 2017 年版。

［美］约翰·R. 康芒斯:《资本主义的法律基础》，寿勉成译，方廷钰校，商务印书馆 2003 年版。

［日］鸟越皓之:《环境社会学——站在生活者的角度思考》，宋金文译，中国环境科学出版社 2009 年版。

［英］雷蒙德·瓦克斯:《读懂法理学》，杨天江译，广西师范大学出版社 2016 年版。

［美］罗杰·伯科威茨:《科学的馈赠:现代法律是如何演变为实在法的?》，田夫、徐丽丽译，法律出版社 2011 年版。

［美］理查德·A. 波斯纳:《法律理论的前沿》，武欣、凌斌译，中国政法大学出版社 2002 年版。

［美］迈克尔·罗斯金等:《政治科学》（第九版），林震等，译，中国人民大学出版社 2009 年版。

［英］安东尼·奥格斯:《规制:法律形式与经济学理论》，骆梅英译，苏苗罕校，中国人民大学出版社 2008 年版。

［美］丹尼尔·H. 科尔:《污染与财产权——环境保护的所有权制度比较研究》，严厚福、王社坤译，北京大学出版社 2009 年版。

F. A. 冯·哈耶克:《个人主义与经济秩序》，邓正来译，生活·读书·新知三联书店 2003 年版。

［美］哈罗德·J. 伯尔曼：《法律与革命——西方法律传统的形成》，贺卫方、高鸿钧、张志铭、夏勇译，中国大百科全书出版社 1993 年版。

［美］潘恩：《潘恩选集》，马清槐等译，商务印书馆 1981 年版。

［日］川岛武宜：《现代化与法》，王志安等译，中国政法大学出版社 1994 年版。

［美］奥利弗·A. 霍克：《夺回伊甸园——改变世界的八大环境法案件》，尤明青译，北京大学出版社 2017 年版。

［英］威廉·韦德：《行政法》，楚建译，中国大百科全书出版社 1997 年版。

［美］詹姆斯·萨尔兹曼、巴顿·汤普森：《美国环境法》，徐卓然、胡慕云译，北京大学出版社 2016 年版。

［英］约翰·穆勒：《论自由》，程宗华译，商务印书馆 1959 年版。

［美］理查德·拉撒路斯：《美国环境法的形成》，庄汉译，中国社会科学出版社 2017 年版。

［美］弗里德里克·肖尔：《像法律人那样思考：法律推理新论》，雷磊译，中国法制出版社 2016 年版。

［英］梅因：《古代法》，深景一译，商务印书馆 1996 年版。

［法］孟德斯鸠：《论法的精神》（上），许明龙译，商务印书馆 2012 年版。

［美］帕特莎·波尼、埃伦·波义尔：《国际法与环境》（下），那力、王彦志、王小钢译，高等教育出版社 2007 年版。

［英］约瑟夫·绍尔卡：《法国环境政策的形成》，韩宇等译，中国环境科学出版社 2012 年版。

［美］J. R. 麦克尼尔：《阳光下的新事物：20 世纪世界环境史》，韩莉、韩晓雯译，商务印书馆 2012 年版。

［德］本德·吕特斯、阿斯特丽德·施塔德勒：《德国民法总论》（第十八版），于鑫淼、张姝译，法律出版社 2017 年版。

［英］安东尼·吉登斯：《现代性的后果》，田禾译、黄平校，凤凰出版传媒集团，译林出版社 2011 年版。

［美］D. Q. 麦克伦尼：《简单的逻辑学》，赵明燕译，北京联合出版公司

2016 年版。

［印度］泰戈尔：《飞鸟集》，郑振铎译，中国画报出版社 2011 年版。

二　中文著作

《毛泽东选集》第 1 卷，人民出版社 1991 年版。

《毛泽东选集》第 4 卷，人民出版社 1991 年版。

《习近平谈治国理政》，外文出版社 2014 年版。

《习近平谈治国理政》第 2 卷，外文出版社 2017 年版。

《今古文尚书》，江灏、钱宗武译注，周秉钧审校，贵州人民出版社 1992
　　年版。

（春秋）李聃：《道德经》，赵炜编译，三秦出版社 2018 年版。

《论语·大学·中庸》，陈晓芬、徐宗儒译注，中华书局 2015 年版。

《诗经》（上、下），王秀梅译注，中华书局 2015 年版。

《楚辞》，林家骊译注，中华书局 2015 年版。

（春秋）管仲：《管子》，商务印书馆 1936 年版。

（战国）庄周：《庄子》，孙通海译，中华书局 2014 年版。

（战国）商鞅：《商君书》，张觉译注，贵州人民出版社 1993 年版。

（战国）吕不韦：《吕氏春秋》（下），关贤柱、廖进碧、钟雪丽译注，贵
　　州人民出版社 1997 年版。

《韩非子》（上），张觉译注，贵州人民出版社 1992 年版。

（汉）司马迁：《史记》，中华书局 2006 年版。

（唐）吴兢：《贞观政要》，叶光大、李万寿、黄涤明、袁华忠译注，贵州
　　人民出版社 1991 年版。

万俊人：《寻求普世伦理》，商务印书馆 2001 年版。

（晋）陈寿：《三国志》下册，岳麓书社 2002 年版。

（宋）张载：《张载集》，章锡琛校，中华书局 2012 年版。

（明）王守仁：《王阳明全集》（一），线装书局 2014 年版。

宋祚胤：《白话易经》，岳麓书社 2002 年版。

胡适：《中国哲学史大纲》（上），北京理工大学出版社 2016 年版。

冯友兰：《中国哲学史》（上），重庆出版社 2009 年版。

吕思勉：《中国通史》，江苏人民出版社 2014 年版。

北京大学哲学系外国哲学史教研室编译：《西方哲学原著选读》上卷，商务印书馆 1981 年版。

傅佩荣：《哲学与人生》，东方出版社 2005 年版。

傅佩荣：《傅佩荣译解论语》，东方出版社 2012 年版。

宗白华：《美学散步》，上海人民出版社 1981 年版。

顾准：《顾准文集》，华东师范大学出版社 2014 年版。

周枏：《罗马法原理》（下册），商务印书馆 1996 年版。

孙笑侠：《法的现象与观念》，山东人民出版社 2001 年版。

张恒山：《义务先定论》，山东人民出版社 1999 年版。

张恒山：《法理要论》（第三版），北京大学出版社 2009 年版。

舒国滢：《法哲学沉思录》，北京大学出版 2010 年版。

邓晓芒、赵林：《西方哲学史》，高等教育出版社 2014 年版。

徐崇温：《存在主义哲学》，中国社会科学出版社 1986 年版。

韩德培主编：《环境保护法教程》（第八版），法律出版社 2018 年版。

李可：《马克思恩格斯环境法哲学初探》，法律出版社 2006 年版。

张乃明：《环境污染与食品安全》，化学工业出版社 2007 年版。

孟凡乔、杨海燕主编：《环境与食品》，中国林业出版社 2008 年版。

朱志泉、朱有为、史舟等编著：《农业土壤环境与农产品安全研究》，中国农业出版社 2009 年版。

周珂、谭柏平、欧阳杉主编：《环境法》（第五版），中国人民大学出版社 2016 年版。

陈慈阳：《环境法总论》，中国政法大学出版社 2003 年版。

丁关良编著：《涉农法学》，浙江大学出版社 2011 年版。

朱景文主编：《法理学》，中国人民大学出版 2012 年版。

刘青松主编：《农村环境保护》，中国环境科学出版社 2003 年版。

李锡鹤：《民法哲学论稿》（第二版），复旦大学出版社 2009 年版。

严存生主编：《法理学》，法律出版社 2007 年版。

周永坤：《法理学——全球视野》（第四版），法律出版社 2016 年版。

陈泉生主编：《环境法学》，厦门大学出版社 2008 年版。

蔡守秋主编：《环境资源法学教程》（第三版），北京大学出版社、高等教育出版社 2018 年版。

张文显主编：《法理学（第五版）》，高等教育出版社、北京大学出版社 2018 年版。

蔡守秋：《调整论——对主流法理学的反思与补充》，高等教育出版社 2003 年版。

刘星：《法理学导论：实践的思维演绎（修订本）》，中国法制出版社 2016 年版。

徐爱国：《法学的圣殿—西方法律思想与法学流派》，中国法制出版社 2016 年版。

［美］罗杰·伯科威茨：《科学的馈赠：现代法律是如何演变为实在法的?》，田夫、徐丽丽译，法律出版社 2011 年版。

余纪元：《〈理想国〉讲演录》，中国人民大学出版社 2011 年版。

陈新民：《德国公法学基础理论》，山东人民出版社 2001 年版。

王树义等：《环境法基本理论研究》，科学出版社 2012 年版。

江平主编：《民法学》，中国政法大学出版社 2011 年版。

史尚宽：《物权法论》，中国政法大学出版社 2000 年版。

张文显：《法哲学范畴研究》，中国政法大学出版社 2001 年版。

张千帆：《宪法学导论——原理与应用》（第三版），法律出版社 2014 年版。

吕忠梅：《环境法新视野》，中国政法大学出版社 2000 年版。

李德顺：《价值论》，中国人民大学出版社 1987 年版。

杨春福：《权利法哲学研究导论》，南京大学出版社 2000 年版。

刘作翔：《法律的理想与法制理论》，西北大学出版社 1995 年版。

周世中、黄竹胜：《法的价值及其实现》，广西师范大学出版社 1998 年版。

金瑞林主编：《环境与资源保护法学》，北京大学出版社 2006 年版。

舒国滢等：《法学方法论问题研究》，中国政法大学出版社 2007 年版。

孙笑侠主编：《法理学》，浙江大学出版社 2011 年版。

王灿发：《环境法教程》，中国政法大学出版社 1997 年版。

吕忠梅、高利红、余耀军:《环境资源法学》,中国法制出版社 2001 年版。

韩立新:《环境价值论》,云南出版社 2005 年版。

曹明德:《环境侵权法》,法律出版社 2000 年版。

王曦:《美国环境法概论》,武汉大学出版社 1992 年版。

杨仁寿:《法学方法论》,中国政法大学出版社 1999 年版。

孙佑海:《超越环境"风暴"——中国环境资源保护立法研究》,中国法制出版社 2008 年版。

庄敬华:《环境污染损害赔偿立法研究》,中国方正出版社 2012 年版。

曹明德:《生态法原理》,人民出版社 2002 年版。

李丹:《环境立法的利益分析——以废旧电子电器管理立法为例》,知识产权出版社 2009 年版。

李挚萍、陈春生等:《农村环境管制与农民环境权保护》,北京大学出版社 2009 年版。

高家伟:《欧洲环境法》,中国工商出版社 2000 年版。

冷罗生:《日本公害诉讼理论与案例评析》,商务印书馆 2005 年年版。

杜群:《环境法融合论》,科学出版社 2003 年版。

汪劲:《环境法律的理念与价值追求》,法律出版社 2000 年版。

王树义:《俄罗斯生态法》,武汉大学出版社 2001 年版。

汪劲:《环境法律的解释——问题与方法》,人民法院出版社 2006 年版。

金瑞林、汪劲:《20 世纪环境法学研究评述》,北京大学出版社 2003 年版。

文同爱:《生态社会的环境法保护对象研究》,法制出版社 2006 年版。

赵国青主编:《外国环境法选编》,中国政法大学出版社 2000 年版。

王明远:《环境侵权救济法律制度》,中国法制出版社 2001 年版。

程燎原、王人博:《赢得神圣——权利及其救济通论》,山东人民出版社 1998 年版。

叶俊荣:《环境政策与法律》,月旦出版社股份有限公司 1993 年版。

俞可平:《治理与善治》,社会科学文献出版社 2000 年版。

陈瑞华:《论法学研究方法》,法律出版社 2017 年版。

孙娟娟：《食品安全比较研究——从美、欧、中的食品安全规制到全球协调》，华东理工大学出版社 2017 年版。

龚刚强：《农产品质量安全治理难题与法律对策》，知识产权出版社 2014 年版。

日本律师协会主编：《日本环境诉讼典型案例与评析》，王灿发监修，皇甫景山译，中国政法大学出版社 2011 年版。

国家法官学院、德国国际合作机构：《法律适用方法——侵权法案例分析方法》，中国法制出版社 2015 年版。

林毅夫：《论经济学研究方法》，北京大学出版社 2005 年版。

朱庆育：《民法总论》（第二版），北京大学出版社 2016 年版。

谢晖：《法律哲学》，湖南人民出版社 2009 年版。

沈宗灵主编：《法理学》（第四版），北京大学出版社 2014 年版。

生态环境部法规与标准司：《〈中华人民共和国土壤污染防治法〉解读与适用手册》，法律出版社 2018 年版。

农业部农产品质量安全监管局、农业部管理干部学院：《农产品质量安全监管创新与实践》，法律出版社 2013 年版。

代杰：《环境法理学》，天津大学出版社 2020 年版。

张宝：《环境规制的法律构造》，北京大学出版社 2018 年版。

三 期刊文献

吉炳轩：《全国人民代表大会常务委员会执法检查组关于检查〈中华人民共和国农产品质量安全法〉实施情况的报告——2018 年 10 月 24 日在第十三届全国人民代表大会常务委员会第六次会议上》，《全国人民代表大会公报》2018 年第 21 期。

王明远：《论我国环境公益诉讼的发展方向：基于行政权与司法权关系理论的分析》，《中国法学》2016 年第 1 期。

潘多拉：《从"啥都不敢吃"到"谁都不敢吃"》，《法律与生活》2004 年第 12 期。

吴元元：《信息基础、声誉机制与执法优化——食品安全治理的新视野》，《中国社会科学》2012 年第 6 期。

肖卫兵：《论我国政府数据开放的立法模式》，《当代法学》2017 年第 3 期。

徐超：《论农业供给侧改革下农产品质量信息失灵的法律规制》，《农村经济》2018 年第 2 期。

应飞虎、涂永前：《公共规制中的信息工具》，《中国社会科学》2010 年第 4 期。

孟雁北、何思思：《我国保障农产品质量安全的公众参与制度研究》，《中国社会科学院研究生院学报》2014 年第 5 期。

戚建刚：《我国食品安全风险规制模式之转型》，《法学研究》2011 年第 1 期。

李玉浸：《农产品安全管理办法主要内容及要点解释》，《农业环境与发展》2007 年第 3 期。

林玉锁、华小梅：《保障食品安全要强化农产品产地环境监管》，《世界环境》2010 年第 5 期。

师荣光等：《农产品产地禁产区划分中存在的问题与对策研究》，《农业科学学报》2007 年第 2 期。

杜国明：《农产品质量安全的立法研究》，《河北法学》2008 年第 9 期。

王伟等：《比较法视野下农产品产地污染防治立法考究》，《生态经济》2010 年第 9 期。

窦艳芬、陈通、刘琳：《基于农业生产环节的农产品质量安全问题的思考》，《天津农学院学报》2009 年第 1 期。

胡敏中：《论人本主义》，《北京师范大学学报》（社会科学版）1995 年第 4 期。

郭忠：《论法的保守性》，《法制与社会发展》2004 年第 4 期。

苏力：《法律与科技问题的法理学重构》，《中国社会科学》1999 年第 5 期。

马骧聪：《综合性环境保护法比较研究》，《现代法学》1981 年第 3 期。

颜勇、姚亚琼：《涉农法律制度的构建——以平等为视角》，《西华师范大学学报》（哲学社会科学版）2006 年第 5 期。

李海涛：《美国食品安全管理及启示》，《食品安全导刊》2009 年第 7 期。

王伟、刘卫东、乌云格日勒、王宪仁：《比较法视野下农产品产地污染防治立法考究》，《生态经济》2010 年第 9 期。

李怀、赵万里：《中国食品安全规制制度的变迁与设计》，《财经问题研究》2009 年第 10 期。

朱明月：《非法人组织的民事主体地位与权利能力》，《重庆社会科学》2008 年第 12 期。

徐涤宇：《环境观念的变迁和物权制度的重构》，《法学》2003 年第 9 期。

卓泽渊：《论法的价值》，《中国法学》2000 年第 6 期。

周灵方：《法的价值冲突与选择——兼论法的正义价值之优先性》，《伦理学研究》2011 年第 6 期。

竺效：《论部门法之法律目的》，《中国地质大学学报》（社会科学版）2002 年第 4 期。

吴占英、尹士国：《我国立法的价值取向初探》，《甘肃政法学院学报》2009 年第 3 期。

李艳芳：《对我国环境法"协调发展"原则重心的思考》，《中州学刊》2002 年第 2 期。

刘为斌：《环境法目的辨析》，《福建政法管理干部学院学报》2007 年第 1 期。

张华：《关于特色农产品发展与保护的地方立法思考》，《西部法学评论》2012 年第 3 期。

汪忠、黄瑞华：《国外风险管理研究的理论、方法及其进展》，《外国经济与管理》2005 年第 2 期。

蔡定剑：《公众参与及其在中国的发展》，《团结》2009 年第 4 期。

张建伟：《论环境信息公开》，《河南社会科学》2005 年第 2 期。

黄静：《完善我国环境资源法主要制度若干问题的研究》，《湖南商学院学报》2006 年第 2 期。

唐昆梅：《正当法律程序的价值分析》，《中共郑州市委党校学报》2006 年第 4 期。

王伟、戚到孟：《农产品禁止生产区生态补偿机制基础研究》，载《生态文明与环境资源法——2009 年全国环境资源法学研讨会（年会）论文集》。

邱聪智：《庞德民事归责理论之评价》，载《台大法学论丛》第 11 卷。

张少林、刘源：《刑法中的"明知"、"应知"与"怀疑"探析》，《政治与法律》2009 年第 3 期。

宋朝武：《论公益诉讼的十大基本问题》，《中国政法大学学报》2010 年第 1 期。

王灿发：《中国环境公益诉讼的主体及其争议》，《国家检察官学院学报》2010 年第 3 期。

汤维建：《论检察机关提起民事公益诉讼》，《中国司法》2010 年第 1 期。

杨光辉等：《人民检察院提起公益诉讼的立法研究》，《法学杂志》2009 年第 9 期。

张海燕：《论环境公益诉讼的原告范围及其诉权顺位》，《理论学刊》2012 年第 5 期。

李龙：《论民事判决的既判力》，《法律科学》1999 年第 4 期。

杨朝霞：《论环境标准的法律地位——对主流观点的反思与补充》，《行政与法》2008 年第 1 期。

吴汶燕：《论环境标准与食品安全》，《新西部》2009 年第 20 期。

徐新宇、高晓芳：《农产品产地环境监测中的质量管理对策探讨》，《农产品质量与安全》2012 年第 5 期。

王苗苗：《农产品产地安全对农产品质量的影响与对策》，《农业环境与发展》2010 年第 6 期。

李广兵：《可持续发展与地方环境立法》，载吕忠梅、徐祥民主编《环境资源法论丛》第 3 卷，法律出版社 2003 年版。

高彦生等：《美国 FDA 食品安全现代化法案解读与评析》，《检验检疫学刊》2011 年第 3 期。

王建新：《日本〈农业用地土壤污染防治法〉对我国的启发》，载中国环境法网：http://www.riel.whu.edu.cn/article.asp? id = 29017。

曾德付、朱维斌：《我国污水灌溉存在问题和对策探讨》，《干旱地区农业研究》2004 年第 4 期。

宫靖：《镉米杀机》，《新世纪周刊》2011 年第 6 期。

刘虹桥:《土壤不能承受之重》,《新世纪周刊》2013 年第 3 期。

陈亮:《环境公益诉讼"零受案率"之反思》,《法学》2013 年第 7 期。

四　外文文献

Black's Law Dictionary (9th ed. 2009), Thomson West.

James Salzman and Barton H. Thompson. Jr, Environmental Law and Policy, Foundation Press, 2003.

David M. Walker: The Oxford Companion to Law. Clarendon Press, 1980.

Carmen G. Gonzalez, Trade Liberalization, Food Security and the Environment: The Neoliberal Threat to Sustainable Rural Development, Transnational Law and Contemporary Problems, Vol. 14, p. 419, 2004.

Carmen G. Gonzalez, Markets, Monocultures, and Malnutrition: Agricultural Trade Policy Through an Environmental Justice Lens, Michigan State University College of Law Journal of International Law, Vol. 14, 2006.

Mary Jane Angelo, Corn, Carbon and Conservation: RethinkingU. S. Agricultural Policy in a Changing Global Environment, University of Florida Levin College of Law Research Paper No. 2010 – 03.

Nlandu Mamingi, How Prices and Macroeconomic Policies Affect Agricultural Supply and the Environment, World Bank Policy Research Working Paper No. 1645.

Ole W. Pedersen, European Environmental Human Rights and Environmental Rights: A Long Time Coming? Georgetown International Environmental Law Review, Vol. 21, No. 1, 2008.

J. B. Ruhl, Farms, Their Environmental Harms, and Environmental Law, Ecology Law Quarterly, May 2000.

Stepan Wood, Georgia Tanner, Benjamin J. Richardson, What Ever Happened to Canadian Environmental Law? Ecology Law Quarterly, Vol. 37, 2010.

Ilya Somin, Jonathan H. Adler, The Green Costs of Kelo: Economic Development Takings and Environmental Protection, Washington University Law Review, Vol. 84, No. 3, 2006.

Craig Anthony（Tony）Arnold，Working Out an Environmental Ethic：Anniversary Lessons from Mono Lake，Wyoming Law Review，Vol. 4，No. 1，2004.

五 报纸文献

习近平：《把人民健康放在优先发展战略地位 努力全方位全周期保障人民健康》，《人民日报》，2016 年 8 月 21 日第 1 版。

习近平：《在欧美同学会成立一百周年庆祝大会上的讲话》，《人民日报》2013 年 10 月 22 日第 2 版。

环境保护部、国土资源部：《全国土壤污染状况调查公报》，《中国环境报》2014 年 4 月 18 日第 1 版。

李禾：《"红水浇地"曝光了，用红水浇灌出的小麦却去向不知》，《科技日报》2018 年 4 月 24 日第 6 版。

陈炳辉：《参与式民主的现代衰落与复兴》，《中国社会科学院报》2009 年 4 月 14 日第 6 版。

郭强：《沈阳出台农产品环境保护与安全管理暂行办法》，《时代商报》2003 年 4 月 11 日第 7 版。

《中国大米污染不完全分布图》，《东南日报》2011 年 2 月 16 日第 A03 版。

自然之友：《日本富山"痛痛病"事件》，《中国环境报》2009 年 6 月 16 日第 8 版。

《专家揭开地下水污染致癌真相》，《健康时报》2013 年 2 月 27 日第 6 版。

《媒体称湖南万吨镉超标大米流向广东》，《南方日报》2013 年 2 月 27 日第 A13 版。

《受重金属污染疑云笼罩 海鲜市场停售问题生蚝》，《无锡商报》2011 年 10 月 15 日第 A05 版。

六 电子资源

中共中央办公厅、国务院办公厅：《中共中央国务院关于加快发展现代农业 进一步增强农村发展活力的若干意见》，载新华网：http：//news. xinhuanet. com/2013 – 01/31/c_124307774_7. htm。

饶沛、廖爱玲：《习近平：遏制食品安全违法犯罪提高消费者满意度》，载人民网：http：//scitech. people. com. cn/n/2012/0916/c1007 - 19019333 - 1. html。

乔雪峰：《李克强谈食品安全问题　称治乱用重典》，载人民网：http：//finance. people. com. cn/GB/17061934. html，2013 年 2 月 10 日。

国务院办公厅：《国务院关于加强食品安全工作的决定》，载中华人民共和国中央人民政府网：11http：//www. gov. cn/zwgk/2012 - 07/03/content_2175891. htm。

国家环境保护部：《2011 年中国环境状况公报》，载中华人民共和国环境保护部网站：http：//jcs. mep. gov. cn/hjzl/zkgb/2011zkgb/201206/t20120606_231057. htm。

国务院食品安全办：《国务院食品安全办负责人解读〈国务院关于加强食品安全工作的决定〉》，载中华人民共和国中央人民政府网：http：//www. gov. cn/zwhd/2012 - 07/03/content_2175897. htm。

李海啸：《湖南万吨毒大米流向广东　调查近一月仍无结论》，载新华网：http：//www. hn. xinhuanet. com/2013 - 03/27/c_115178266. htm。

郄建荣：《环保部以国家秘密为由拒绝公开全国土壤污染信息》，载新华网：http：//news. xinhuanet. com/yzyd/legal/20130225/c _ 114795934. htm？anchor = 1。

国务院办公厅：《国务院办公厅关于印发近期土壤环境保护和综合治理工作安排的通知》（国办发〔2013〕7 号），载中华人民共和国中央人民政府网站：http：//www. gov. cn/zwgk/2013 - 01/28/content_2320888. htm。

国家海洋局：《2011 年中国海洋环境状况公报》，载国家海洋信息网：http：//www. coi. gov. cn/gongbao/huanjing/201207/t20120709_23185. html。

《中国农田污水灌溉凶猛　利弊急转》，载三农直通车网：http：//info. china. alibaba. com/detail/1019968095. html。

国务院办公厅：《国务院办公厅关于印发环境保护部主要职责内设机构和人员编制规定的通知》，载中华人民共和国环境保护部网站：http：//zfs. mep. gov. cn/fg/gwyw/200808/t20080801_126885. htm。

胡洪江：《环保公益诉讼　为何"等米下锅"》，载人民网：http：//

legal. people. com. cn/n/2013/1104/c42510 – 23417481. html，2019 年 3 月 28 日。

七　其他文献

中国社会科学院语言研究所词典编辑室：《现代汉语词典》，商务印书馆 1993 年版。

孙膺杰、吴振兴主编：《刑事法学大辞典》，延边大学出版社 1989 年版。

秦志华、李可心、陈先奎主编：《中国农村工作大辞典》，警官教育出版社 1993 年版。

孙国华主编：《中华法学大辞典（法理学卷）》，中国检察出版社 1997 年版。

薛波主编：《元照英美法词典》，法律出版社 2003 年版。

法规缩略语表

全称	缩略语
中华人民共和国宪法	宪法
中华人民共和国环境保护法	环境保护法
中华人民共和国农产品质量安全法	农产品质量安全法
中华人民共和国农业法	农业法
中华人民共和国土地管理法	土地管理法
中华人民共和国土壤污染防治法	土壤污染防治法
中华人民共和国侵权责任法	侵权责任法
中华人民共和国水污染防治法	水污染防治法
中华人民共和国大气污染防治法	大气污染防治法
中华人民共和国放射性污染防治法	放射性污染防治法
中华人民共和国固体废物污染环境防治法	固体废物污染环境防治法
中华人民共和国环境噪声污染防治法	环境噪声污染防治法
中华人民共和国环境影响评价法	环境影响评价法
中华人民共和国环境保护税法	环境保护税法
中华人民共和国民事诉讼法	民事诉讼法
中华人民共和国行政诉讼法	行政诉讼法
中华人民共和国刑法	刑法
中华人民共和国消费者权益保护法	消费者权益保护法
中华人民共和国产品质量法	产品质量法
中华人民共和国食品安全法	食品安全法
中华人民共和国核安全法	核安全法
中华人民共和国行政处罚法	行政处罚法
中华人民共和国行政强制法	行政强制法

续表

全称	缩略语
中华人民共和国行政许可法	行政许可法
中华人民共和国渔业法	渔业法
中华人民共和国森林法	森林法
中华人民共和国草原法	草原法
中华人民共和国畜牧法	畜牧法
中华人民共和国水法	水法
中华人民共和国野生动物保护法	野生动物保护法
最高人民法院关于审理环境侵权责任纠纷案件适用法律若干问题的解释	环境侵权解释
最高人民法院关于审理环境民事公益诉讼案件适用法律若干问题的解释	环境民事公益诉讼解释
最高人民法院最高人民检察院关于检察公益诉讼案件适用法律若干问题的解释	检察公益诉讼解释
最高人民法院关于审理生态环境损害赔偿案件的若干规定（试行）	生态环境损害赔偿规定

后　记

　　古先贤曾言:"为天地立心,为生民立命,为往圣继绝学,为万世开太平。"① 虽不能至,心向往之。"世界是无穷尽的,生命是无穷尽的。"② 本书是对我的博士学位论文《农产品产地环境保护法研究》润色而成。《尚书》说:"人心惟危,道心惟微,惟精惟一,允执厥中。"③ 相比于博士学位论文,本书的修改之处主要体现在:一是主题。博士论文标题为"农产品产地环境保护法研究",本书则为"农产品产地环境保护立法研究"。博士论文既包括立法,也包括执法、司法、法律监督等法律运行环节。本书则着眼于静态的制度层面。二是结构。博士学位论文依循"范畴—理念—制度—中国方案"的逻辑展开。本书则按照"现象—学理—工具—专门立法—特殊立法"的路径推演,该结构不仅贴近"立法"之主体,也符合"提出问题—分析问题—解决问题"以及"是什么—为什么—怎么办"的"3W(WHAT、WHY、HOW)"思路。三是内容。本书区分公法规制与私法干预,提炼了农产品禁止生产区制度、农产品产地环境信息公开制度、农产品产地标志制度、农产品产地公益诉讼制度等公法规制制度,对外源性污染行为人、农产品生产者等的侵权责任进行了归纳。四是表达。本书根据国内外立法与法律实践与理论的发展,对部分内容进行了修改完善,以及对文字和表述等进行了润色。

---

① 《张载集》,章锡琛校,中华书局2012年版,第162页。
② 宗白华:《美学散步》,上海人民出版社1981年版,第68页。
③ 《今古文尚书》,江灏、钱宗武译注,周秉钧审校,贵州人民出版社1992年版,第43页。

本人攻读博士学位期间，受导师孙佑海教授悉心指点、帮助。我博士论文从选题、写作思路、论文结构到最后定稿，每一个环节都渗透着恩师的指导、建议和帮助。"落其实者思其树，饮其流者怀其源。"① 在此我要向孙老师表达我最诚挚的谢意！恩师严谨的治学态度、广博的专业知识、诲人不倦的师德风范都是我毕生学习的榜样！感谢中国政法大学王灿发教授、马燕副教授、曹明德教授、胡静教授、于文轩教授、侯佳儒教授、杨素娟副教授等师长对我的关心和帮助！感谢中国人民大学法学院李艳芳教授作为答辩专家对我的博士学位论文提出的宝贵意见。

本书有幸纳入"天津大学社会科学文库"，感谢天津大学人文社科处的支持和张俊艳处长、刘俊卿老师的支持与错爱！"德不孤，必有邻。"② 感谢中国社会科学出版社张林主任为本书出版所做的辛勤而卓有成效的工作！我的研究生关丹、王伟伟、徐建宇、金钊、付鹏志、戚文元、郭瑶帅、邵迎翔、高彤、豆翱翔、陈逸、郭权政等同学为本书的校对工作付出了艰辛努力，一并致以感谢！

佛家说："报四重恩。"对于我等世俗之人而言，首先是报父母恩。"父兮生我，母兮鞠我，抚我，畜我，长我，育我，顾我，复我。"③ 我自十八岁负囊北上至今又近一十八载，赤子在外，故土难离，望白云亲舍，感愧未能在双亲膝前略尽孝道，父母有病痛，不能伺候汤药，每每至此，涕零如雨。更有耄耋祖父，令我无日不思。我妹秉性纯良，多年来守候父母，至为感念！感谢妻子以及岳父母对我从事学术研究的理解和支持，尽心尽力抚育孩子们！

孔子曾批评说："古之学者为己，今之学者为人。"④ 在当今浮躁的学术界，这番话仍然不失精辟。君不见，学术论文长篇累牍，而有见地者、有创新者凤毛麟角。本人不自命清高，更不敢亵渎师长，惟愿在学术之路上能够兢兢业业，庶几不负当年挥斥方遒之心。作为一个新兴的法律

① 语出（南北朝）庾信：《周五声调曲·征调曲（六）》。
② 语出《论语·里仁》。
③ 语出《诗经·蓼莪》。
④ 语出《论语·宪问》

领域，对农产品产地环境保护法的研究才刚刚开始。本书如能起到抛砖引玉的作用，我将不胜欣慰！我对本书虽多加砥砺，然智识所囿，书中不免肤浅与错漏，盼方家指点！不胜感激！"路漫漫其修远兮，吾将上下而求索！"① 对农产品产地环境保护法的研究我将持续下去！

_____

① 语出（战国）屈原：《离骚》。